WESTEND

FRIEDHELM HENGSBACH SJ

DIE ZEIT GEHÖRT UNS

WIDERSTAND GEGEN DAS REGIME DER BESCHLEUNIGUNG

WESTEND

Mehr über unsere Autoren und Bücher:
www.westendverlag.de

Die Deutsche Nationalbibliothek verzeichnet diese Publikation in
der Deutschen Nationalbibliografie; detaillierte bibliografische Daten
sind im Internet über http://dnb.d-nb.de abrufbar.

ISBN 978-3-86489-025-3
© Westend Verlag GmbH, Frankfurt/Main 2012
Satz: Publikations Atelier, Dreieich
Druck und Bindung: CPI – Clausen & Bosse, Leck
Printed in Germany

Inhalt

Vorwort

Wer ist so frech, die Zeiger der Uhr zu verkleben und die Zeit anzuhalten? Sich der linearen Taktfolge zu entziehen, aus dem Kreislauf des Ewiggleichen herauszutreten? Innehalten und durchatmen, bevor es »zwölf geschlagen hat«? Mutige Leute, die sich nicht treiben lassen – souveräne Herren und Frauen ihrer Zeit!

Die Zeit gehört uns – gehört sie uns? Wir leben und bewegen uns in ihr wie in einem Raum, wie in einer vertrauen Wohnung. Aber wir sind nicht ihr Eigentümer, sie bleibt uns fremd. Was ist die Zeit? Sie rennt uns davon, wir verlieren sie, wir jagen ihr nach. Wir sagen: »Ich habe Zeit«, aber wir sagen nicht: »Ich habe Lauf« oder: »Ich habe Gesang«, sondern: »Ich laufe« oder: »Ich singe«. Warum sagen wir nicht: »Ich zeite«? Liegt es daran, dass wir zwar über Sinnesorgane für das Hören, Sehen und Fühlen verfügen, aber über kein Organ für die Zeit? Oder ist es die Sprache, die uns das Nachdenken über die Zeit verhext?

Die Physiker haben nicht die Absicht, das Wesen der Zeit zu erforschen, sondern sie begnügen sich damit, exakt zu messen, seit wann und wie lange sich etwas bewegt. Seit unvorstellbaren Zeiten haben Menschen die zyklischen Bewegungen der Himmelskörper beobachtet, um zu lernen, ab wann sie mit der Aussaat beginnen oder bis wann sie mit dem Ernten fertig sein sollten. Das subjektive Empfinden von Gegenwart, Vergangenheit und Zukunft mag schon sehr früh den Anlass dazu geliefert haben, Sonnen-, Wasser- und Sanduhren zu konstruieren. Und aus dem Interesse der Mächtigen, das Leben der Untertanen zu beherrschen, entstanden vermutlich die Kalender, welche die lineare Abfolge von Tagen, Wochen, Monaten und Jahren verbindlich für alle anordneten.

Der Philosoph Ludwig Wittgenstein empfiehlt, nicht ergründen zu wollen, was die Zeit sei. Zeitliche Ausdrücke hätten ihren Sinn nur in einem typischen Handlungskontext und zusammen mit anderen sprachlichen Ausdrücken. Wir könnten sogar Sprachspiele entwerfen, in denen zeitliche Ausdrücke gar nicht vorkommen. Beispielsweise formen wir Bilder des alltäglichen Lebens und setzen sie in Beziehung zu Bildern eines bestimmten Sonnenstandes oder zu Bildern einer bestimmten Zeigerstellung auf der Uhr, ohne uns über das Wesen der Zeit tiefe Gedanken zu machen.

Diese Empfehlung hat mich sehr beeindruckt. Sie entspricht dem Anliegen, das mich veranlasst hat, dieses Buch zu schreiben. Es wird in den überklebten Uhrzeigern auf dem Umschlag anschaulich dargestellt: Ich kann mich wehren gegen das Lebenstempo der modernen Gesellschaft und insbesondere gegen das Regime der Beschleunigung, das mich in der Arbeitswelt, beim Einkaufen und in meinem Privatleben verfolgt! Nicht alle finden die Geschwindigkeit, mit der sie am frühen Morgen zur U-Bahn-Haltestelle rennen, lästig. Aber sehr viele Zeitgenossen leiden darunter, dass sie täglich im Betrieb, auf dem Weg nach Hause, in der eigenen Familie oder beim Treffen mit Angehörigen oder Freundinnen getrieben werden, bis sie spätabends erschöpft ins Bett fallen. Von wem werde ich getrieben, warum lasse ich mich treiben?

Die gewagt klingende Hypothese dieses Buches formuliere ich so: Die informationsgestützten Finanzmärkte haben etwa mit dem Beginn des neuen Jahrhunderts einen Megaschub an gesellschaftlicher Beschleunigung angestoßen, den sie über die börsennotierten Unternehmen in die Realwirtschaft weiterleiten. Von den Konzernmanagern wird er auf die Belegschaften überwälzt. Die staatlichen Organe lassen sich von dieser Welle der Beschleunigung mitreißen, indem sie auf die Stimme der Finanzmärkte horchen und deren Interessen bedienen. Die politischen Entscheidungen werden immer kurzatmiger und hektischer. Unter dem dreifachen Druck sind die Arbeitsverhältnisse der abhängig Beschäftigten entsichert, entregelt und verdichtet worden. Die Kaskade der Beschleunigung trifft am Ende die privaten Haushalte und insbesondere die Frauen, nachdem die Grenze zwischen Arbeitswelt und Familienleben durchlöchert worden ist.

Das erste Kapitel beginnt mit einer kurzen Schilderung, wie verschiedene Menschen unter einer atemlosen Beschleunigung leiden. Zugleich werden einige Belege der Entwarnung angeführt – aus der Geschichte, aus einer Landkarte des Lebenstempos, das nach Ländern variiert, und aus den abweichenden Lebensrhythmen der Individuen.

Im zweiten Kapitel versuche ich, die oben skizzierte Hypothese argumentativ zu erläutern und zu begründen. Die einzelnen Abschnitte schildern den Aufstieg der Finanzmärkte zum hegemonialen Sektor einer globalen Wirtschaft, der in vier Stufen erfolgt. Die Fondsmanager der Finanzkonzerne kontrollieren die Industrieunternehmen durch Finanzkennziffern. Die Bankenrettung der Staaten und das Krisenmanagement der EU-Staaten decken auf, wie sehr die Regierungen von den Banken dominiert werden. Sie werfen auch ein neues Licht auf die Erosion der Normalarbeitsverhältnisse, die Deformation der solidarischen Sicherungssysteme und die Appelle an die private kapitalgedeckte Vorsorge, die zu einem Megageschäft der Finanzinstitute wurde. Je mehr die Erwerbsarbeit der Männer intensiviert und verlängert worden ist, umso mehr Zeitaufwand wird den Frauen für die Kinderbetreuung zugemutet.

Das dritte Kapitel erklärt die Zeit als gesellschaftliches Konstrukt: Definierte Handlungssequenzen werden auf andere Handlungs- und Ereignissequenzen abgestimmt, die als Bezugsgrößen der Orientierung gelten. Als prominente Bezugsgrößen einer solchen gesellschaftlichen Abstimmung stellen sich im geschichtlichen Verlauf die natürliche Umwelt (Himmelskörper und Jahreszeiten), das individuelle Subjekt (seine inneren Rhythmen) sowie Vorentscheidungen der Gesellschaft selbst heraus. Ich bin davon überzeugt, dass sich soziale und kulturelle Spannungen vermeiden lassen, wenn die gesellschaftlichen Abstimmungsverhältnisse sich sowohl an den organischen Regelkreisen der natürlichen Umwelt orientieren als auch die inneren Rhythmen der individuellen Subjekte respektieren.

Die normativen Grundsätze der gleichen Gerechtigkeit und einer erweiterten Solidarität erläutere ich im vierten Kapitel als Antwort auf die vertikale Ungleichheit in den europäischen Gesellschaften. In der verhältnismäßigen Gleichheit und der moralischen Gleichheit sowie im Recht der Rechtfertigung gesellschaftlicher Verhältnisse, das die am wenigsten Begünstigten beanspruchen dürfen, sehe ich die Grundlage anerkannter Menschenrechte, unter denen das Recht auf Beteiligung den ersten Rang einnimmt. Solidarität betrachte ich nicht in erster Linie als Tugend, sondern als Steuerungsform, die sich von der Marktsteuerung durch die asymmetrische Gegenseitigkeit unterscheidet: Die Beitragsverpflichtung hängt von der Leistungsfähigkeit ab, der Anspruch auf Hilfe jedoch von der Notlage.

Im fünften Kapitel beurteile ich gesellschaftliche Abstimmungsregeln und praktische Konsequenzen. Politische Anregungen in der ersten Person gelten dem Zeitmanagement, der Entschleunigung, der Muße und der Weigerung, jederzeit erreichbar zu sein. Entsprechend den im zweiten Kapitel genannten »Brandherden« werden jene Handlungsfelder und kollektiven Akteure genannt, die den Übergriffen der Finanzmärkte widerstehen können. Ein großes Gewicht kommt dem demokratisch legitimierten Staat zu, die Abstimmungsmacht gegenüber den privaten Kapitaleignern zurückzugewinnen. Eine faire Verteilung der Einkommen und Vermögen setzt voraus, dass die kapitalistische Verteilungsregel in den Unternehmen durch eine paritätische Beteiligung der abhängig Beschäftigten und eine gefestigte Tarifautonomie umgestimmt wird. Die real existierende Demokratie stimmt dann mit dem Profil eines Sozialstaats überein, sobald ein sozialpolitischer Wiederaufbau mit Mindestsicherung, komfortablen Gesundheitsleistungen, einer solidarischen umlagefinanzierten Altersicherung sowie attraktiven personennahen Diensten für alle vereinbart wird.

Wie schätze ich die Erfolgsaussichten des Widerstands gegen das Regime der Beschleunigung ein? Zwar dauert es oft unendlich lange, bis sich in einer demokratischen Gesellschaft irgendetwas bewegt. Aber ich beobachte, wie selbst in flügellahmen Gewerkschaften und Parteien, die aus sozialen Bewegungen erwachsen sind, in bürgerlichen Initiativen und rebellischen Protesten überraschend andere Abstimmungsverhältnisse erkämpft werden. Sie belegen die Kernaussage dieses Buches: Was uns fehlt, ist eigene Zeit, nicht beschleunigtes Wachstum.

Während der Arbeit an diesem Buch, die in den vergangenen Monaten meine Widerstandskraft gegen das Regime der Beschleunigung fast zermürbt hat, bin ich wohlwollend und geduldig vom Westend Verlag und insbesondere von Beate Koglin begleitet worden. Dafür bedanke ich mich. Ein besonderer Dank gilt dem Physiker und Philosophen Dr. Wolfang Schupp, der mir bei der Korrektur des dritten Kapitels wertvolle Hinweise und Anregungen gegeben hat.

1 Atemlos beschleunigt

Ich höre in der Frühe den Wecker piepen. Unmittelbar beim Aufwachen weiß ich nicht, wo ich bin – daheim oder auf Reisen, im eigenen Zimmer oder in einem Hotel? Erst als ich die Augen öffne, fügen sich die Zeitfragmente des vergangenen Abends – Vortrag, Diskussion, angeregte Gespräche in einem Restaurant der Leipziger Altstadt – wieder zusammen. Also schnell heraus aus dem Bett, duschen, anziehen, frühstücken. Während des Frühstücks höre ich die Nachrichten, überschlage die Schlagzeilen aus drei überregionalen Zeitungen, eile zur Rezeption, laufe zum Bahnhof und springe, gerade noch bevor der Zugbegleiter abpfeift, in den Zug. Während der Fahrt registriere ich die Anrufe und Nachrichten auf dem Handy, löse den Stau der eingegangenen E-Mails auf und bereite den nächsten Vortrag über ein anderes Thema, in einer anderen Stadt, vor einem anderen Publikum vor. Die Gespräche mit den Menschen, die Thematik des Vortrags und die kritischen Einwände vom Vorabend sind längst versenkt. Ihnen nachzuspüren, verschiebe ich auf später. So kommt es wiederholt vor, dass mich Freunde und Freundinnen auf Erlebnisse ansprechen, die sie irgendwann mit mir geteilt haben. Ich jedoch habe den Eindruck, dass sie mir Geschichten von fremden Leuten erzählen.

Beschleunigungsgesellschaft

Solche persönlichen Erfahrungen finde ich von Freundinnen und Kollegen bestätigt. Sie fühlen sich in ihrem Alltag gehetzt, immer zu spät dran, als stolperten sie atemlos hinter sich her. Von Terminen getrieben, packt sie die Sorge, eine einmal gegebene Zusage nicht einhalten zu können oder eine Verabredung vergessen zu haben. Informationsfluten und schnell wechselnde Anfragen ersticken ein konzentriertes Arbeiten. Wie soll das, was bedeutsam ist, und das Belanglose angemessen sortiert, wie soll das eine vom anderen unterschieden werden können? Auch die Kinder haben bereits ihren Terminkalender. Sie warten darauf, dass sie von der Mutter oder vom Vater noch vor dem Einkauf im Supermarkt abgeholt werden. Eine Glückwunschkarte bleibt bis zum späten Abend ungeschrieben, so dass sie die Freundin erst nachträglich zum Geburtstag erreichen wird. Das Tempo, die Geschwindigkeit und gar die Beschleunigung haben gefühlsmäßig für zahlreiche Zeitgenossen rapide zugenommen. Das »atemlose Jahr« 2011 bleibt nicht das einzige mit einem solchen Etikett.

»Immer schneller, immer höher, immer weiter!« Zwar haben die unmittelbar beteiligten Athleten der Olympischen Spiele in London jene überzogenen Erwartungen deutscher Sportverbände ausgebremst. Aber vor dem sportlichen Fieber nach Höchst- und Rekordleistungen scheint keine der europäischen Gesellschaften seit der Jahrhundertwende verschont zu bleiben. Leben wir in einer Gesellschaft, die sich immer weiter beschleunigt?

Die empfundene Beschleunigung zeigt sich in zahlreichen Facetten: Der elektronische Brief hat die traditionellen Postboten abgehängt. Computerleistungen überholen die mechanische und mentale Anstrengung des Menschen. Das Mobiltelefon signalisiert, dass der Besitzer jederzeit erreichbar und für die mediale Kommunikation bereit ist, selbst wenn die hereinströmende Informationsflut seine Fähigkeit übersteigt, diese aufmerksam zu verfolgen und zu verarbeiten. Neue Computerprogramme werden in immer kürzeren Abständen angeboten. Der ICE, der – wenn auch nur für wenige Kilometer – mit 300 Stundenkilometern durch den Taunus und Westerwald rast, gilt als das Prunkstück der Deutschen Bahn. In den Betrieben wird dieselbe Arbeit mit immer weniger Personal in immer kürzerer Zeit bewältigt. Die Lebenszeit der Güter und die saisonalen Modezyklen sind radikal verkürzt worden. Sogar das Tempo, in dem berühmte Musikwerke präsentiert werden, ist deutlich gestiegen. Beethoven selbst ließ seine dritte Sinfonie »Eroica« in sechzig Minuten spielen, Leonard Bernstein beschleunigte auf 49 Minuten und Michael Gielen 1987 auf 43 Minuten.

Auch die Sprechgeschwindigkeit der Radiomoderatoren hat sich merklich erhöht. Im Kino fordern die Schnittfolge der Werbefilme und die suggestiven Impulse in Bruchteilen einer Sekunde die Reaktionsfähigkeit nicht weniger Besucher heraus. Die kurzfristigen Einschaltquoten, nicht die Qualität entscheidet darüber, wie schnell der Intendant eine Fernsehserie absetzt. Eltern rennen aufgeregt zur Kinderärztin, um sich zu vergewissern, dass ihr Kind auch zeitig genug zu krabbeln und zu laufen beginnt. Von Schülern und Schülerinnen wird erwartet, dass sie bereits in zwölf statt in dreizehn Jahren den vorgesehenen Stoff beherrschen und das Abitur bestehen. Kunden werden ungeduldig, sobald sich vor der Kasse im Supermarkt, vor dem Post- oder Bahnschalter Schlangen bilden oder sie bei Ärzten oder bei Behörden länger warten müssen. Handlungen, die sonst aufeinander folgen, werden möglichst gleichzeitig erledigt: ankleiden und telefonieren, essen und fernsehen, Auto fahren und Musik hören. Die Dauer von Freundschaften und Partnerbeziehungen ist deutlich gesunken. Die einzelnen tun das, was sich ihnen aufdrängt, und nicht das, was ihnen wichtig ist. Eilfertig sind sie dabei zu löschen, was gerade brennt. Anmelde-, Abgabe- oder Lieferfristen steuern in erster Linie das alltägliche Handeln.

Leidensgeschichten

Die Krankenkassen in Deutschland melden, dass sich in den letzten zwanzig Jahren die Zahl der psychosomatischen Krankheiten verdoppelt hat. 2010 war ein Zehntel aller Krankmeldungen durch psychosomatische Störungen verursacht. Eine Forsa-Studie, die 2009 von der Techniker Krankenkasse in Auftrag gegeben worden war, hat ermittelt, dass acht von zehn Deutschen ihr Leben als stressig empfinden. Jeder Dritte steht unter Dauerstress. Den größten Druck spüren die dreißig- bis 49-jährigen Personen. Hausfrauen fühlen sich stärker gestresst als Manager und Schüler. Zunehmender Stress macht die Betroffenen müde und erschöpft. Ständiger Erregung folgen Nervosität, innere Unruhe und Schlafstörungen. Konzentrationsfähigkeit und Leistungsvermögen lassen nach. Das körperliche und psychische Wohlbefinden wird beeinträchtigt. Psychosomatische Symptome wie Schweißausbrüche, Kopf- oder Rückenschmerzen, Sodbrennen, Magen-Darm-Störungen, Herzbeschwerden und Atemnot nehmen zu.

Als Stressursachen nannten die befragten Personen an erster Stelle Belastungen am Arbeitsplatz: Hetze und Termindruck, Überstunden, unregelmäßige Arbeitszeiten, Schichtdienst, starke Schwankungen im Arbeitsablauf, unangemessener Lohn und drohende Entlassung. Jeder dritte Erwerbstätige sieht sich häufig an der Grenze der Belastbarkeit. Jeder zweite fühlt sich sehr häufig oder oft gehetzt. Frauen empfinden das Gehetztsein stärker als Männer. Besonders betroffen sind Beschäftigte, die häufig oder oft mit Kundschaft arbeiten, mit Patienten oder Klienten, Vorgesetzte und solche mit langen Arbeitszeiten von 45 Wochenstunden und mehr. Überdurchschnittlich sind Arbeitende im Gastgewerbe, im Gesundheits- und Sozialbereich sowie am Bau betroffen. Die Hälfte der Beschäftigten ist während eines Jahres wiederholt auch dann zur Arbeit gegangen, wenn sie sich »richtig krank fühlten«. Schülerinnen und Schüler fühlen sich bedrängt durch enormen Leistungsdruck und überzogene Prüfungsvorgaben. Als weitere Ursachen werden finanzielle Sorgen, Belastungen im Straßenverkehr, Lärm, Einkaufen und Partnerbeziehungen genannt.

Das Phänomen des »Ausbrennens« verbreitet sich dem Urteil von Medizinern zufolge in der modernen Arbeitsgesellschaft wie eine Epidemie. Das Burn-out-Syndrom, ein »Zustand erschöpfter physischer und mentaler Ressourcen«, auch als Eilkrankheit (hurry sickness) bezeichnet, kann Menschen aus allen Berufszweigen und Arbeitsfeldern treffen. Schulen und Unternehmen gelten als die Vorzimmer des Ausbrennens. Gehäuft tritt es bei den sogenannten Leistungsträgern auf, in Unternehmen sowie in pädagogischen, sozialen und religiösen Einrichtungen. Denn zum einen können diese Personen ihre Arbeitsinhalte und Arbeitszeiten im Rahmen von Zielvereinbarungen, die nach oben offen sind, relativ selbst bestimmen. Zum andern üben sie eine verantwortungsvolle Tätigkeit aus, die den eigenen Talenten oder Interessen entspricht. Sie identifizieren sich voll mit ihrem Beruf oder ihrer Rolle und wirken nach außen sehr zufrieden. Allerdings stürzen sie sich voller Enthusiasmus in die Arbeit, die sie voll ausfüllt, und halten alles für überflüssig, was ihnen neben der Arbeit eine emotionale und psychische Entspannung bieten könnte. Und wenn sie ihrer Partnerin oder Familie einen kurzen Urlaub zugestehen, bleiben Telefon, Laptop und Handy in unmittelbarer Nähe. Alles dreht sich um den Job, sie verlernen es, auf eine Anfrage hin nein zu sagen, weil sie Diskussionen, Konflikte oder Verletzungen scheuen. Sie fühlen sich durch einen vollen Terminkalender, eine Wochenarbeitszeit von sechzig bis achtzig Stunden sowie Geschäftsreisen quer durch Europa für wichtig genommen, öffentlich anerkannt und geschmeichelt. Nachdem ein Auftrag abgewickelt ist, hetzen sie ohne Unterbrechung und schöpferische Pause zum nächsten.

Die Signale des Körpers – Müdigkeit, Appetitlosigkeit, Erschöpfung, Schlafstörungen – verdrängen sie. Bis sie in eine tiefe Depression, in einen absoluten psychischen und mentalen Stillstand fallen. Allerdings bricht ein solches Endstadium nicht über Nacht herein. Es kündigt sich stufenweise an: Zunächst will man sich beweisen und sonnt sich auf der Bühne des Erfolgs. Solange der Glaube, unverwundbar zu sein, anhält, verstärkt man den Einsatz. Persönliche Bedürfnisse werden vernachlässigt, Konflikte verdrängt, soziale Kontakte reduziert. Die innere Leere wird durch Ersatzbefriedigungen überspielt, bis auch diese in eine totale Apathie münden.

Entwarnung

Spiegeln die Warnungen von Ärzteverbänden und Krankenkassen, von Feuilletonschreibern und Sozialwissenschaftlern, die sich der Zeitdiagnose widmen, eine allgemeine gesellschaftliche Tatsache? Oder ist ihr Blickwinkel eingeschränkt, wenn sie behaupten, dass unser Leben in den letzten zehn bis fünfzehn Jahren allgemein schneller und hektischer geworden sei, dass Nervosität, Unruhe und Reizbarkeit weit verbreitet seien und dass es inzwischen zum normalen Berufsalltag gehöre, sich gestresst zu fühlen? Kann es sein, dass beruflicher Stress nur unter bestimmten Bedingungen krank macht, dass er die Mitglieder moderner Gesellschaften nur selektiv heimsucht, dass etwa bestimmte Regionen von ihm verschont bleiben und dass er noch in nahezu jeder geschichtlichen Epoche kulturkritischen Alarm ausgelöst hat? Vier Hinweise können die aktuelle Erregung über das immens gesteigerte Lebenstempo und die daraus gefolgerten apokalyptischen Szenarien relativieren.

Umfragen

Das Institut für Demoskopie Allensbach hat 2002 herauszufinden versucht, wie sich die angeblich durch tausend Sachverhalte belegte Beschleunigung – etwa die wissenschaftlichen Entdeckungen, die sich in immer kürzeren Zeiträumen vervielfachen, der Einsatz von Hochgeschwindigkeitszügen, die Wahrnehmung des Anschlags vom 11. September 2001 auf das World Trade Center in Echtzeit – auf den Alltag und das Lebensgefühl der Menschen auswirke.

Im Vergleich mit der Einschätzung der westdeutschen Bevölkerung im Jahr 1975 scheint sich das Zeitempfinden der Bevölkerung gegenüber den Befragten des Jahres 2002 verlangsamt zu haben. Damals äußerten sechzehn Prozent, im Jahr 2002 dagegen nur sieben Prozent den Wunsch, dass alles sehr viel langsamer gehen möge. Gleichzeitig waren 2002 81 Prozent der Befragten davon überzeugt, dass die meisten Leute in Deutschland unter Stress leiden. Umgekehrt behaupteten nur weniger als ein Drittel von sich, dass sie selbst gestresst seien. Diesen Widerspruch erklären sich die Allensbacher Meinungsforscher so, dass viele Zeitgenossen sich inzwischen an das Lebenstempo, die Hektik und den Alltagsstress gewöhnt hätten, ihn sich sogar manchmal wünschten, um in Schwung zu kommen. Ein solcher Gewöhnungseffekt, der von Hektik und Beschleunigung ausgeht, scheint sich bei Managern zu häufen. Denn diese behaupteten unter allen Berufsgruppen am wenigsten, dass sie derzeit unter Stress leiden.

Wenn man einmal von älteren Menschen absieht, ist der Wunsch nach Langsamkeit in der Bevölkerung nicht sehr ausgeprägt. Die Mehrzahl empfindet, dass es an manchen Ecken und Enden der Gesellschaft immer noch zu langsam geht, etwa bei Ämtern und Behörden, bei politischen Reformen und beim medizinischen Fortschritt. Zu schnell geht es den Befragten beim Straßenverkehr zu. Anders ist die Einstellung zum technischen Fortschritt. Dessen Geschwindigkeit finden zu fast gleich starken Gruppen die einen als zu hoch, die anderen als gerade richtig. Die weltanschaulichen Konflikte um Fluch oder Segen der Technik gehören der Vergangenheit an. Als nützlich und vorteilhaft werden Bankautomat, Mikrowelle, Mobiltelefon und Internet eingestuft. Wenig Verständnis haben die Befragten für den beschleunigten Einsatz von Gentechnik und Hormonen, um das Wachstum von Pflanzen und Tieren zu beschleunigen und die Nahrungskette zu verändern, es sei denn, dass dadurch Hungersnöte in der Welt vermieden würden.

Die Allensbach-Umfrage von 2002 und die Forsa-Umfrage von 2009 klingen widersprüchlich. Dies mag mit wertenden und normativen Optionen der Institute zusammenhängen. Ausschlaggebend ist indessen, dass eine allgemein gehaltene Umfrage nur begrenzt mit einer Umfrage vergleichbar ist, die ein spezifisches Ziel und dementsprechend eine präzise formulierte Fragestellung verfolgt. Außerdem ist der zeitliche Abstand zu berücksichtigen. 2009 waren die angeblich epochalen sozial- und arbeitsmarktpolitischen Reformen der rot-grünen Koalition unter Bundeskanzler Gerhard Schröder gesetzlich verankert und wirksam, die Folgen der geplatzten Vermögensspekulation unmittelbar absehbar.

Anderseits werden in beiden Umfragen ähnliche Einsichten gewonnen: Zum einen ist der Unterschied zwischen der Selbsteinschätzung der Befragten, die verharmlosend klingt, und der Fremdeinschätzung leidender Menschen durch Ärzte und Krankenkassen erkennbar. Zum anderen wird in beiden Umfragen deutlich, wie sehr differenziert, wenn nicht gar gespalten die gesellschaftliche Beschleunigung auf verschiedene Bevölkerungsgruppen einwirkt, nämlich auf solche, die in der Lage sind, sich schnell auf Veränderungen einzustellen, und solche, denen die Anpassung schwerfällt.

Erhebungen

Eine vom Statistischen Bundesamt 2001/2002 durchgeführte Zeit-budgeterhebung gewährt Einblick in die Lebensverhältnisse von Menschen in Haushalten und Familien. Allerdings können die quan-titativen Daten über die Verwendung der Wochenstunden, über welche die einzelnen Haushaltsmitglieder verfügen, nur einen indi-rekten Hinweis auf die Lebensqualität beziehungsweise die Chan-cen gelingenden Lebens der Haushaltsmitglieder vermitteln. Den-noch sind folgende Einsichten, die sich aus der Statistik gewinnen lassen, aufschlussreich:

■ Alle Personen ab zehn Jahren haben 2001/2002 durchschnittlich über die Woche verteilt gut 25 Stunden unbezahlte und siebzehn Stunden bezahlte Arbeit geleistet. Der zeitliche Umfang der un-bezahlten Arbeit in den privaten Haushalten und der ehrenamtli-chen Tätigkeit ist größer als das Volumen der Arbeiten, die als Erwerbsarbeit oder Aus- und Weiterbildung in die Volkswirt-schaftliche Gesamtrechnung eingehen.

■ 2001/2002 ist der Umfang der bezahlten und unbezahlten Arbeit sowohl für Männer als auch für Frauen im Vergleich zum Beginn der 1990er Jahre gesunken.

■ Die Belastung von Frauen und Männern in Bezug auf Erwerbsar-beit und private Hausarbeit, insbesondere die Kinderbetreuung, ist ungleich verteilt. Frauen im früheren Bundesgebiet leisten durchschnittlich mit 31 Wochenstunden 1,6-mal mehr unbe-zahlte Arbeit als Männer mit 19,5 Wochenstunden, wenngleich die Frauen ihren Aufwand für unbezahlte Arbeit (überwiegend Gartenarbeit, Kinderbetreuung und Pflege) seit Anfang der 1990er Jahre um knapp zehn Prozent reduziert haben.

■ Paarhaushalte mit und ohne Kinder weichen bei der Verteilung der bezahlten und unbezahlten Arbeit stark voneinander ab. Paarhaushalte ohne Kinder nähern sich tendenziell dem Leitbild der Gleichstellung von Männern und Frauen an, indem die wö-chentliche Gesamtarbeitszeit nahezu gleichmäßig verteilt ist, auch wenn die Frauen etwa eine Dreiviertelstunde länger für Haushalt und Familie arbeiten. Dagegen sieht es in Paarhaushalten mit Kindern anders aus. Wenn nur die Männer erwerbstätig sind, ist deren Gesamtarbeitszeit zwar höher als die der Frauen, aber die Frauen arbeiten viereinviertel Stunden pro Woche mehr für Haushalt und Familie als die Männer. Wieder anders ist die Verteilung der bezahlten und unbezahlten Arbeit, wenn beide erwerbstätig sind. Bei annähernd gleicher Gesamtarbeitszeit arbeiten die Frauen etwa zweieinhalb Stunden in der Woche länger für Haushalt und Familie als die Männer. Wenn alle Bereiche der Haushaltsführung – kochen, putzen, Wäsche pflegen, einkaufen, handwerkliche Tätigkeiten, Tier- und Pflanzenpflege – betrachtet werden, übernehmen Frauen durchschnittlich 63 Prozent, die Männer 37 Prozent der anfallenden Arbeiten.

- Alleinerziehende Frauen, die 84 bis 87 Prozent der alleinerziehenden Eltern ausmachen und die Arbeitsbelastung sowie die Verantwortung für Kinder allein zu tragen haben, sind täglich knapp eindreiviertel Stunden länger erwerbstätig als Frauen in Paarhaushalten. Ihre Arbeit für Haushalt und Kinderbetreuung reduzieren sie um eine Dreiviertelstunde und kürzen die Zeit zum Schlafen, Essen und die Körperpflege um eine halbe Stunde.

Wie schätzen die Paarhaushalte selbst ihren Zeitaufwand für die bezahlte Erwerbsarbeit und die unbezahlte Hausarbeit ein? Die Mehrheit der Paarhaushalte mit oder ohne Kinder betrachtet ihren Zeitaufwand für die beiden Arbeitssphären als gerade richtig. Den Paaren ohne Kinder gelingt es besser, den Umfang der Hausarbeit den eigenen Wünschen anzupassen. Mehr als siebzig Prozent von ihnen empfinden den entsprechenden Zeitaufwand als gerade passend. Unter den Paaren mit Kindern behaupten dies allerdings nur 58 Prozent der Männer und 52 Prozent der Frauen. 35 Prozent der Väter wünschen sich, mehr Zeit für den Haushalt und weniger Zeit für den Beruf aufzuwenden, während 24 Prozent der Mütter gern mehr Zeit für die Erwerbsarbeit hätten. Vollzeiterwerbstätige Väter und Mütter haben vergleichbare Wünsche, nämlich weniger Berufszeit zu haben und dafür über mehr Hausarbeitszeit zu verfügen.

Wie viel Zeit verwenden Eltern für Kinder? Sind die Kinder unter sechs Jahren alt, nimmt deren Betreuung mehr als ein Drittel der unbezahlten Hausarbeit in Anspruch, bei alleinerziehenden Frauen sogar 43 Prozent. Das Ausmaß der Zuwendung folgt der traditionellen Rollenverteilung. Die ungeteilte oder parallele Aufmerksamkeit – etwa beim Einkaufen –, die Väter den Kindern widmen, macht etwa eindreiviertel Stunden aus, die der Mütter vier Stunden, die von Alleinerziehenden knapp viereinhalb Stunden pro Tag. Jenseits der quantitativ messbaren unmittelbaren Betreuung hinaus spielt jedoch die ständige Bereitschaft und Verfügbarkeit für die Kinder »rund um die Uhr« eine große Rolle.

Wie partnerschaftlich wird die Kinderbetreuung organisiert? Deren Verteilung auf Väter und Mütter hängt stark von der Erwerbstätigkeit der Paare ab. Erwerbstätige Mütter widmen der Kinderbetreuung doppelt so viel, nicht erwerbstätige Mütter dreimal so viel Zeit wie erwerbstätige Männer. Das Hinbringen zum Kindergarten und das Abholen nehmen bei erwerbstätigen Müttern von Kindern unter sechs Jahren fünfzehn Prozent der Kinderbetreuung in Anspruch; bei älteren Kindern machen das Hinbringen zur Schule und zu sonstigen Terminen und das Abholen 25 Prozent aus. Fahrdienst- und Wegzeiten fast ausschließlich nicht erwerbstätiger Mütter sind in den letzten zehn Jahren für Kinder unter sechs Jahren um die Hälfte, für ältere Kindern um das Doppelte angestiegen.

Wie bringen voll erwerbstätige Mütter den Zeitaufwand für Erwerbsarbeit, Kinder und Hausarbeit unter einen Hut? Im Vergleich zu nicht erwerbstätigen Müttern schränken sie, solange die Kinder im Vorschulalter sind, ihre Haus- und Familienarbeit um gut dreieinhalb Stunden wöchentlich ein, wobei sie ihren Kindern eineinhalb Stunden weniger an Aufmerksamkeit widmen. In Anbetracht der um zweieinhalb Stunden höheren wöchentlichen Gesamtarbeitszeit sind sie genötigt, den Entzug von eineinviertel Stunden persönlicher Erholung (Schlafen, Essen, Körperpflege) auf sich zu nehmen.

Die statistische Erhebung fragt ohne jede Alarmstimmung, wofür die Haushalte und Familien ihre Zeit verwenden. Sie provoziert indessen vier normative Schlussfolgerungen, die hypothetisch vorgetragen werden können. Die Mehrheit der Paarhaushalte mit oder ohne Kinder empfindet zwar die Verwendung der Zeit, die ihnen für die bezahlte und unbezahlte Arbeit zur Verfügung steht, als gerade richtig. Aber bereits die unterschiedlichen Wünsche der Paarhaushalte mit Kindern nach einer anderen Zeitverwendung decken erstens auf, dass sich hinter der Antwort auf die Frage, wo ihre täglich verfügbare Zeit tatsächlich bleibt, eine zweite Antwort versteckt, die angibt, wo ihre Zeit bleiben sollte, wenn sie dies frei entscheiden könnten. Es wird ein Abstand erkennbar zwischen der tatsächlichen und der gewünschten Verwendung ihrer Zeit für Erwerbsarbeit, Hausarbeit oder Kinderbetreuung.

Diesen Einblick in die gewünschte Zeitverwendung jenseits der tatsächlichen bietet die Statistik zweitens dort, wo sie über die dreifache Mehrbelastung berichtet, die voll erwerbstätige Mütter zu tragen haben, indem sie Erwerbsarbeit, Kinderbetreuung und Hausarbeit in das Zeitbudget eines einzigen Tages hineinpressen müssen. Vergleichbares gilt drittens für den Abstand zwischen der tatsächlichen Zeitverwendung nicht erwerbstätiger Mütter und jener Verteilung von Hausarbeit und Erwerbsarbeit, die sie sich wünschen. Viertens lässt der nüchterne Blick der Statistiker auf die Situation alleinerziehender Mütter ahnen, wie extrem der Außendruck ist, dem diese bei ihrer täglichen Zeitverwendung ausgesetzt sind.

Landkarten

Im Bewusstsein der allgemeinen Überzeugung, dass das Tempo des Lebens im vergangenen Jahrhundert immer schneller geworden sei, sind der US-amerikanische Psychologe Robert Levine und sein Forschungsteam der Frage nachgegangen, wieso das Lebenstempo verschiedener Orte, Regionen und Kulturen auf der Welt derart stark voneinander abweicht. Sie entnehmen den Begriff des Tempos der Musiktheorie, da er die relative Geschwindigkeit bezeichnet, mit der ein Stück gespielt wird, und die Komponenten von Takt und Rhythmus mit den Arrangements von Impulsen, Kadenzen, Zyklen und Sequenzen, Tönen und Pausen einschließt.

Levine vergleicht auf der Suche nach gesellschaftlichen Temponormen das Lebenstempo in 31 verschiedenen Ländern der ganzen Welt. Zugleich mit der Auswahl größerer Städte legt er drei Indikatoren für das Lebenstempo fest:

1. Die Gehgeschwindigkeit zufällig ausgewählter Fußgänger über eine Entfernung von zwanzig Metern. Gemessen wurde vormittags an klaren Sommertagen während der Hauptgeschäftszeiten auf ebenen Straßen, die leer genug waren, damit einzelne Fußgänger in ihrer bevorzugten Geschwindigkeit gehen konnten.
2. Die Schnelligkeit, mit der ein Postangestellter eine Standardbriefmarke verkauft. Diesem wurde eine schriftliche Notiz in der Landessprache vorgelegt und ein Geldschein gereicht. Gemessen wurde, wie lange es von der Vorlage des Zettels bis zum Abschluss des Geschäfts dauert.
3. Die Genauigkeit von Uhren an zufällig ausgewählten Bankgebäuden, die in zentralen Quartieren der jeweiligen Stadt liegen. Gemessen wurde die Präzision der Uhren, die mit der Telefonansage verglichen wurde, um das Interesse der Stadt an der genauen Uhrzeit zu erfassen.

Aus dem gewonnenen Datenmaterial wurden fünf Grundfaktoren ermittelt, die das Lebenstempo der Länder und Kulturen beeinflussen. Der erste und wichtigste Grundfaktor für das Tempo eines Ortes ist die Wirtschaft. Die schnellsten Menschen traf Robert Levine in den reichen nordamerikanischen, nordeuropäischen und asiatischen Ländern, die langsamsten in Süd- und Mittelamerika sowie im Nahen Osten. Ein schnelles Lebenstempo ist eng mit dem Wohlstand der Individuen, der Kaufkraft und der Chance, ihre Grundbedürfnisse zu befriedigen, verbunden. Tendenziell verstärken sich das wirtschaftliche Umfeld und das Lebenstempo wechselseitig. Die länderspezifischen Differenzen des Lebenstempos spiegeln sich jedoch auch in den Subkulturen eines Landes. In den USA beispielsweise grenzen Indianer das »Leben nach indianischer Zeit« vom Lebenstempo der Mehrheit der US-Amerikaner ab, Afroamerikaner unterscheiden zwischen der »colored people's time« und der »white people's time«.

Als zweiten Faktor eines schnelleren Lebenstempos nennt das Forschungsteam den Grad der Industrialisierung. Zeitsparende Erfindungen und der Einsatz von Technik haben die Erwartungen privater

Haushalte beispielsweise an die Hygiene-, Mode- oder Mobilitätsstandards steigen lassen. Die wachsende Arbeitsproduktivität bedeutet zwar einen Zeitgewinn, der aber durch den Konsum der zusätzlich hergestellten Güter wieder verlorengeht. So wird die Zeit knapp und wertvoll. Jene Zeit, während der nicht produziert oder konsumiert wird, gilt als verschwendete Zeit. Am äußersten Ende der Temposkala liegen die Stammesgesellschaften, in denen etwa nur an zwei aufeinanderfolgenden Tagen oder während nur vier Stunden am Tag oder nur zweieinhalb Tage in der Woche gearbeitet wird. So kann eine Dobe-Frau in Australien an einem Tag die Früchte sammeln, die ihre Familie drei Tage ernährt. Anderseits kann das Lebenstempo in Nachbarländern beispielsweise in Afrika stark voneinander abweichen. Die Angehörigen eines Stammes sind »schnelle« Menschen und verschwenden wenig Zeit für ein ausgedehntes Begrüßungsritual. Angehörige eines anderen Stammes brauchen dagegen mindestens zwanzig Minuten, um sich angemessen zu begrüßen.

Die Zahl der Einwohner ist ein dritter Anhaltspunkt, dem eine größere Aussagekraft als dem Industrialisierungsgrad zukommt, um das Lebenstempo eines Ortes verständlich zu machen. Levine verweist auf mehrere Untersuchungen unter anderem in den USA, Israel, in europäischen Städten und Neuguinea, die bestätigen, dass Menschen in größeren Ortschaften schneller gehen als in kleineren. Großstadtkinder bewegen sich in Supermärkten signifikant schneller als Kleinstadtkinder in kleineren Lebensmittelläden.

Zwischen dem Klima als viertem Faktor und dem Lebenstempo eines Ortes besteht offensichtlich eine enge Beziehung. Die langsamsten Städte der 31-Länder-Studie liegen in den Tropen, beispielsweise in Mexiko, Brasilien und Indonesien. Ob das langsamere Tempo dadurch zu erklären ist, dass ein wärmeres Klima der Bevölkerung die Energie raubt, hart zu arbeiten, oder ob sie dies nicht nötig haben, weil sie weniger Kleidung und Häuser brauchen, die vor Kälte schützen, oder ob die hohen Temperaturen dazu anregen, sich den angenehmen Dingen des Lebens zu widmen, anstatt zu arbeiten, mag offenbleiben.

Ein gewichtiger fünfter Faktor besteht in kulturellen Leitbildern, die sich grundsätzlich am Individuum und der Kernfamilie, etwa in den USA, oder am Kollektiv und der Großfamilie, etwa in Pakistan und Indien, orientieren. In einigen asiatischen Kulturen erstreckt sich die Familie auf das ganze Dorf oder den ganzen Stamm. Der soziale Zusammenhalt hat Vorrang vor einer Leistungsorientierung, die die Individuen dazu anregt, jede Gelegenheit und jeden Augenblick gewinnbringend zu nutzen. Schnelligkeit oder der Anschein von Eile werden in solchen Kulturen als fehlender Anstand geächtet. Die Länderstudie belegt, dass eine stark individualistische Kultur mit einem schnelleren Lebenstempo verbunden ist.

Den globalen Ländervergleich ergänzen Robert Levine und seine Kollegen durch eine Reflexion, die sich an die Beschreibung des Kulturfaktors unmittelbar anschließt. Unter der Überschrift: »Der Schlag der eigenen Trommel« machen sie auf große Tempounterschiede zwischen »langsamen« und »schnellen« Individuen aufmerksam, die am selben Ort, in derselben Region und im selben Land leben. Den Typ des tendenziell »schnellen« Menschen skizziert Levine unter anderem durch folgende Merkmale: Er vergewissert sich ständig der genauen Tageszeit mit dem Blick auf die Uhr. Er ist darauf bedacht, pünktlich zu sein, erstellt akribisch Tages- und Wochenpläne. Er neigt zu hastigem Sprechen. Sein Redefluss wird nicht durch den Satzbau, Punkt oder Komma unterbrochen, sondern sobald ihm die Luft ausgeht. Hastig schlingt er sein Essen hinunter. In der Regel ist er vor allen anderen Tischgästen mit dem Essen fertig. Er läuft im Vergleich mit anderen schneller, bis diese ihn darum bitten, etwas langsamer zu gehen. Sein Fahrverhalten ist wenig sympathisch: Bei stockendem Verkehr betätigt er nervös die Hupe, um langsamere Fahrer zu nötigen, mehr Gas zu geben. Ein paar Minuten in einer Schlange vor einem Schalter oder einer Kasse zu stehen ist ihm eine psychische Qual. Selbst kurze Wartezeiten betrachtet er als unzumutbar und bricht sie ab.

Wie ist die Untersuchung von Robert Levine und seinem Team einzuschätzen? Die von ihnen aufgestellte Rangliste der Länder gemäß ihrem Lebenstempo wird von der Schweiz, Irland und Deutschland angeführt. Im Mittelfeld liegen Taiwan, Singapur und die USA. Die »rote Laterne« halten Brasilien, Indonesien und Mexiko. Ziemlich plausibel belegen die Forscher den Zusammenhang zwischen dem Lebenstempo und den kulturellen Leitbildern, aber ebenso zwischen den klimatischen und industriewirtschaftlichen Verhältnissen sowie den Komponenten urbaner Agglomeration. Die kreative Vorgehensweise und die nüchterne Beschreibung der Grundfaktoren, die für die jeweiligen Ortschaften, Regionen und Länder charakteristisch sind, lassen die Einsicht reifen, dass schnelles und langsames Lebenstempo auf der Landkarte der Erde jeweils im Plural auftreten und ohne krankhaften Beigeschmack als gleichwertig beurteilt werden können. Beruhigend wirkt ebenfalls die Aussicht, dass jenes tendenziell schnelle Lebenstempo der nördlichen Hemisphäre durch das langsamere Tempo der südlichen Hemisphäre neutralisiert wird. Dieser ausgewogenen Sichtweise entspricht der Ausblick auf den individuellen Charaktertyp des »schnellen« Menschen, wenngleich dessen Skizze mit Hinweisen garniert ist, die auf drohende Krankheitsbilder aufmerksam machen.

Anderseits bleibt die Länderanalyse relativ unbestimmt. Das schnelle Lebenstempo der Orte und Kulturen wird mit wechselnden Begriffen, mit »Faktoren«, »Anhaltspunkten« oder »engen Beziehungen« beschrieben, die aber keine präzise und detaillierte Einflussnahme oder Abhängigkeit begründen. Zudem sind die Tendenzen der Individualisierung, des wirtschaftlichen Wohlstands und der Bildung urbaner Konglomerate miteinander gekoppelt und keine unabhängig voneinander wirkenden Faktoren. Sie sind gemeinsamer Bestandteil einer epochalen Entwicklung, die in den westeuropäischen Ländern begonnen, sich imperial und global ausgebreitet hat und nun mit einer entfesselten kapitalistisch-wirtschaftlichen Dynamik vermutlich die gesamte Landkarte der Erde überfluten wird.

In eine solche umfassende gesellschaftliche, politische und geschichtliche Perspektive hat Robert Levine seine Landkarte der Zeit und die Typisierung des »schnellen« Menschen eingebettet. Er bietet eine umfassende Schilderung dessen, wie sich die mechanische Uhr und das Regime der Uhrzeit epochal ausgebreitet haben – und zwar sowohl als Instrument der allgemeinen Befreiung als auch der asymmetrischen Machtausübung.

Epochen

Die öffentliche Erregung und das allgemeine Unbehagen über die rasante Beschleunigung wirken überzogen. Selbst ein oberflächlicher Blick in die Geschichte kann die endzeitliche Beschleunigungsrhetorik weitgehend entladen. Denn der geschichtliche Prozess der Beschleunigung lässt sich in drei Perspektiven deuten – als mehr oder weniger kontinuierliche Stufenfolge, als Impulse mit jeweiliger Unterbrechung und als epochale Anstöße mit weitläufigen Interferenzen.

In der Perspektive einer Stufenfolge ist der Start gesellschaftlicher Beschleunigung in dem Moment anzusetzen, da Menschen die Welt des Dorfes verlassen. Solange sie nämlich ortsfeste Angehörige einer geschlossenen Gemeinschaft bleiben, folgt ihr Lebens- und Arbeitstempo der Spanne zwischen Sonnenauf- und -untergang sowie den jahreszeitlichen Rhythmen der Aussaat und Ernte. Die Bewegungen der natürlichen Umwelt bestimmen die Zeit des Wartens im Winter und der Eile im Sommer. Das Kirchenjahr, die Sonntage und Heiligenfeste regeln die kollektiven Arbeitspausen und Ruhezeiten. Mit dem Aufblühen der Städte, der wachsenden Bevölkerung und der vermehrten Arbeitsteilung, in erster Linie jedoch mit den Netzen, die zwischen den Städten geflochten werden, beginnt eine erste Stufe der Beschleunigung. Der Fernhandel, die Kaufleute und Handelsgesellschaften des Mittelalters sind deren treibende Kräfte. Sie unterhalten Niederlassungen über ganz Europa hinweg von Saragossa bis Krakau und sind daran interessiert, die Zeitspanne zwischen Geschäftsabschluss, Lieferung und Zahlung zu verkürzen. Deshalb lassen sie verfallene Wasser- und Landstraßen ausbauen und sichern sich schnelle Informationskanäle. Sie verbreiten den Terminhandel mit Zinsaufschlag, den bargeldlosen Zahlungsverkehr und das Bankwesen zur Verrechnung der Handelswechsel.

Mit dem Beginn der Neuzeit treten neben die Kaufleute die Fabrikanten und Reisenden, welche die Zeit, die für Produktion, Verteilung und Transport der Güter verwendet wird, als eine knappe und folglich kostbare Ressource kalkulieren. Deshalb setzen sie Wasser- und Windmühlen als Energiequellen ein und kombinieren menschliche Arbeitskräfte mit mechanischen Webstühlen zur Textilherstellung und mit mechanischen Sägen zur Holzverarbeitung für den Schiffsbau. Die sich bildenden Nationalstaaten errichten Netze von Kanälen, Brücken und befestigten Landstraßen. Städte werden transportgerecht umgestaltet. Postkutschen verkehren fahrplanmäßig. England und die USA beginnen einen Wettlauf um das schnellste Schiff.

Mehr als nur eine Stufe der Beschleunigung wird durch die Epoche der Industrialisierung eingeleitet. Die industrielle Massenproduktion ist durch eine gigantische Steigerung der Arbeitsproduktivität möglich geworden. Diese beruht darauf, dass mit dem »Zeitalter der Kohle« nicht mehr nur die jährliche Sonnenenergie und die menschliche Arbeitskraft genutzt werden konnten, sondern dass auch die in Jahrmillionen gespeicherte fossile Energie zur Verfügung stand und mit dem Einsatz der Dampfmaschine feste und mobile Energiespender bereitstellte. In der Folge verdrängten der Bau und Betrieb der Eisenbahn die herkömmlichen Transportmittel. Die Entdeckung der Elektrizität gestattet es, den Lebensrhythmus der Gesellschaft von der Orientierung am natürlichen Tageslicht zu lösen. Telegraph, Fernschreiber und Telefon verkürzen in einem bisher unvorstellbaren, als geradezu zauberhaft empfundenen Ausmaß die weltweite Kommunikation.

Das Auto schließlich eröffnet den Individuen phantastische Chancen einer unbeschränkten Mobilität. Die Autorennen versetzen das Kollektiv der Zuschauer in eine Art Geschwindigkeitsrausch. Dieser ergreift in einer weiteren Stufe den menschlichen Körper und den Fabrikarbeiter. Der Hochleistungssport verwandelt sich in ein Kampffeld laufend übertroffener Rekorde, und der sogenannte Taylorismus reduziert den Mitarbeiter im Betrieb auf ein Funktionsbündel von Handgriffen, die sich im Bedarfsfall punktuell abrufen lassen. Die bisher höchste Stufe der Beschleunigung wird durch die Informationstechnik und darüber hinaus durch die kombinierte elektronische und biologische Informationstechnik erreicht.

Neben einer solchen Stufenperspektive kontinuierlicher Beschleunigung kann jedoch eine alternative geschichtliche Perspektive eingenommen werden. In dieser Betrachtung folgen jenen Phasen, die als besonders beschleunigt einzustufen sind, andere, in denen die Impulse der vorhergehenden Phase sortiert, gefiltert und verarbeitet werden. Phasen eines entfesselten Lebenstempos und solche eines gebremsten Lebenstempos lösen demgemäß einander ab. Diese Perspektive kann indessen nur den methodischen Status einer Vermutung beanspruchen. Immerhin hat die Ausweitung des europäischen Fernhandels, der Termingeschäfte, der Umgehung des kirchlichen Zinsverbots, des bargeldlosen Zahlungsverkehrs und einer verschleierten Form der Kredit- und Geldschöpfung durch Bankhäuser, die über eine marktbeherrschende Stellung verfügten, eine zuweilen heftige kontroverse Debatte über die Funktion des Papiergelds in einer Geldwirtschaft und die Berechtigung des Zinsnehmens ausgelöst.

Der übereilte Einsatz von Maschinen in der Textilverarbeitung hat stürmische Reaktionen der arbeitenden Menschen provoziert, die genötigt waren, mit der ihnen zunächst fremden Technik umzugehen. Die destruktive Dynamik des industriellen Kapitalismus ist durch die Gegenmacht der Arbeiterbewegung und die Interventionen des Sozialstaats gezähmt worden. Und der rücksichtslose Zugriff auf die natürliche Umwelt, die imperiale Form der sogenannten Globalisierung sowie der entfesselte Finanzkapitalismus, der eine beispiellose weltweite Krise verursacht hat, werden derzeit dadurch ausgebremst, dass die internationale Gemeinschaft auf dem Weg ist, Institutionen und Vereinbarungen zu schaffen sowie nationale Selbstverpflichtungen anzuregen, die ökonomischer Willkür allgemeinverbindliche Schranken setzen. Im Lauf der Geschichte waren es oft Kriege, die aus überzogenen technischen und ökonomischen Machtansprüchen entstanden waren und eine verheerende Zahl von Opfern gekostet haben. Danach ist es wiederholt zu einer friedlichen Verständigung gekommen, die allen Mitgliedern der Gesellschaft ein angemessenes Lebenstempo gewährleistet und die Furcht genommen hat, dadurch persönlich überfordert zu sein. Da beendete Kriege immer weniger als Chance einer verspäteten gesellschaftlichen Atempause akzeptiert werden, ist es vernünftig, vorweg für Unterbrechungen zu sorgen, damit die destruktiven

Wirkungen technischer und vor allem ökonomischer Beschleunigungsimpulse möglichst überschaubar bleiben.

Unabhängig von den zwei abweichenden Deutungsmustern geschichtlicher Beschleunigung scheint sich die Überzeugung von drei Metaimpulsen herauszubilden, nämlich dem Fernhandel zwischen zentralen Städten, dem industriellen Kapitalismus und der Informationstechnik. Aus dem aktuell kumulierten Fortwirken der drei Metaimpulse in der Epoche der Globalisierung, der Informationstechnik und des Finanzkapitalismus lässt sich das Empfinden einer beispiellosen technischen, finanz- und realwirtschaftlichen sowie gesellschaftlichen Beschleunigung erklären und begründen, die ins alltägliche Leben der Bürgerinnen und Bürger hineinreicht. Dies soll im zweiten Kapitel geschehen.

Resümee

»Eins, zwei, drei im Sauseschritt läuft die Zeit, wir laufen mit.« So drückte Wilhelm Busch aus, was wir heutzutage ähnlich empfinden. Jederzeit geht vielen Menschen vieles zu schnell. Wer jedoch eine allgemeine rasende Beschleunigung diagnostiziert, verwickelt sich in Widersprüche oder akzeptiert die Folge einer solchen Diagnose, nämlich eine globale apokalyptische Katastrophe. Mit dem Blick in den bisherigen Geschichtsverlauf könnte die Einsicht reifen, dass den Impulsen atemloser Beschleunigung immer auch Phasen des Ausbremsens und des Atemholens gefolgt sind. Allerdings ragen die drei Megaschübe der Beschleunigung durch den spätmittelalterlichen Fernhandel zwischen den städtischen und regionalen Zentren, der Industrialisierung und der globalen Digitalisierung aus den Wellen beschleunigter und gebremster Bewegungen heraus. Aber selbst heutzutage erleben wir einen ökologischen Diskurs und eine politische Energiewende, die das Zeitalter der Kohle abbremsen. Denn die Ausbeutung der Ressourcen und die Belastung der natürlichen Umwelt sind Signale, die anzeigen, dass jenes Produktions- und Konsumregime, mit dem alle Welt sich vertraut gemacht hat, nicht ungebremst fortzusetzen ist. Aus solchen Erfahrungen kann gefolgert werden, dass eine Beschleunigung auf Zeit weder zu dramatisieren noch zu dämonisieren ist.

Ein abstraktes Wesen »Zeit«, den wir uns wie einen Container vorstellen, in dem wir uns bewegen, ist ohnehin der falsche Adressat einer Klage über die Beschleunigung. Vermutlich sind nur wir selbst es, die sich und andere beschleunigen. Aber nicht alle fühlen sich getrieben von sich selbst oder von ihren Mitmenschen. Das individuelle Lebenstempo hat offensichtlich seinen eigenen Takt, der Schlag der eigenen Trommel klingt bei Jugendlichen anders als bei Älteren, der Atem der Völker verrät geographisch und geschichtlich eine große Spannweite.

Was sagen die sich widersprechenden Ergebnisse von Umfragen über die tatsächliche und gewünschte Zeitverwendung aus? Was jene Personen, die nach ihren Zeitwünschen und der Zufriedenheit mit ihren Zeitbudgets befragt werden, antworten, was sie empfinden und was tatsächlich der Fall ist, weicht offensichtlich voneinander ab. Aber zwischen allen Aussagen wird auch dies deutlich: Die ungleiche Verteilung der unbezahlten Hausarbeit, der Leistungsdruck in den Betrieben und die überdehnten Erwartungen an Schülerinnen und Schüler verursachen bei empfindsamen Personen schwere psychosomatische Leiden, die sie viel zu lange mit sich herumschleppen, bevor sie ihren Ärzten, Betriebsräten, Schulpsychologen oder Seelsorgern davon erzählen. Ob der Preis, den die meisten Menschen für die Faszination der Geschwindigkeit entrichten, auch für sie auf die Dauer zu hoch wird?

2 Deutungen und Gründe

Die aktuelle Beschleunigung des alltäglichen Lebens, die in privaten Haushalten und in der gesellschaftlichen Öffentlichkeit empfunden wird, ist kein Naturereignis wie Regen und Wind, heiße Sommertage oder eiskalte Nächte im Winter. Auch die Zeit ist keine jenseitige und objektive Macht, die in der Lage wäre, uns zu beschleunigen. Deshalb ist die Frage berechtigt: Wer beschleunigt, und wer wird beschleunigt? Welche gesellschaftlichen Kräfte treiben zu schnellerem Handeln an, und welche Gruppen sind die Getriebenen? Wer sind die Zeitgeber, wer die Zeitnehmer?

Informationsgestützte Dynamik der Finanzmärkte

In Form einer Hypothese werde ich im Folgenden die Hegemonie der Finanzmärkte in Verbindung mit der Informations- und Kommunikationstechnik als die treibende Motorik identifizieren, der um die Wende zum 21. Jahrhundert ein Megaimpuls der Beschleunigung zuzuschreiben ist. Er wird über die börsennotierten und marktbestimmenden Unternehmen der Realwirtschaft, die staatlichen Organe und die abhängig Beschäftigten bis in die privaten Haushalte weitergeleitet. Warum der Beschleunigungsimpuls von den Finanzmärkten ausgeht, wird in einem ersten Schritt begründet, warum die »neue Technik« ihn mit verursacht hat, bestimmt die Argumentation in einem zweiten Schritt.

Warum die Finanzmärkte?
Ein geschichtlicher Grund ist die Aufkündigung des Bretton-Woods-Währungssystems, das während der Zeit nach dem Zweiten Welt-

krieg erheblich dazu beigetragen hat, dass die Finanzmärkte in die Realwirtschaft eingebettet blieben. Ein politischer Grund liegt in der fahrlässigen Überformung des Rheinischen Kapitalismus durch den angloamerikanischen Finanzkapitalismus, und ein dritter Grund ist die überdehnte Selbsteinschätzung einer Finanzmarktelite.

Aufkündigung des Bretton-Woods-Währungssystems

Während der Geltungsdauer des Währungssystems von Bretton Woods, das 1948 etabliert wurde, hat es keine ernsthafte Finanzkrise gegeben. Dieses System blieb relativ stabil, solange sechs Institutionen der monetären Sphäre als international verbindlicher Rahmen anerkannt waren:

1. Die Währung des wirtschaftlich hegemonialen Landes als Leitwährung, nämlich der US-Dollar.
2. An diese Währung waren die Währungen wirtschaftlich souveräner Staaten mit festen, jedoch anpassungsfähigen Wechselkursen gekoppelt. Um jedoch dem »Trilemma« zu entgehen – demgemäß von drei wechselkurspolitischen Zielen, nämlich autonome Geldpolitik, freier grenzüberschreitender Kapitalverkehr und stabile Wechselkurse, jeweils nur zwei zu erreichen sind –, waren grenzüberschreitende Kapitalbewegungen zwar eingeschränkt, die geldpolitische Autonomie der Nationalstaaten aber gering, so dass Außeneinflüsse in erheblichem Ausmaß wirksam blieben.
3. Die Leitwährung war jederzeit in eine festgesetzte Menge Gold einlösbar.
4. Eine Zentralbank war verpflichtet, das Güterpreisniveau stabil zu halten und einen angemessenen Grad an Beschäftigung zu sichern.
5. Ein internationaler Währungsfonds hatte die Aufgabe, kurzfristige Ungleichgewichte der Zahlungsbilanzen der Länder mit Krediten zu überbrücken.
6. Eine Weltbank sollte wirtschaftlich schwächeren Ländern oder Entwicklungsländern Investitionskredite gewähren.

Dieses System bekam bereits Ende der 1950er Jahre mit dem Aufkommen der Eurodollar-Märkte erste Risse. Diese Märkte konnten sich der auf US-Dollar lautenden Einlagen bedienen, die bei Banken außerhalb der USA bis zu sechs Monaten gehalten wurden. Sie waren entstanden, weil für sie die geldpolitischen Auflagen der US-Zentralbank nicht galten, weil die damaligen Ostblockländer ihre Dollar-Guthaben dem Einflussbereich der US-amerikanischen Banken entziehen wollten und weil die USA es ablehnten, ihr wachsendes Handelsdefizit abzubauen.

Das Bretton-Woods-System zerbrach indessen endgültig, als die beteiligten Länder sich weigerten, ihre abweichenden wirtschaftlichen und monetären Ziele sowie ihre beschäftigungs-, geld- und finanzpolitischen Maßnahmen aufeinander abzustimmen. In der Folge kam es zu massiven Handelsbilanzdefiziten und -überschüssen der Länder. Die USA kündigten 1971/1973 die Goldeinlösungspflicht auf. Die feste Bindung der Wechselkurse wurde zugunsten beweglicher Wechselkurse aufgegeben. Die unmittelbare Folge war ein drastischer Verfall des US-Dollar, die mittelbare Folge eine von den OPEC-Staaten durchgesetzte massive Anhebung der in US-Dollar notierten Rohölpreise. Da die Golfstaaten die zusätzlichen Einkommen nicht investiv verwenden konnten, flossen diese zunächst in das Bankensystem der entwickelten Länder zurück. Von dort vergaben die Banken langfristige Kredite zu extrem niedrigen Zinsen an die lateinamerikanischen Schwellen- und Entwicklungsländer. Zur gleichen Zeit spannen sie weltweit ein dichtes Netz von Bankfilialen. Die 1970er und 1980er Jahre waren von Wechselkursschwankungen geprägt, die sich realwirtschaftlich nicht erklären ließen. Europäische Länder haben zuerst mit einer Währungsschlange und später mit einem Währungssystem versucht, die Schwankungen ihrer Wechselkurse zu stabilisieren. Ihre Absichten wurden jedoch wiederholt durch spekulative Attacken durchkreuzt.

Auf die globale Rezession nach dem Zusammenbruch des real existierenden Sozialismus reagierte die US-Zentralbank mit einer extrem expansiven Geldpolitik. Damit wurde auch eine der Grundlagen jenes weithin kreditfinanzierten Anstiegs der Vermögenspreise gelegt, der mit dem Aufstieg der Unternehmen der neuen Wirtschaft verbunden war. Die überzogenen Erwartungen der Kapitaleigner zerplatzten im Jahr 2000. Um die Gefahr einer Rezession abzuwehren, die 2001 nach dem Terroranschlag auf das Word Trade Center befürchtet wurde, suchte die US-Zentralbank einem wirtschaftlichen Abschwung wiederum mit einer expansiven Geldpolitik zuvorzukommen. Gleichzeitig stiegen die Preise von Vermögen erneut explosiv an, zumal deren Erwerb überwiegend kreditfinanziert war. 2008 erfolgte der jähe Absturz der als reine Buchgewinne aufgeblähten Vermögenswerte. Die US-amerikanische Zentralbank reagierte darauf, indem sie den Leitzins drastisch senkte und den Banken beispiellose Mengen an Liquidität bereitstellte. Die Europäische Zentralbank (EZB) folgte diesem Beispiel. Dieses nicht für Realinvestitionen verwendete überschüssige Geld stand im Oktober 2011 für die Anlage auf den Devisenmärkten, auf den Märkten für Derivate und auf den Anleihemärkten zur Verfügung.

Überformung des Rheinischen Kapitalismus

In der Bundesrepublik scheint es der politischen Korrektheit zu widersprechen, die real existierende Wirtschaft mit dem Wort »Kapitalismus« zu bezeichnen. Stattdessen ist das idealtypische Leitbild der sozialen Marktwirtschaft allgemein zustimmungsfähig, seit 2001 allerdings von einer finanzstarken, marktradikalen Bekennergemeinde um den Zusatz »neu« erweitert. Der französische Wirtschaftsjournalist Michel Albert jedoch scheut sich nicht, die deutsche Wirtschaftsform respektvoll »Rheinischen Kapitalismus« zu nennen, den er dem angloamerikanischen Kapitalismus gegenüberstellt. Den Rheinischen Kapitalismus charakterisiert er durch folgende Merkmale:

- Der Markt ist in eine demokratische Gesellschaft eingebettet, indem Unternehmen, Staat und zivilgesellschaftliche Akteure kooperieren, um private und öffentliche Güter kombiniert bereitzustellen.
- Die Einkommens- und Vermögensverteilung hat tendenziell egalitäre Züge.
- Die Unternehmen sind als Zusammenschluss von Personen konstruiert, indem die vielfältigen Interessen und Kompetenzen ausbalanciert werden.
- Die Banken spielen eine starke Rolle bei der Finanzierung und Kontrolle der Unternehmen.

»Kapitalismus« ist indessen keine bloße Wirtschaftsform, sondern eine Imagination, die sie funktionsfähig hält, ein hegemoniales Deutungsmuster wirtschaftlicher und gesellschaftlicher Verhältnisse. Dessen unterscheidendes Profil wird häufig an individuellen, subjektiven Einstellungen festgemacht. Max Weber hebt das Gewinnstreben hervor, Joseph Schumpeter die schöpferische Zerstörung des innovativen Unternehmers, Georg Simmel den Umgang mit dem Geld als letztem Zweck an Stelle eines bloßen Mittels. Heutzutage wird wiederholt vom »Geist des Kapitalismus« gesprochen. Im Unterschied zu den genannten Autoren wählen Karl Marx und Werner Sombart die strukturelle Dimension des Kapitalismus zum Ausgangspunkt ihrer Analyse. Sie erkennen darin eine konstruktive und zugleich destruktive Dynamik.

Die konstruktive Dynamik liegt in einem ökonomischen Funktionsgerüst, das aus vier Bausteinen zusammengefügt ist, nämlich dem marktwirtschaftlichen Wettbewerb, einer elastischen Geldversorgung, einem hochgradigen Technikeinsatz aus vorgeleisteter Arbeit und einer überwiegend privatautonomen Organisation der Unternehmen mit häufig beschränkter Haftung. Das ökonomische Funktionsgerüst ist eingebettet in eine staatlich sanktionierte Rechtsordnung sowie in moralische und religiöse Handlungsmuster. Die Kombination dieser Komponenten hat einen geschichtlich beispiellosen Wohlstand großer Teile der Bevölkerung hervorgebracht.

Die destruktive Dynamik des Kapitalismus wurzelt in einem gesellschaftlichen Machtverhältnis, das strukturell asymmetrisch ist. Einer gesellschaftlichen Minderheit gehören die Produktionsmittel, während die Mehrheit der Bevölkerung ausschließlich über ein Arbeitsvermögen verfügt, das ihr gestattet, als unselbständig Erwerbstätige ihren Lebensunterhalt zu sichern, indem sie sich einem fremden Willen unterwerfen. Die ungleiche Verhandlungsposition auf dem »Arbeitsmarkt« überträgt sich als Machtungleichgewicht im Betrieb oder Unternehmen. Auf den Gütermärkten ist in der Regel die Organisationsmacht der Anbieter größer als die der meist vereinzelten Verbraucher. Und an der Nahtstelle zwischen der realwirtschaftlichen und monetären Sphäre verfügt das Bankensystem über eine unbeschränkte Kredit- und Geldschöpfungsmacht, die es in die Lage versetzt, das Volumen und die Richtung der unternehmerischen Wertschöpfung zu steuern. In diesem Geld- und Kreditschöpfungspotential sehen der Soziologe Werner Sombart und der Wirtschaftswissenschaftler Hans Christoph Binswanger die Grundlage eines ungebremsten Wachstumssogs und einer säkularen Naturzerstörung.

Kapitalismus gibt es nur in der Mehrzahl. In Deutschland und in Kontinentaleuropa hat sich jene Spielart des Kapitalismus etabliert, die bankendominiert ist, indem Geschäftsbanken und Unternehmen durch Kreditbeziehungen und persönliche Verbindungen miteinander vernetzt sind. Die Unternehmen sind an einem langfristigen Markterfolg interessiert, indem sie innovative Produkte und Verfahren entwickeln, die reale Kundenbedürfnisse befriedigen. Sie werden als relativ »autonomer« Personenverband begriffen, der sich auf dem Markt behauptet. Die Manager übernehmen eine herausragende Steuerungsfunktion nach außen und nach innen, indem sie bemüht sind, die Interessen der Belegschaft, der Kapitaleigner, der Vorleistenden und der öffentlichen Hand auszugleichen. Gesellschaftliche Risiken der abhängig Beschäftigten werden teils den Unternehmen als öffentliche Auflagen direkt zugerechnet, teils solidarisch und umlagefinanziert abgesichert.

Während der letzten Dekade des zwanzigsten Jahrhunderts und der ersten Dekade des 21. Jahrhunderts wurde diese Spielart des Kapitalismus tendenziell dem angloamerikanischen Finanzkapitalismus angeglichen. Dieser ist durch eine vorherrschende Orientierung der Unternehmen am Kapitalmarkt charakterisiert. Kapitalmärkte gelten als »Märkte für Unternehmenskontrolle«. Sie sind nicht in erster Linie durch den Einfluss der Millionen von Kleinaktionären bestimmt, sondern durch institutionelle Finanzintermediäre, nämlich Großbanken, Versicherungskonzerne und Kapitalbeteiligungsgesellschaften. Die privaten Unternehmen des primären (Landwirtschaft, Bergbau), sekundären (verarbeitendes Gewerbe, Industrie) und tertiären Sektors (Dienstleistung) werden als Vermögen in den Händen der Anteilseigner begriffen. Der Erfolg eines börsennotierten Unternehmens misst sich ausschließlich an einer kurzfristigen Finanzkennziffer, dem Barwert zukünftiger Zahlungsströme (»Shareholder-Value«). Ihm sind die Interessen der Belegschaft, die Rücksichtnahme auf die natürliche Umwelt und die Ansprüche der öffentlichen Hand nachgeordnet. Die Manager haben einzig die Aufgabe, die kurzfristigen Interessen der Kapitaleigner zu bedienen. Die Absicherung gesellschaftlicher Risiken der abhängig Beschäftigten wird der privaten kapitalgedeckten Vorsorge überlassen.

Selbsteinschätzung der Finanzmarkteliten

Ein charakteristisches Merkmal der Finanzmärkte besteht darin, dass ihnen strukturell ein realwirtschaftlicher Anker fehlt, über den die Gütermärkte als Beschleunigungsbremse verfügen. Die Güterpreise spiegeln zum einen die erfahrungsbasierte Knappheit realer Produktionsfaktoren wie Arbeit, technische Kompetenz, Grundstücke und Anlagen, die von den Unternehmen nachgefragt werden, und zum andern die Budgetgrenzen der verschiedenen Haushalte, die normalerweise durch die verfügbaren Realeinkommen bestimmt sind. Die Finanzmärkte dagegen werden durch subjektive, in die Zukunft gerichtete Erwartungen gesteuert. Die Kurse etwa der Wertpapiere, Devisen, Rohstoffe, Nahrungsmittel und Indizes spiegeln sowohl die eigenen zukünftigen Erwartungen als auch die erwarteten Erwartungen aller anderen Marktteilnehmer wieder. Auf Grund solcher wechselseitigen und dauernden Beobachtung kommt es zu den bekannten Ansteckungseffekten, dem Herdenverhalten und emotionalen Überschwang, den irrationalen Übertreibungen und wechselnden Stimmungslagen, die sich in der notorischen Flatterhaftigkeit der Kurse abbilden. Was für den einzelnen Menschen gilt, dass die Schwerkraft des Körpers die Realisierung eines großen Teils seiner Träume, Phantasien und Wünsche ausbremst, gilt vergleichsweise für die Gütermärkte. Die Erwartungen der Finanzmarktakteure jedoch können sich beschleunigt verdichten, Kursänderungen auf verschiedenen Märkten auslösen und daraufhin mit hoher Geschwindigkeit gezielte Reaktionen verursachen.

Ein weiteres Merkmal ist nicht weniger auffällig: Da sich die Mehrheit der Bevölkerung gegenüber dem angeblichen Rätsel des

Gelds wie Analphabeten vorkommt, gelingt es den Finanzakteuren, die für sie selbst erklärungsbedürftigen Operationen mit Legenden und großen Erzählungen zu umrahmen. Als beispielsweise der Chefermittler zur Bankenkrise im US-amerikanischen Senat einen ehemaligen Banker fragte:»Raubt es Ihnen nicht den Schlaf, wenn Sie daran denken, was Sie angerichtet haben?«, antwortete dieser:»Wir sind nicht verantwortlich. Wirklich nicht. Sorry for that.« Einer seiner Kollegen meinte, die Finanzkrise sei wie ein Hurrikan, wie ein Tsunami. Ein dritter kommentierte:»Solange die Musik spielt, musst du tanzen. Wenn sie aufhört, hast du ein Problem.« Josef Ackermann bat darum, mit der seiner Meinung nach fatalen Ohnmacht der Finanzeliten, sich gegen die Dynamik der Finanzmärkte zu stemmen, nachsichtig zu sein:»Wir sind alle irgendwie Getriebene der Märkte.«

Ein angesehener Präsident der Bundesbank suchte einen katholischen Bischof zu belehren, dass gegenüber der Sprache der Märkte Kanzelreden, moralische Appelle und parlamentarische Beschlüsse machtlos seien, weil Wasser auch nicht den Berg hinauffließe. Der naturalistische Fehlschluss, der die Finanzmanager zu hilflosen Spielbällen erklärt, die der Wucht anonymer Naturgewalten ausgeliefert sind, ist eine äußerst beliebte große Erzählung. Daneben greifen mediale Interpreten gern zu Metaphern aus der natürlichen Umwelt oder der Medizin, um anstelle präziser Analysen das, was tatsächlich Folge menschlicher Entscheidungen ist, zu vernebeln:»Finanzkrisen gehörten zum Kapitalismus wie das Wasser zum Meer«, behaupten sie. Das Auf und Ab der Börsenkurse sei den kontraktiven und expansiven Impulsen des Herz-Kreislauf-Systems oder dem Wechsel der Jahreszeiten vergleichbar.

Die – gemessen an der öffentlichen Verbreitung – größte Erzählung der Finanzeliten, die sowohl von professionellen Finanzanalysten als auch vom früheren Chefvolkswirt der Deutschen Bundesbank und der Europäischen Zentralbank, Otmar Issing, verbreitet wird, lautet: Die Finanzmärkte sind informationseffizient. Sie liefern authentische Signale über die Chancen und Risiken zukünftiger Finanzströme oder Vermögenswerte. Dieser Einsicht würden die heftigen Kursausschläge nicht widersprechen, die den kurzfristigen Attacken institutioneller Anleger sowie den Renditeinteressen von Großbanken und privaten Kunden zuzurechnen sind. Denn diese würden die langfristige Rationalität der Finanzmärkte nicht beeinträchtigen. Insgesamt und auf Dauer hätten die Kurse etwa der Wertpapiere, Devisen oder Indizes recht. Die professionellen Analysten verweisen auf die Begrenztheit etwa »technischer Analysen« beziehungsweise »Chartanalysen«. Wenn man auf deren Grundlage – insofern beispielsweise in der historischen Entwicklung des Wertpapiers regelmäßige Muster entdeckt und mit Echtzeitdaten abgeglichen werden – Prognosen über die künftige Kursentwicklung erstellt, sind diese wenig zuverlässig. Ähnliches gilt für die sogenannten Sentiment-Analysen, in denen zusätzlich die Psychologie des Anlegerverhaltens eine Rolle spielt.

Im Gegensatz dazu gründen die Prognosen der professionellen Analysten auf der Fundamentalanalyse. Diese besitze ihrer Ansicht nach eine ganz andere Güte, weil sie sowohl mikro- als auch makroökonomische Daten berücksichtigt, die für ein Unternehmen und dessen Kursentwicklung bedeutsam sind. Die aufgenommenen Daten bilden Umsätze, Arbeitsproduktivität, Innovationspotentiale für Güter und Verfahren, Rendite, die Branchenentwicklung sowie das konjunkturelle und gesamtwirtschaftliche Umfeld des Unternehmens ab. Solche Prognosen würden die langfristige Rationalität der Finanzmärkte bestätigen, meint die Mehrheit der professionellen Finanzanalysten.

Solche großen Erzählungen der Finanzakteure haben eine beachtliche Beschleunigungswirkung. Denn sie sind von den Bremswirkungen der Realwirtschaft völlig abgelöst. Sie reflektieren nicht bloß eine virtuelle Welt, sondern stellen diese aus sich heraus ursprünglich her. Dennoch oder besser: Deshalb ist das Dogma von der Informationseffizienz und der langfristigen Rationalität der Finanzmärkte ein naiver Aberglaube. Die Prognosen über die Entwicklung von Wertpapierkursen sind häufig reine Zufallstreffer, wenngleich deren Entwicklung, die auch ganz anders hätte verlaufen können, nachträglich rationalisiert wird. Die wechselseitige Abhängigkeit der in die Zukunft gerichteten Erwartungen, die Komplexität der relevanten Daten und die veränderten Entscheidungen der Marktteilnehmer, nachdem eine Prognose veröffentlicht ist, lassen Zweifel an der Prognose zu. Auf einer Rangskala, welche die Güte von Prognosen misst, steht die Wetterprognose an erster Stelle vor Schach und Physik. Am Ende der Skala stehen Psychotherapie, Bewährungshilfe und der Aktienhandel. »Prognosen sind schwierig, besonders wenn sie die Zukunft betreffen« – diese Aussage wird dem Physiker Niels Bohr zugeschrieben, allerdings auch Mark Twain, Karl Valentin, Winston Churchill und Kurt Tucholsky.

Ein erwägenswerter Einwand gegen die großen Erzählungen langfristiger Rationalität der Finanzmärkte wird zudem aus einer linguistischen Perspektive erhoben. Die professionellen Analysen und Prognosen der Kursentwicklung auf den Finanzmärkten folgen einem versicherungsmathematisch-technischen Ansatz. Dieser enthält jedoch zwei zentrale Annahmen: Zum einen bilden die verwendeten Modelle grundlegende Strukturen solcher Weltzustände ab, die bereits gut definiert sind. Zum andern bewegen sich die Akteure in einem vorgegebenen Rahmen, so dass ihre Entscheidungen jederzeit wiederholbar sind. Unter solchen Annahmen besteht selbst in einer Situation radikaler Unsicherheit noch eine Wahrscheinlichkeitsverteilung von fünfzig zu fünfzig. Dagegen tritt in einem erkenntnistheoretischen und sprachwissenschaftlichen Prognoseansatz Unsicherheit dann ein, wenn Wahrscheinlichkeiten gar nicht mehr vorhanden sind. Eine solche Situation wird besser als »Ungewissheit« bezeichnet. In ihr findet kein gegebenes Spiel mit vorgezeichneten Regeln statt. Vielmehr ist die eigene Beobachtung kontextabhängig und äußert sich argumentativ und kommunikativ. »Ungewissheit« entzieht sich einer rein instrumentellen Rationalität. Sie verweist auf verschiedene Formen des Wissens – ein Wissen, das sich in sinnvollen Sätzen ausdrücken lässt, ein Wissen über das tatsächliche Nichtwissen sowie ein Wissen, das dadurch entsteht, dass Nichtwissen in praktisches vorsprachliches Wissen überführt wird, das nur durch Erfahrung zugänglich und in kommunikative Sprachspiele und Diskurse eingebettet ist. Doch weder die theoretischen noch die praktischen Einwände haben die Dynamik der Finanzmärkte und deren Beschleunigungswirkung ausbremsen können. Dazu hat die

Revolution der Informations- und Kommunikationstechnik erheblich beigetragen.

Warum die Informations- und Kommunikationstechnik?

Dass die Finanzmärkte, das heißt die global operierenden Finanzakteure, eine derartige Dominanz über die Wirtschaft und Gesellschaft erringen konnten, ist neben den Grenzen nationalstaatlichen Gestaltungsvermögens und der fahrlässigen Entregelung der Finanzmärkte dem Einsatz und der Verbreitung der Informations- und Kommunikationstechnik zuzuschreiben. Was unter dieser »neuen Technik« zu verstehen ist und wie revolutionär sie sich in allen gesellschaftlichen Bereichen ausgewirkt hat, soll kurz skizziert werden. Anschließend wird ihr Einsatz in der Finanzwirtschaft dargestellt.

»Neue Technik«

Von mehreren Experten der Kultur- und Zeitgeschichte wird die Informations- und Kommunikationstechnik als letzter epochaler Megaimpuls gesellschaftlicher Beschleunigung gekennzeichnet, als der Beginn des »digitalen« Zeitalters. Tatsächlich waren in den 1990er Jahren junge Unternehmer aufgetreten, die mit der neuen Informations- und Kommunikationstechnik spielend vertraut waren. Sie kündigten mit hinreißendem Pathos eine soziokulturelle Revolution an, die der nach-steinzeitlichen epochalen Wandlung des Jägers und Sammlers zum viehzuchttreibenden Nomaden und danach zum sesshaft werdenden Ackerbauern vergleichbar sei. Sie waren davon überzeugt, dass die »Neue Technik« eine neue Wirtschaft (New Economy) entstehen lassen werde, welche die bisherigen Gesetze der Ökonomie außer Kraft setzt, nämlich ein inflationsfreies Wirtschaftswachstum, eine von Konjunkturzyklen befreite stetige Entwicklung sowie eine Organisation der Arbeit, die Hunger, Ausbeutung und Unterdrückung endgültig beseitigt.

Nüchterne Zeitgenossen hielten solche Vergleiche und Verheißungen zwar für überzogen. Aber sie mussten immerhin zugeben, dass die Informationstechnik nur ein Segment dessen darstellt, was mit dem Sammelbegriff »Neue Technik« umschrieben wird, nämlich die Kombination von Mikroelektronik, Biotechnik und Solartechnik. Die Mikroelektronik umschließt zwei Schlüsselelemente: die digitalkodierte Informationsverarbeitung, -speicherung, -übertragung und die hochintegrierten Schaltkreise auf Siliziumbasis. Die Biotechnik ahmt biologische Substanzen nach und verbindet sie miteinander. Sie stellt Medikamente und synthetische Mikroorganismen her, die elektrisch leiten und elektrische Impulse abgeben. Die Solartechnik gewinnt fotoelektrisch Strom aus amorphen Siliziumzellen, die aus zwei stromleitenden Schichten bestehen. Die Lichteinstrahlung stößt in der Zelle Elektronen an, die von einer Schicht zur anderen springen und damit elektronischen Strom erzeugen. Damit schließt sich der Kreis zwischen Mikroelektronik, Biotechnik und Solartechnik.

Was ist so revolutionär an der Informations- und Kommunikationstechnik? Zunächst ist mit ihrem Einsatz eine dritte industrielle Revolution absehbar, die mit den bisherigen industriellen Revolutionen nicht einfach verglichen werden kann. Damals waren menschliche Handfertigkeiten in Werkzeuge und menschliche Muskelkraft in Antriebsaggregate wie Dampfmaschine und Elektromotor ausgelagert worden. Nun jedoch werden Teile menschlicher Intelligenz auf Automaten übertragen.

Außerdem ist diese Technik universell anwendbar – überall, wo es etwas zu regeln, zu steuern, zu messen, zu speichern gibt: in der Fabrik die rechnergestützte Fertigung, Konstruktion, Lagerung und Lieferung, Handhabungsmaschinen mit eigenem Fahrwerk, eigener Energiequelle sowie Tast-, Sicht- und Sprachsensoren; im Büro Personalcomputer und Textverarbeitungssysteme; im Haushalt die Kombination von Telefon, PC und Bildschirm zur Erledigung von Einkäufen und Bankgeschäften.

Zudem ermöglicht die miniaturisierte und egalisierende Form dieser Technik, nämlich Mobiltelefon und Internet, eine im Ansatz herrschaftsfreie Kommunikation über Ländergrenzen hinweg, die autoritäre Regime unter Rechtfertigungsdruck setzt. Ohne Mobilfunk und Internet, heißt es, wäre die sogenannte Arabellion in Nordafrika und im Nahen Osten nicht so erfolgreich gewesen, und der

Moskauer Strafprozess gegen die feministische Punkrock-Band »Pussy Riot« hätte nicht jene weltweite Resonanz gefunden.

Darüber hinaus hat die Informations- und Kommunikationsübertragung in »Echtzeit« die Rolle von Personen, indem sie Zeitzeuginnen oder Zeitzeugen eines Ereignisses werden, radikal verändert. Der Begriff der Echtzeit (real time) bezeichnet die Eigenschaft eines Systems, das innerhalb eines vorgegebenen Zeitrahmens reagiert. Die Reaktion ist vorhersehbar: bei einer funktionierenden Uhr das Vorrücken des Zeigers, das Anschlagen der Glocke, das Ticken der Zeitquanten. Beispielsweise können die minutengenau vorhersehbaren Abfahrtszeiten einschließlich der Verspätungen von Zügen, Trambahnen und Postbussen an den Haltestellen, in Fahrzeugen oder über das Mobiltelefon angezeigt und abgelesen werden. Zugespitzt: Durch die Verwendung der »Echtzeit« in der Finanzbranche schrumpft der Zeitraum zwischen einem Ereignis und der Wahrnehmung dieses Ereignisses infolge der neuen Informations- und Kommunikationstechnik, die jede Nachricht mit Lichtgeschwindigkeit überträgt, auf null. Das Ereignis selbst – etwa die Veränderung des Börsenkurses an irgendeinem Ort der Erde – und das Wissen darum an jedem anderen Ort geschehen nahezu gleichzeitig. Ein Warten auf die Information über ein Ereignis wird obsolet.

Automatisierung des Wertpapierhandels

Wenn Schülerinnen und Schüler der Frankfurter Börse einen Besuch abstatten und respektvoll den Börsensaal betreten, ist dort nichts mehr zu hören und zu sehen von dem, wonach ihre Väter vermutlich fragen werden: »Sind die Wertpapierhändler auf dem Börsenparkett hemdsärmelig herumgerannt? Haben sie, um ihre Kauf- und Verkaufsaufträge loszuwerden, wild gestikuliert und laut gebrüllt, so dass dem außenstehenden Beobachter Hören und Sehen vergeht?« Nichts von alledem werden die jungen Leute erzählen, denn der emotional aufgeladene Parketthandel gehört weithin der Vergangenheit an. Die imperial anmutenden Börsensäle taugen gerade noch als Fernsehkulisse. Sie sind vollgestellt mit Computern, die von professionellen Händlern konzentriert bedient werden.

Ziemlich geräuschlos verfolgen sie auf den Bildschirmen die jeweiligen Kursbewegungen. Lediglich Mausklicks sind zu hören.

Die äußerlich erkennbaren Veränderungen an der Frankfurter Börse zeigen brennpunktartig zwei drastische Veränderungen der Börsen selbst an, zum einen die Auslagerung eines erheblichen Geschäftsvolumens von den öffentlich-rechtlichen Börsen in außerbörsliche und alternative Handelssysteme und zum anderen den Wechsel vom ortsgebundenen zum elektronischen Handel.

Außerbörslicher Handel
Die gängigen Definitionen der Börse als »zentrale, durch technische, organisatorische und rechtliche Regeln strukturierte Institution eines funktionsfähigen Kapitalmarkts für den Handel mit umlaufenden Wertpapieren« treffen nur noch begrenzt zu. Zwar bewegen sich einige Ausformungen unter den börsenrechtlich überwachten und der staatlichen Aufsicht unterstellten Börsen – etwa in Nahrungsmittel-, Rohstoff-, Emissions-, Strom- und Terminbörsen für Derivate neben den noch dominanten Wertpapier- und Devisenbörsen – in herkömmlichen Bahnen. Aber bereits die Konzentration zahlreicher Regionalbörsen löste einen teils intensiven, teils verdrängenden supranationalen und globalen Wettbewerb beispielsweise zwischen zentralen nationalen Börsen aus, etwa der Frankfurter, der Londoner und der New Yorker Börse. Er hat zugleich transnationale Zusammenschlüsse hervorgebracht. Diese übernehmen neben den Kassa- und Termingeschäften zahlreiche Informations- und Koordinationsdienste.

Dagegen wird der außerbörsliche, überwiegend elektronisch ablaufende (»Over The Counter«) Handel mit börsennotierten Wertpapieren, mit Finanzderivaten, die nicht standardisiert sind, oder mit Wertpapieren, die zum Börsenhandel nicht zugelassen werden, geführt. Im Vergleich mit dem Börsenhandel zeichnet er sich durch überdurchschnittliche Wachstumsraten, Handelsvolumina und Renditen aus. Die Volumina, die verfügbare Liquidität und die Partner werden geheimgehalten. Die bilateralen Geschäfte des Privatrechts sind individuell maßgeschneidert, unterliegen keiner öffentlichen Aufsicht, und die Wertpapiere werden keinem

Zulassungsverfahren unterworfen. Zudem sind den alternativen Handelssystemen jene privaten Handelsplattformen (Dark Pools) zuzurechnen, die intern von Börsen und transnational operierenden Banken außerhalb des öffentlichen Wertpapierhandels der Börsen eingerichtet worden sind. Auch deren Anforderungen an Teilnehmer, Handelsformen und Vertragsinhalte unterliegen nicht der europäischen Aufsicht. Durch die Erosion der öffentlichen Aufsicht des Börsenhandels, aber noch mehr durch den Wegfall erheblicher Bestandteile des Wertpapier- und Derivatehandels überhaupt aus der öffentlichen Beobachtung sind die finanziellen Handelsgeschäfte von institutionellen Bremswirkungen befreit und damit beschleunigt worden.

Elektronischer Handel
Der erstrangige und unvergleichlich treibende Motor einer Beschleunigung der Finanzsphäre besteht im Wechsel vom ortsgebundenen Parketthandel zum elektronischen Handel. Dieser vollzieht sich in mehreren Schritten, je nachdem, ob die Händler in wenigen, zentralen oder allen Phasen eines Handelsgeschäfts durch elektronische Systeme entlastet werden. Inzwischen wird ein wachsender Teil des Aktienhandels – in den USA siebzig bis achtzig Prozent, in Deutschland vierzig Prozent – elektronisch abgewickelt. Die Deutsche Terminbörse (DTB) hat sich seit ihrer Genehmigung im Jahr 1989 ausschließlich auf den elektronischen Handel verlegt und im Wettbewerb mit der ältesten und bedeutendsten Terminbörse in London erreicht, dass innerhalb eines knappen Jahrzehnts nahezu der gesamte Terminhandel mit deutschen Staatsanleihen von London nach Frankfurt umgelenkt wurde. Marktstrategische Initiativen und der Abbau regulatorischer Barrieren haben beim Erobern der Marktführerschaft zwar auch eine Rolle gespielt. Ausschlaggebend war aber der Wechsel zum ausschließlich elektronischen Handel. Und 1998 sind die Deutsche Terminbörse und die Schweizer Terminbörse als ausschließlich elektronische Handelsplattform zur Europäischen Terminbörse (EUREX) fusioniert – zur weltweit größten Terminbörse für den Derivatehandel. Für den rechnergestützten Handel mit Waren, Wertpapieren, Devisen und Indizes gibt es keine

einheitliche Bezeichnung. »Algorithmischer Handel«, »Handel mit Algorithmen« (Algotrading) oder »automatisierter Handel« scheinen die Begriffe mit der größten Reichweite zu sein. Das Wort »Algorithmus« ist dem Namen des persischen Mathematikers Al Chwarismi nachgebildet, der zu Beginn des neunten Jahrhunderts in Bagdad, der Hauptstadt der Abbasiden, das Dezimalsystem vorgestellt hat. Der Begriff bezeichnet ein Rechenverfahren, in dem nach einem genau festgelegten Schema und in einer Kette einfacher Rechenschritte eine bestimmte Rechenaufgabe gelöst wird. In der Börsenliteratur ist auch eine spezielle Definition geläufig, die benennt, mit welchen Leistungen ein Algorithmus das Geschäft eines Wertpapierhändlers unterstützt oder völlig ersetzt: Automatisierte Handelssysteme können mit Hilfe von Computerprogrammen Handelsaufträge sowohl erstellen als auch ausführen, große Handelsaufträge (Orders) in kleine Einheiten zerlegen, um unerwünschte Auswirkungen auf die Kursentwicklung zu begrenzen und die mit großen Aufträgen verbundenen Risiken gering zu halten. Sie liefern Informationen, senken Transaktionskosten und stellen Liquidität bereit – und damit die Fähigkeit, Finanzgeschäfte mit hohem Auftragsvolumen abzuschließen, wenn der Wunsch danach besteht, ohne dass sie die Kursentwicklung merklich beeinflussen.

Der »Hochfrequenzhandel« ist eine Spielart des algorithmischen Handels. Charakteristisch für ihn seien die extrem kurze Haltefrist und ein extrem hohes Umsatzvolumen, wird behauptet. Weltweit wird ihm ein Drittel des Umsatzvolumens zugerechnet. Er bedient sich komplexer, sehr ausgefeilter Algorithmen, die Echtzeitdaten empfangen und die durch sie abgebildeten Prozesse unmittelbar auswerten, noch während sie sich ereignen. Daraus werden mit Hilfe mathematischer Modelle, die ihnen von Informations- und Nachrichtendiensten direkt elektronisch zugespielt werden, Kauf- und Verkaufsaufträge abgeleitet, alle offenen Positionen überwacht, und es wird zudem das Risikomanagement übernommen. Ein nicht zu überbietender Vorteil des Hochfrequenzhandels ist die unvorstellbare Geschwindigkeit, mit der vollautomatisch eine minimale Spanne zwischen Kauf- oder Verkaufsangeboten aufgespürt und eine entsprechende Reaktion zum Kauf oder Verkauf eines

Wertpapiers ausgelöst wird. Während ein routinierter Händler fünf Kauf- und Verkaufsaufträge pro Minute erledigt, braucht der modernste Rechner eines Hochfrequenzhändlers dafür Pikosekunden, also billionstel Teile einer Sekunde. Mit einer solchen Kapazität könnte er täglich bis zu sechzig Milliarden solcher Aufträge ausführen.

Inzwischen verschaffen die großen Börsen etwa in London und Frankfurt den Hochfrequenzhändlern bereitwillig Büros in unmittelbarer Nähe der eigenen Handelssysteme. Eine um einen Kilometer verkürzte Leitung verschafft dem Computer bei der Datenübertragung einen Zeitgewinn von einer Millisekunde, während die Zeit, in der ein Handelsauftrag aus Frankfurt die New Yorker Börse erreicht und die Bestätigung beim Absender eintrifft, 41 Millisekunden beträgt. Umgekehrt suchen die automatisierten Handelssysteme die räumliche Nähe zu den großen Börsen. Um die Geschwindigkeit der Datenübertragung zu erhöhen, wurde 2010 in den USA ein Glasfaserkabel von einem Computerzentrum in New Jersey zu einem Datenzentrum in Chicago auf direktem Weg neu verlegt, um einen Zeitgewinn von drei Millisekunden zu erzielen. Offensichtlich sind die automatisierten Handelssysteme die beispiellosen Treibriemen zur Beschleunigung des Wertpapierhandels.

Ein Urteil über die automatisierten Handelssysteme ist ambivalent. Die einen behaupten, dass die automatisierten Handelssysteme, abgesehen von der unfassbaren Geschwindigkeit, nichts anderes tun würden, als die Rolle eines Börsenhändlers zu stärken oder selbst zu übernehmen. Viele zeigen sich beeindruckt von der operativen Effizienz, die der Wertpapierhandel durch die automatisierten Handelssysteme einschließlich des Hochfrequenzhandels gewonnen hat. Immerhin hätten diese das Volumen der Handelsaufträge erhöht und damit mehr Liquidität bereitgestellt, so dass sich die Preisspannen zwischen Kauf- und Verkaufsangeboten annähern. Sie könnten vollautomatisch, schnell und kostengünstig eine immense Fülle von Daten sammeln, filtern und bewerten, Handelsaufträge definieren, weiterleiten, ausführen und abwickeln. Sie seien weder an einen bestimmten Ort noch an eine festgelegte Zeit gebunden und könnten mehrere Handelsplätze gleichzeitig beobachten. Sie würden die Anonymität der am Handel Beteiligten und das Profil der Kauf- und Verkaufsaufträge sichern, emotionsfrei operieren und so zur Disziplinierung des Wertpapierhandels beitragen. Komplexe Systeme könnten mit ihrer unmittelbaren Umgebung interagieren, seien lernfähig und imstande, falls sich die Situation ändert, autonom und blitzschnell angemessene Entscheidungen zu treffen. Falls sie mit anspruchsvoller Software ausgestattet sind, entstehe zwischen den automatisierten Handelssystemen und dem Investor oder Händler eine konfliktfreie, verlässliche Beziehung wie zwischen Auftraggeber und Auftragnehmer.

Gleichzeitig jedoch mehren sich die kritischen Urteile über die automatisierten Handelssysteme Ein erster Einwand richtet sich gegen die absolute Undurchsichtigkeit der Verfahren und Rechenschritte, die von den privaten Herstellern und Vertreibern der Algorithmen als geschütztes Privateigentum und Betriebsgeheimnis gehütet werden. Viele machen die rasende Geschwindigkeit der automatisierten Handelssysteme für die Flatterhaftigkeit der Aktienkurse verantwortlich, die mit der Verbreitung des automatisierten Handels zugenommen habe. Die Computer würden nämlich auf zunehmend flatterhafte Kurse verstärkend, das heißt mit Abschalten reagieren. Ein schwerwiegender Vorwurf lautet, dass die automatisierten Handelssysteme die Märkte und Kurse manipulieren. Der Algorithmus durchkämme die Wertpapierkurse auf winzige Differenzen hin. Wird er fündig, so kaufe und verkaufe er das gefundene Wertpapier in Sekundenbruchteilen mit Gewinn. Oder er stelle möglichst viele Preise für ein Wertpapier in das Handelssystem ein, um den Markt zu testen. Falls sich jedoch der Markt für den Investor oder Händler ungünstig entwickelt, ziehe der Algorithmus seinen Auftrag zurück.

Das Gegenargument, dass der Algorithmus bloß die Vorgehensweise eines geschickten Händlers imitiere – und zwar wirksamer –, überzeugt nur begrenzt, weil die von Menschen unerreichbare Geschwindigkeit den entscheidenden Vorteil ausmacht, einem langsameren Marktteilnehmer zuvorzukommen. Es wird auch vermutet, dass die gleichlautenden Programme auf den Märkten Kaskadeneffekte auslösen, die sich selbst verstärken, weil sie von Physikern,

Mathematikern und Informatikern konstruiert worden sind, die einem gleichen methodischen Leitbild folgen. Dem widersprechen jedoch die Herstellerfirmen mit der Begründung, dass komplexe Algorithmen meist Lösungen empfehlen, die vom Markttrend abweichen. Und die Paradigmen der Wissenschaftler seien äußerst vielfältig, so dass auch die eingesetzten Algorithmen nach Datenquelle, Umwelt und Absicht der Investoren oder Händler variieren. Andere Kritiker halten die undurchsichtige Komplexität der Algorithmen für einen Risikofaktor. Wenn nämlich mikro- und makroperspektivische Daten, außergewöhnliche regionale und globale Ereignisse, Branchenprofile, historische Zeitreihen, Text-, Chart- und Fundamentalanalysen unkontrollierbar gewichtet in das Programm aufgenommen werden, würden sich der Investor oder der Händler Bewertungsverfahren ausliefern, die nicht ihre eigenen sind. Hinter der angeblichen Rationalität und Emotionsfreiheit des Algorithmus versteckten sich eine spielerische Beliebigkeit oder die Optionen der Programmierer.

In der Werbung für den algorithmischen Handel werden Metaphern verwendet, die das Verhältnis zwischen Investoren oder Händlern und dem Algorithmus als eine Beziehung zwischen Auftraggeber und Auftragnehmer beschreiben, die jedoch anders als in zwischenmenschlichen Beziehungen rechenhaft zuverlässig und konfliktfrei sei. Eine solche Argumentation klingt widersprüchlich. Sobald nämlich von »Software-Agenten« und ihrer Autonomie und Zielstrebigkeit, von Lern-, Reaktions- und Interaktionsfähigkeit sowie von Flexibilität und profiliertem Charakter geredet wird, ist der Fehlschluss einer sprachlichen Grenzüberschreitung von physikalischen zu mentalen Kategorien unvermeidbar, auch wenn sie bei Ökonomen immer beliebter werden. Entweder ist der Algorithmus ein nützliches Instrument im Interesse der Investoren oder Händler, oder er ist selbst ein autonomer Akteur, dem sich die menschlichen Akteure unterordnen, ohne dass sie noch eingreifen können, wenn etwas schiefläuft.

Dass automatisierte Handelssysteme außergewöhnlich hohe Gewinne einfahren, scheint eine Legende zu sein. Ein grundlegender Einwand richtet sich gegen den eingeschränkten Horizont der Algorithmen. Sie dienen finanz- und betriebswirtschaftlichen Interessen von Individuen oder Unternehmen. Diese sind partikulär, ausgerichtet auf die Informationseffizienz, die Bereitstellung von Liquidität, Kostensenkung und Rendite. Sie sammeln eine Flut von Daten und filtern sie darauf hin, dass kompatible Handelsaufträge in einem unvorstellbaren Tempo zusammengeführt werden. Die Stabilität der Finanzsphäre als solche ist in das algorithmische Handelssystem nicht aufgenommen. Selbst wenn dies geschehen würde, wäre sie nur völlig nachrangig gewichtet. Aber gerade diese könnte mit einer niedrigeren Geschwindigkeit positiv korreliert sein. Längeres Warten und weniger Beschleunigung würde im Ganzen und auf Dauer vorteilhaft sein.

Die mangelnde Transparenz, die Komplexität und die Geschwindigkeit des automatisierten Handels sind ein hohes Risiko für die Stabilität des Finanzsystems. Dieses Urteil wird erstens dadurch bestätigt, dass die spektakulären Abstürze der Börsenkurse, die in den vergangenen Jahren vorgekommen sind, vermutlich durch Computerfehler verursacht wurden, und zweitens durch das Bemühen der staatlichen Aufsichtsbehörden, sich stärker um eine Stabilisierung des Wertpapierhandels zu kümmern. 2009 stürzte der Aktienkurs der US-amerikanischen Firma Dendreon, die biotechnische Güter herstellt, innerhalb von siebzig Sekunden dramatisch um 69 Prozent ab, worauf die Technologiebörse Nasdaq den Handel mit dieser Aktie aussetzte. Der Absturz des US-amerikanischen Leitindex Dow Jones brach im Mai 2010 an einem Tag um tausend Punkte ein. 800 Milliarden US-Dollar lösten sich in nichts auf. Die Erholung setzte dann stufenweise wieder ein.

Die US-amerikanische Börsenaufsicht hat mehr als zwei Jahre gebraucht, um etwas Licht auf die als »Blitzkrach« titulierten rätselhaften Vorgänge zu werfen. Ein Handelsgeschäft von Terminkontrakten, das von einem Algorithmus gesteuert wurde, habe einen vorhandenen Negativtrend in die Tiefe gerissen und die New Yorker Börse funktionsunfähig gemacht, gab die Aufsichtsbehörde bekannt. Die bei diesem Geschäft abgestoßenen Termingelder hätten einen Wert von vier Milliarden US-Dollar gehabt. Im Mai 2012 war der Aktienkurs von Facebook ein paar Tage nach dem spektakulär inszenierten Börsengang abgestürzt. Danach fiel der gesamte Aktienhandel der Nasdaq für siebzehn Sekunden aus. Beide Ereignisse wurden Hochfrequenzhändlern zugeschrieben, welche die Technologiebörse erst mit Handelsaufträgen und dann mit deren Stornierung überschwemmt hätten. Im März desselben Jahres hatte die Elektronikbörse Bats den eigenen Börsengang wegen technischer Schwierigkeiten, nämlich einer fehlerhaften neuen Software, absagen müssen, die eigens für Börsengänge erstellt worden war. Daraufhin stürzte der Aktienkurs, nachdem der Handel gerade eröffnet worden war, in weniger als einer Sekunde auf den Stand von null ab. Die Aufsichtsbehörden sind auf Grund der gegenwärtig fragilen Situation der Finanzmärkte beunruhigt. Die US-amerikanische Börsenaufsicht hat inzwischen eine Notbremse gezogen: Für den Fall, dass sich der Aktienindex, der die Aktien von 500 der größten börsennotierten US-amerikanischen Unternehmen umfasst (Standard & Poor's 500), innerhalb von fünf Minuten um mehr als zehn Prozent ändert, wird der Handel mit diesen Papieren ausgesetzt. Außerdem sollen die Firmen des Hochfrequenzhandels die Details der Algorithmen, nämlich die Rechenverfahren, Rechenschritte sowie die strategischen Codes, bekanntmachen. Das Europäische Parlament und die nationalen Regierungen sind mit einer stärkeren Regulierung des Wertpapierhandels befasst. Eine Mindesthaltedauer soll den Händlern vorschreiben, wie lange sie einen Preis, den sie für ein Papier zu bezahlen bereit sind, im Handelssystem stehen lassen müssen. Zudem soll das Verhältnis der eingestellten Handelsaufträge den tatsächlich durchgeführten Käufen oder Verkäufen angenähert werden. Die Bundesregierung will einen nationalen Vorstoß unternehmen, um den automatisierten Handel auszubremsen. Börsenbetreiber und Aufsichtsbehörden sollen den Wertpapierhandel aussetzen können, sobald Risiken sichtbar werden, und Zugang zu den benutzen Algorithmen haben.

Zwei Barrieren stehen allerdings den Brems- und Regulierungsbemühungen der Staaten entgegen: die Lobbyarbeit der betroffenen Finanzakteure und das wachsende Gewicht, das dem außerbörslichen Handel und den alternativen privaten Handelssystemen zuwächst, die sich der öffentlichen Aufsicht und Kontrolle bisher ganz entziehen können. Damit beharren sie auf einer Beschleunigung, die sich der institutionellen Bremsen entledigt hat.

Nachdem die zwei Komponenten erläutert worden sind, aus denen die Dominanz der Finanzmärkte und der Finanzakteure erwachsen ist, nämlich die Destabilisierung des Bretton-Woods-Systems, die politisch beabsichtigte Ablösung der Finanzmärkte von der Realwirtschaft und die Entstehung einer Klasse der Finanzmarkteliten einerseits sowie der Einsatz und die Verbreitung der elektronischen Handelssysteme anderseits, soll im Folgenden dargelegt werden, wie diese Dominanz kaskadenformig in vier Stufen die Sphären der Unternehmen, der Politik, der Arbeitsverhältnisse und der privaten Haushalte kontaminiert hat.

Unternehmenskontrolle

Während ich zuvor den Rheinischen und den angloamerikanischen Kapitalismus konzeptionell miteinander verglichen habe, will ich im Folgenden zeitnah erläutern, wie der Anspruch hegemonialer Wertpapiermärkte, »Märkte für Unternehmenskontrolle« zu sein, das Leitbild und den Wirtschaftsstil deutscher Unternehmen verändert hat.

Wer übt in den Zeiten des international beschleunigten Finanzkapitalismus die Kontrolle über deutsche Unternehmen aus? Der Soziologe Paul Windolf identifiziert einen Komplex institutioneller Investoren, die nach dem Familienkapitalismus und dem Managerkapitalismus eine neue Epoche des Kapitalismus eingeleitet haben, den er »Finanzmarktkapitalismus« nennt. Dieser wird von einer neuen Wirtschaftselite repräsentiert, die sich in marktbestimmenden Großbanken, Versicherungskonzernen, Investmentfonds und Rating-Agenturen sowie unter professionellen Analysten findet. Die institutionellen Investoren halten beispielsweise 75 Prozent der Aktien der Deutschen Bank, 69 Prozent der Daimler-Aktien und 65 Prozent der Siemens-Aktien. Sie konkurrieren gegeneinander um die Anlagen eines vermögenden Publikums. Sie verlangen kurzfristig hohe Erträge, während sie die Risiken zu streuen suchen. In dieser Spielart des Kapitalismus sind die Eigentums- und Verfügungsrechte sowie die Risiken »gedrittelt«: Eine trilaterale Interessenlage kommt zustande durch die Gruppe der Anleger, die das Risiko trägt, die Gruppe der Fondsmanager, die das Eigentumsrecht halten, und die Gruppe der Unternehmensmanager, denen die Verfügungsrechte zustehen. Welche Kontrollchancen vermuten die institutionellen Investoren in deutschen Unternehmen, auf welche Kontrollinstrumente setzen sie, an welchen Kontrollgrenzen werden sie vielleicht ausgebremst?

Kontrollchancen

Das Interesse privater Haushalte an Aktien als Instrumenten privater Vermögensbildung war in Deutschland im Vergleich zu den USA oder Großbritannien relativ gering. Um gesellschaftliche Risiken abzusichern, vertraute die Bevölkerung auf die solidarischen umlagefinanzierten Sicherungssysteme. Dies änderte sich Ende der 1990er Jahre mit dem Börsengang der Telekom, der von einer spektakulären Werbekampagne begleitet war, sowie mit der Privatisierung und Börsennotierung der ehemals regional verankerten Unternehmen der Energieversorgung. Bereits vorher hatte der strukturelle Umbau der deutschen Großbanken begonnen. Diese trennten sich zunehmend von ihren Industriebeteiligungen. Sie lösten die langfristige Einbindung in das Netzwerk der sogenannten Deutschland AG auf, innerhalb derer Vorstände und Aufsichtsräte personell und finanziell miteinander verflochten waren. Sie stuften das Kredit- und Einlagengeschäft zurück, um sich stärker auf das Investmentbanking zu verlegen, weil dieser Geschäftszweig, zumal die Betreuung von Unternehmen bei Börsengängen, Fusionen und Übernahmen, höhere Erträge versprach. Kleine und mittlere Unternehmen verloren zunehmend die Unterstützung durch private Hausbanken, die ihnen vertraut gewesen waren.

Hinter den Interessen international operierender Finanzinvestoren und Finanzmanager an deutschen Unternehmen stand die Erwartung, dass die Unternehmen auf Grund vorsichtiger Bilanzierung über stille Reserven verfügten, die sich durch eine Veränderung der finanziellen Bilanzstruktur heben und abschöpfen ließen. Zudem hielten die Deutschen hohe Bestände an Immobilien, die nicht betriebsnotwendig sind und folglich verkauft werden oder als Sicherung bei der Aufnahme von Fremdkapital dienen könnten. Viele Unternehmen seien fehlgesteuert, weil sie ineffiziente Kennziffern verwenden und zu wenig darauf achten würden, wie sehr ein Unternehmen mit der Volkswirtschaft durch Zahlungsströme verflochten ist. Die Kapitalmarktfinanzierung sei weit unterentwickelt, die Verschuldungsquote extrem niedrig, die Selbstfinanzierung zu hoch. Mit einer höheren Fremdfinanzierung zu niedrigen Zinsen und der in Anspruch genommenen Hebelwirkung könne eine höhere Eigenkapitalrendite erzielt werden. Das persönliche Wechselspiel zwischen Vorstand und Aufsichtsrat sowie die personelle Verflechtung der Großbanken mit den Industriekonzernen würden die unternehmerische Dynamik blockieren. Die zahlreichen Konglomerate und Mischkonzerne seien unüberschaubar, nicht mehr steuerbar und zudem innovationsfeindlich.

Kontrollinstrumente

Die professionellen Investoren greifen selten direkt in die Geschäftspolitik der Unternehmensmanager ein, geben dem Vorstand jedoch das Ziel einer Maximierung des Unternehmenswerts vor, der an der Finanzkennziffer des Shareholder-Value und am Aktienkurs ablesbar ist. Sie artikulieren in der Hauptversammlung ihre Interessen. Werden diese nicht berücksichtigt, veräußern sie die Anteile mit der Drohung, dass sinkende Kurse die Gefahr einer feindlichen Übernahme erhöhen. Im übrigen reduzieren sie das Anlagerisiko, indem sie zwischen zwei bis drei Prozent der Unternehmensaktien halten und dies in der Regel nicht länger als ein Jahr, während Kleinaktionäre sich meist länger als acht Jahre an ein Unternehmen binden.

Unter den Instrumenten der Unternehmenskontrolle nimmt der »Shareholder-Value« den ersten Platz ein. Er ist der zentrale Indikator für den sogenannten Unternehmenswert. Dieser wird als die auf die Gegenwart abdiskontierte Summe aller zukünftigen Zahlungsströme definiert, ist also eine reine Finanzkennziffer, die zwei elementar ungewisse Elemente enthält: die Höhe der Zahlungsströme und den prognostizierten Zinssatz. Es klingt paradox, dass ein in der Realwirtschaft operierendes Unternehmen ausschließlich oder erstrangig mit Hilfe einer Kennziffer bewertet werden soll, die für Finanzunternehmen akzeptabel sein mag. Zudem wird das Unternehmen mit einer Zielmarke konfrontiert, welche jene Beschleunigung spiegelt, von der die Finanzsphäre getrieben wird: Der Shareholder-Value ist kurzfristig zu steigern.

Deshalb kündigt das Unternehmen zu Beginn eines Quartals die Zielmarke an und bekräftigt an dessen Ende, ob sie erreicht, übertroffen oder verfehlt worden ist. Dieser Unternehmenswert ist bloß formal definiert, um ihn vergleichbar zu machen. Er bleibt infolgedessen unterbestimmt. Dennoch soll er nicht nur für das Unternehmen als Ganzes, sondern auch für dessen Segmente ermittelt werden und normativ gelten. Praktisch kann dies bedeuten, dass jene Einheiten des Unternehmens, die ihn erreichen, als Filetstücke erhalten bleiben, während jene, die ihn verfehlen, abgestoßen werden. Zudem werden langfristige Projekte gegenüber kurzfristig rentablen zurückgestellt. Für Industrie- oder Einzelhandelsunternehmen wirken Zielmarken destruktiv, die für Großbanken angekündigt werden – etwa 25 Prozent Eigenkapitalrendite vor Steuern – und bedenkenlos auf diese übertragen werden. Dass in einem so bewerteten Unternehmen der Finanzvorstand und die Controlling-Abteilung eine herausragende Rolle spielen, verändert die Rangfolge unter den Managern und Kollegen.

Das zweite Kontrollinstrument besteht in einer Warnung: Falls es den Managern nicht gelingt, den so definierten Unternehmenswert erheblich zu steigern, droht eine feindliche Übernahme durch ein anderes Unternehmen. Damit die Manager motiviert sind, ausschließlich die Interessen der Anteilseigner zu bedienen, die sich als Eigentümer des Unternehmens aufspielen, wird ihnen eine an die Kursentwicklung gekoppelte, leistungsorientierte Vergütung, etwa in Form von Aktienoptionen, zugesagt. Denn auch die Anteilseigner interessieren sich in erster Linie für eine beschleunigt positive Kursentwicklung und die daraus abgeleitete Rendite.

Ein drittes Kontrollinstrument ist die Forderung, das Unternehmen solle sich auf das Kerngeschäft konzentrieren; Konglomerate erhalten einen prognostischen Abschlag. Die Finanzakteure legen nämlich Wert auf homogen strukturierte Unternehmen, um sie mit anderen derselben Branche besser vergleichen zu können.

Ein viertes Instrument, um das Unternehmen zu kontrollieren, sind kommerzielle Datenbanken, derer sich die institutionellen Investoren und ihre Analysten bedienen. Diese erstellen für die meisten börsennotierten Unternehmen ein Datenbündel, aus dem Gewinne, Verschuldungsgrad, Eigenkapitalrendite und Rücklagen zu erkennen sind. Um die unleugbaren Defizite der Finanzkennziffer zu beheben, müssen weitere Kontrollinstrumente eingesetzt werden. Dazu gehört die gespaltene Aufmerksamkeit für die Belegschaft. Die Führungskräfte gelten als Wertschöpfungspotential, die Masse der abhängig Beschäftigten dagegen als ein belastender, wertvernichtender Kostenfaktor, der durch einen gezielten Personalabbau gesenkt werden kann. Gewichtig sind auch der punktuelle Unternehmensvergleich und das Aufspüren beispielhaft vorbildlicher Praktiken, indem etwa die Liquidität oder die Menge der ausgelagerten Betriebseinheiten als Gütesiegel propagiert wird.

Eine besondere Kontrollfunktion wird den Analysten zugesprochen, deren Rolle als neutrale Beobachter und Vermittler zwischen den Interessen der Investoren und der Unternehmensleitung zwiespältig ist. Denn sie sind Partei, stehen im Dienst der Organisation, die sie bezahlt. Ihre Analysen und Prognosen haben häufig den Charakter großer Erzählungen, denen passende Zahlen nachgeliefert werden. Sie folgen dominanten Modewellen, deren Richtung sich drehen kann: Etwa dass private Arrangements besser sind als öffentliche, Initiativen junger Unternehmen denen vorzuziehen sind, die aus Firmen stammen, die seit Jahrzehnten bestehen, dass Spezialisierung höheren Wert erzeugt als Differenzierung, monetäre Kriterien im Rang höher stehen als reale, die Ausschüttung von Überschüssen vorteilhafter ist als eine reale Investition. Meist erklären die Analysten nicht die Realität, sondern wollen sie herstellen. Punktuelle Unternehmensvergleiche können sich ohnehin nur auf beliebig herausgegriffene Einzelmerkmale beziehen. Folglich gibt es für jede Empfehlung entsprechende Ausnahmen oder Alternativen. Selbst das lange Zeit geächtete Konglomerat wird unter dem neuen Leitbild »One Company« empfehlenswert, wenn es mit dem Etikett »trendy« versehen ist.

Kontrollbremsen

Ist durch die Hegemonie der Finanzmärkte das »Unternehmen an sich« verdrängt worden, das für die deutsche Wirtschaft einst charakteristisch gewesen ist? Das nach innen als Personenverband konstruiert war und in dem die Manager zwischen jenen Gruppen und Personen vermittelten, die beim Erwirtschaften der unternehmerischen Wertschöpfung beteiligt waren? Und das von außen durch die Märkte kontrolliert wurde, auf denen es sich auf lange Sicht mit einem attraktiven Güterangebot behaupten musste?

Es mehren sich Hinweise, dass eine lückenlose Kontrolle deutscher Unternehmen durch private Finanzinvestoren und Manager institutioneller Anleger nicht gelingt:

■ Denn verhältnismäßig zahlreiche Unternehmen, darunter viele kleine und mittlere Unternehmen, werden von persönlich engagierten Eigentümern und Gründern oder von Familienangehörigen in einer Folge von Generationen geführt. Die zu Beginn des Jahrhunderts gehegte Erwartung, dass die Zahl der börsennotierten Unternehmen rasant zunehmen werde, hat sich nicht erfüllt. Wie sehr ein Unternehmen den Kursschwankungen an der Börse ausgeliefert ist, hängt davon ab, wie stark es sich an der Börse exponiert hat. Dass es über gar keine Handlungsspielräume mehr verfüge und total fremdbestimmt sei, klingt unwahrscheinlich.

■ Zudem werden in Deutschland etwa achtzig Prozent der Wirtschaftsleistung von Unternehmen erbracht, die nicht börsennotiert sind und sich dem Druck der Kapitalmärkte entziehen können. Zu ihnen gehören bekannte und erfolgreiche Unternehmen wie Haribo, Warsteiner, Bertelsmann, Bosch, Dr. Oetker sowie Tchibo.

■ Die Verflechtungen der deutschen Unternehmen sind nicht radikal aufgelöst worden, private Hausbanken nicht vom Boden verschwunden. Mehr oder weniger freundliche Übernahmen und Fusionen im sekundären und tertiären Sektor finden weiterhin statt.

- Drohende Übernahmen prallen häufig an der stabilen Ankerposition von Mehrheitsaktionären ab, die über eine Sperrminorität verfügen und von ihrem Vetorecht Gebrauch machen.

- Die neuen Anteilseigner sind weniger am operativen Geschäft eines Unternehmens interessiert als vielmehr an einer stabilen Rendite, sie reagieren in der Hauptversammlung weniger aktivistisch und sind nur schwer für eine konzertierte Revolte gegen den Unternehmensvorstand zu gewinnen.

- Bestimmte Reformen des Personalmanagements, die von den Analysten propagiert worden waren, haben sich als unbrauchbar herausgestellt, weil die Vision, aus Oberzielen Teilziele ableiten zu können, im betrieblichen Alltag weggeschmolzen ist wie Schnee in der Frühlingssonne. Dies gilt beispielsweise für Zielvereinbarungen, die angeblich auf gleicher Augenhöhe stattfinden. Und angeblich vielversprechende, individuell ausgehandelte finanzielle Anreize innerhalb eines Forschungsteams haben Fehlsteuerungen und Konflikte unter Kollegen ausgelöst und Fragen der Gerechtigkeit berührt.

- Die Unternehmensleitungen sind in der Lage, den großen Erzählungen im Börsenjargon die eigenen Erzählungen über das Unternehmen entgegenzusetzen, die sie mit einer kreativ gestalteten und komplexen Datenflut unterlegen. Überzogenen Erwartungen können sie offen widersprechen und mit Informationen, über die sie allein verfügen, zurückweisen.

- Zwischen Investoren und den Unernehmensleitungen sind regelmäßige Kommunikationsforen anberaumt worden. Es sieht so aus, als würde die Phase der Konfrontation zwischen der Kapitalsphäre und der Unternehmenssphäre tendenziell von einer Phase der Kommunikation abgelöst. Eine öffentliche Arena bietet Unternehmen die Bühne, sich zu präsentieren. Daneben werden Fachkonferenzen, persönliche Gespräche zum besseren Kennenlernen sowie Einladungen zur direkten Kontaktaufnahme vor Ort arrangiert, da für Interessierte unterhalb der Leitungsebene eine Art Innenansicht des Unternehmens vermittelt wird. Offensichtlich suchen beide Parteien, jenseits formaler Rechenmodelle wechselseitiges persönliches Vertrauen zu gewinnen.

- Unter dem Druck der Finanzinvestoren ist das kooperative Verhältnis zwischen den Managern großer Unternehmen sowie den Betriebsräten und Gewerkschaftsvertretern im Aufsichtsrat wieder intensiviert worden. Bereits unter der wirklichen oder vermeintlichen Herausforderung globalisierter Märkte und erst recht in der ersten Phase der Finanzkrise war es zu einer Art »Wettbewerbskoalition« jener Interessengruppen gekommen, die gemeinsam die unternehmerische Wertschöpfung erarbeiten, zu denen neben den Aktionären, der Belegschaft und der Unternehmensleitung auch die zuliefernden Firmen und Vertreter des kommunalen Umfelds gehören.

Die Liste der Kontrollbremsen, welche die Unternehmen der Realwirtschaft gegen den hegemonialen Anspruch der Beschleunigung aktivieren, die ihnen als soziale Organisationen von Seiten der Finanzmärkte zugemutet wird, ist beeindruckend. Sie erweckt den Eindruck, als sei sie empirisch abgesichert. Allerdings gilt sie nur für Teile der deutschen Wirtschaft, in denen weiterhin stabile Fundamente des »koordinierten Kapitalismus« als Anker vorhanden sind. Dass daneben Unternehmen, die von Finanzinvestoren gesteuert werden, weiterhin ihre Produktionsstandorte einzig auf Grund von Lohnkostenunterschieden kurzfristig wechseln, ist noch kein Schnee von gestern. Selbst wenn die veränderten Beziehungen zwischen Kapitaleignern und Unternehmensleitungen aus der Phase der Konfrontation herausgewachsen sind, könnten die vereinbarten Kommunikationsforen auch dazu dienen, die bestehenden Informationsasymmetrien aufzuheben und einen Einblick in die branchen- und regionenbezogene Mentalität der Unternehmensleitung zu gewinnen, damit die eigenen Erwartungen und Ansprüche erfolgreicher durchgesetzt werden können.

Es trifft zwar zu, dass achtzig Prozent der deutschen Wirtschaftsleistung von nicht börsennotierten Unternehmen erarbeitet werden. Aber unabhängig davon hat 2001 eine angesehene Unternehmensberatung 5 000 börsennotierte und nicht börsennotierte Unternehmen und deren wirtschaftliche Leistungsfähigkeit verglichen. Die Studie ergab, dass der durchschnittliche Erfolg börsenabstinenter Unternehmen signifikant schlechter ist. Aktiengesellschaften, die dem Druck der Finanzmärkte ausgesetzt sind, würden eine um 76 Prozent höhere Eigenkapitalrendite erwirtschaften. Daraus wird gefolgert, dass in nicht börsennotierten deutschen Unternehmen erhebliche brachliegende Ressourcen gehoben werden könnten, wenn finanzielle Hebeleffekte, gezielte Sanierungen, Käufe und Verkäufe von Unternehmensteilen bis hin zum Austausch des Vorstands in eine strategische Unternehmensplanung aufgenommen würden. Es könnte daraus ein gesamtwirtschaftlicher Gewinn von bis zu 200 Milliarden Euro generiert werden. Sollten solche Planspiele wie vor der Finanzkrise ungebrochenen Anklang finden, ist mit einer Kaskadenwirkung jener Leitbilder börsennotierter Unternehmen auf börsenabstinente Unternehmen zu rechnen. Ganz abwegig ist die Vorahnung einer solchen Wirkungskette nicht.

Dass ertragreiche Firmen innerhalb von fünf Jahren zweimal oder innerhalb von acht Jahren dreimal aufgekauft, ausgeschlachtet und gewinnbringend weiterverkauft wurden, ist aus dem kollektiven Gedächtnis der abhängig Beschäftigten ebenso wenig gelöscht wie die spektakulären Unternehmenskäufe 2004 von Mannesmann, 2006 von ProSiebenSat.1 Media AG, Karstadt-Quelle AG, Altana Pharma AG, Kion Group GmbH und Europcar International SA. Und ob die aktuellen Insolvenzverfahren von Schlecker, Karstadt, Neckermann, Saab und P+S Werften sowie die Standortkonflikte um Opel Deutschland nur Randerscheinungen einer im übrigen stabilen und unaufgeregten Wirtschaft sind, wird aus der Perspektive außenstehender Wissenschaftler vermutlich anders beantwortet werden, als wenn die betroffenen Arbeitnehmer zu Wort kommen. Aus ihrer Perspektive wird die von den Finanzmärkten angestoßene Geschwindigkeit wiederholter »Restrukturierungen« in den Unternehmen und Betrieben weiter unten thematisiert.

Finanzdemokratie

In dem anrührenden Gedicht »Unaufhaltsam« hat Hilde Domin »das schwarze Wort« beschrieben: Es lässt Gräser verdorren, Blätter vergilben und Schnee fallen – schneller als andere Worte mit bunten, weichen Federn, die Frauen oder Männer hinterherschicken. Ein Messer kann stumpf sein, am Herzen vorbeitreffen. Nicht das Wort. »Finanzdemokratie« ist sicher ein schwarzes Wort. Mit ihm hat Marco Herack Anfang August 2012 in der *Frankfurter Allgemeinen Zeitung* den Marktfetischismus des politischen Personals der Bundesrepublik treffen wollen, das damit beschäftigt sei, seine Entscheidungen von der Zustimmung des Marktes abhängig zu machen, der immer recht habe. Tatsächlich hat die Bundeskanzlerin mehrfach um eine »marktfähige Demokratie« geworben. Und der Finanzminister bat in der mündlichen Verhandlung über den europäischen Rettungsschirm und den Fiskalpakt das Bundesverfassungsgericht um eine schnelle Entscheidung, denn »die Nervosität der Märkte ist groß«. Die unter Einsatz von Algorithmen erzielte Beschleunigung des Wertpapierhandels hat nicht nur den zeitlichen Horizont der Finanzinvestoren und des unternehmerischen Handelns verkürzt, sondern vergleichsweise auch die politischen Entscheidungsverfahren und deren Ergebnisse.

Bei einer oberflächlichen Betrachtung ist die Ansteckung politischer Entscheidungsverfahren durch die bedrängende Geschwindigkeit der Finanzmärkte nur in zwei Phasen der aktuellen Finanzkrise erkennbar. Während der ersten Phase haben die Banken einen alarmierenden Notruf an die Staaten gerichtet, sie vor dem drohenden Absturz zu retten und einen Zusammenbruch des Weltfinanzsystems zu verhindern. Während der zweiten Phase sahen sich die Staaten der Europäischen Union genötigt, der hohen Staatsverschuldung einzelner Staaten des Euro-Raums Einhalt zu gebieten und deren drohenden Staatsbankrott abzuwenden. Doch zu diesen zwei Phasen der Finanzkrise – einer Bankenkrise und einer Krise, die als öffentliche Schuldenkrise etikettiert wurde – gab es eine inzwischen weithin übersehene oder verdrängte Vorgeschichte, also eine »Vorkrise«. Folglich liegt es nahe, die Ansteckung der politischen Sphäre durch die Finanzmärkte in drei abgrenzbaren Phasen nachzuzeichnen.

Vorkrise

In der Wochenzeitung *Die Zeit* erschien Ende April 2000 ein programmatischer Beitrag von Rolf-Ernst Breuer, dem damaligen Vorstandssprecher der Deutschen Bank, über das Verhältnis von internationalen Finanzmärkten und nationalstaatlicher Politik. Der Autor erwähnt das Unbehagen vieler Leute darüber, dass die nationalstaatliche Politik ins Schlepptau der Finanzmärkte geraten sei. Angesichts dieses Unbehagens stellt er die rhetorische Frage, ob die Finanzmärkte nicht quasi als »fünfte Gewalt« inzwischen eine wichtige Wächterrolle übernommen hätten. Vielleicht wäre es sogar gar nicht so schlecht, wenn die Politik im Schlepptau der Finanzmärkte stünde. Die internationalen Finanzmärkte würden nämlich nicht bloß Unternehmen bewerten und kontrollieren. Sie seien auch ausgezeichnete Sensoren dafür, wie glaubwürdig eine nationale Regierung wirkt. Anleihemärkte reagierten kritisch auf ein staatliches Handeln, das Inflationsgefahren heraufbeschwört. Devisenmärkte bestraften geld- und währungspolitisches Versagen mit Abwertungen. Aktienmärkte bezögen in der Bewertung von Unternehmen die Qualität der an ihrem Standort vertretenen Wirtschaftspolitik mit ein. Offene Kapitalmärkte und die autonomen Entscheidungen, die Hunderttausende von Anlegern täglich auf den Finanzmärkten treffen, setzten nationale Regierungen unter erheblichen Entscheidungsdruck. International mobile Anleger meldeten täglich und millionenfach sensibler, als vierjährige Parlamentswahlen dazu in der Lage sind, welchen Nutzen und welche Kosten staatliche Leistungen erzeugen, wie sich öffentliche Infrastruktur und Abgabenlast zueinander verhalten und wie unterschiedlich fiskalische Lasten die Bevölkerungsgruppen treffen.

Die rot-grüne Koalition und auch die nachfolgenden Regierungen haben diese post- oder gar finanzdemokratische »Stimme der Märkte« verstanden und daraus die erwarteten Schlussfolgerungen gezogen, wenn es um die Ausgaben für das Gesundheits- und Bildungswesen ging, die Senkung der Steuern, Arbeitskosten und Umweltabgaben, die Kürzung der Sozialleistungen und vor allem die Begünstigung des Finanzsektors. Die methodische Konversion der staatlichen Entscheidungsträger bestand jedoch in der radikal kurzfristigen Orientierung staatlichen Handelns, das den langen Schatten der Zukunft systematisch ausblendet. Unter Bundeskanzler Gerhard Schröder wurde das Leitbild der Moderation an Stelle des Regierens zur Richtschnur staatlichen Handelns erklärt. Die staatlichen Organe stünden den Vertretern privater und partikulärer Interessen nicht mehr als Mandatsträger des allgemeinen Interesses gegenüber, sondern würden mit den Führungseliten in Großbanken, Industriekonzernen und Handelsketten, der Wirtschaftsverbände und Gewerkschaften sowie zivilgesellschaftlicher Bewegungen ein politisches Netzwerk bilden, dessen Kompetenz von Beiräten, wissenschaftlichen Beratern, themenzentrierten Kommissionen und speziellen Beauftragten gespeist wird. Gemäß diesem Leitbild wird auf Staatsapparate immer mehr politische Verantwortung abgewälzt.

Doch mit der Fragmentierung von Verantwortung ist auch der Zielhorizont politischer Entscheidungen verkürzt worden. Bundeskanzlerin Angela Merkel erklärte, dass achtzig Prozent der politischen Entscheidungen darin bestünden, auf unmittelbar bedrängende Problemlagen zu reagieren. Und Finanzminister Wolfgang Schäuble verteidigte ein Fahren auf Sicht, weil der Nebel aktueller Ereignisfluten die langfristige Orientierung erschwere.

Die rot-grüne Koalition hat seit der Jahrhundertwende dem Drängen der Finanzlobby nachgegeben und mehrere Steuer- und Finanzmarktförderungsgesetze verabschiedet. Die Regierenden waren von der Absicht getrieben, Deutschland zu den führenden Finanzplätzen London und New York aufschließen zu lassen. Zudem sollte der deutsche Kapitalmarkt für eine verstärkte private und betriebliche Altersvorsorge vorbereitet werden. Mit dem Investmentgesetz wurden Kurssicherungsfonds (Hedge-Fonds) in der Form öffentlich gehandelter Dachfonds zugelassen. Gewinne, die Banken und Versicherungen aus dem Verkauf ihrer Unternehmensbeteiligungen erzielten, sollten steuerfrei sein. Die Beschränkungen des Börsenhandels wurden gelockert, die Schleusen für angeblich innovative Finanzdienste, etwa den Handel mit Derivaten, euphorisch geöffnet und Zweckgesellschaften zur Kreditverbriefung von der Gewerbesteuer befreit. Die Kapitalbeteiligungsgesellschaften wurden von der Finanzverwaltung als »rein vermögensverwaltend« eingestuft. Sie gelten gemäß der Rechtsprechung des Bundesfinanzhofs nicht als »gewerblich« und steuerpflichtig, sondern als »steuertransparent« und somit weitgehend steuerfrei.

Auch die große Koalition folgte dem eingeschlagenen Pfad, innovative Finanzdienste und Vertriebswege zu bestätigen und Kapitalbeteiligungsgesellschaften steuerlich privilegiert zu behandeln. Diese Finanzmarkt- und Steuergesetze haben auf allen Ebenen der öffentlichen Haushalte zusätzliche Finanzierungsengpässe erzeugt. Diese konnten die Finanzminister und vor allem die Kämmerer oft nur dadurch beseitigen, indem sie öffentliche Vermögen und Unternehmen sowie Sozialwohnungen privatisierten, um wenigstens kurzfristig finanziell entlastet zu sein und politische Handlungsspielräume zu behalten. Für Finanzinvestoren eröffnete sich dadurch ein weites und auf Dauer profitables Betätigungsfeld.

Dass der Gesetzgeber seinen Anteil an der Entregelung des deutschen Finanzregimes und damit auch an der krisenhaften Entwicklung herunterspielt, ist verständlich. Zwar mag das Gewicht der deutschen Steuer- und Finanzmarktgesetze angesichts des späteren gigantischen Ausmaßes der Finanzkrise, deren Metastasen sich fortsetzen, unbedeutend gewesen sein. Doch auch die deutschen Aufsichtsbehörden, Bundesbank und Bundesanstalt für Finanzdienstaufsicht reagieren in ähnlicher Weise auf den Vorwurf, sie hätten beim Aufspüren von Warnsignalen versagt. Sie behaupten, dass sie auf Grund von Gesetzeslücken ausländische Filialen einer Finanzholding nicht hätten überprüfen können und dass ihre kritischen Urteile gezielt überhört worden oder an den anerkannten Standards ausländischer Rating-Agenturen abgeprallt seien. Zudem habe das Finanzministerium gegenüber den innovativen Finanzprodukten mehr Nachsicht und eine »Aufsicht mit Augenmaß« verlangt.

Aber warum bleibt dennoch der Verdacht einer fahrlässigen Kontrollschwäche der staatlichen Aufsicht gegenüber den riskanten

Operationen der Finanzakteure bestehen? Drei Gründe mögen eine Rolle spielen:

1. Der vorrangige Mikroblick auf die Risiken einzelner Kredite und einzelner Finanzinstitute hat das Gespür für das Systemrisiko beeinträchtigt. Vielleicht fehlten auch bloß die Methoden und Personen, um nicht nur die Stabilität einzelner Institute, sondern die Stabilität des ganzen Systems angemessen zu beurteilen.

2. Die öffentlichen Aufsichtsbehörden haben zu sehr auf eine mit den privaten Instituten einvernehmliche, »qualitative« Regulierung vertraut.

3. Die nationalen Notenbanken haben ihre Hauptaufmerksamkeit auf die Stabilisierung des Güterpreisniveaus gerichtet, um den Inflationsgefahren zuvorzukommen. Die Relevanz, die der explosive Anstieg der Vermögenspreise für die Stabilität des Finanzsystems hat, wurde offensichtlich unterschätzt.

Folglich bleibt die Vermutung bestehen, dass die staatlichen Organe die Funktion eines Retters aus der Krise nicht haben übernehmen können, weil sie Bestandteil der »Vorkrise« waren.

Bankenkrise

Das Platzen der Vermögensblase mit dem Fall der Lehman-Bank hat unter den Finanzeliten offensichtlich einen mentalen Schock ausgelöst. Den ehemaligen Vorsitzenden der früheren Dresdner Bank, Klaus-Peter Müller, trieb er zu dem Eingeständnis: »Die Banken haben Fehler gemacht, sicher.« Allerdings hatte er mit der gleichen Redewendung das Platzen der Technologieblase kommentiert. Und Josef Ackermann, der Vorsitzende der Deutschen Bank, schien gar das Marktdogma aus seinen Überzeugungen gelöscht zu haben, als er erklärte: »Ich glaube nicht mehr an die Selbstheilungskräfte des Marktes.« Sogar ein zentraler Glaubenssatz dieses Dogmas, dass nämlich der schlanke Staat der beste aller möglichen Staaten sei, war bis auf null abgeschrieben. Bankenvertreter riefen nach dem Staat, der sie vor dem Untergang retten sollte. Doch der Notruf der Banken zielte nicht darauf, den Staat zu erneuern oder zu stützen, indem etwa die Banken ihre privaten Interessen dem allgemeinen Interesse untergeordnet hätten. Der Staat wurde zwar als Retter gerufen, tatsächlich aber als Geisel genommen und über den Schaltertisch gezogen.

Der Staat als Geisel der Finanzmärkte zeigte sich kooperativ. Vom Ausmaß der Krise schien die deutsche Regierung anfänglich überrascht und wie gelähmt zu sein. Denn Hinweise der Finanzaufsicht auf zahlungsunfähige und systemwichtige Großbanken ließ sie zunächst unbeachtet. Sie verlegte sich darauf, die Gefahr einer globalen Infektion durch die Lehman-Pleite zunächst herunterzuspielen. Aber als Fernsehbilder gezeigt wurden, wie empörte Kunden die Filialen der britischen Northern-Rock-Bank stürmten, wurde die politische Klasse nervös. Die Bundeskanzlerin und der Finanzminister suchten die deutschen Sparer zu beruhigen und gaben für die Bankeinlagen der Bürgerinnen und Bürger eine Garantieerklärung ab. Ihr wurde eine hohe symbolische Bedeutung zugemessen, wenngleich sie von den Vertretern der Sparkassen und Genossenschaftsbanken als überflüssig eingeschätzt wurde. Diese berichteten, dass ihre Kunden zwar nachgefragt, aber nicht beabsichtigt hätten, ihre Einlagen abzuziehen. Umso mehr ließ sich die Regierung von der apokalyptischen Dramaturgie beeindrucken, welche die Großbanken wirkungsvoll inszenierten, dass nämlich eine Kettenreaktion der miteinander verflochtenen Banken und somit der Kollaps des weltweiten Zahlungsverkehrs und der gesamten Finanzsphäre drohten.

Als absehbar wurde, dass der deutsche Staat die Deutungsmuster des Börsenpublikums, der Megabanken und der öffentlichen Aufsicht übernahm, hätte ein gemeinsames Vorgehen der Euro-Länder dem entgegenwirken können. Doch die erste Konsultation wurde von einer bewegenden Ansprache des englischen Premiers Gordon Brown überlagert, der die Bühne in Brüssel nutzte, um für die bereits unternommenen Schritte der Bankenrettung zu werben, wie sie von den US-amerikanischen, britischen und irischen Regierungen eingeleitet worden waren. Diese bestanden im Kern darin, für die Verbindlichkeiten der Banken zu bürgen, eine öffentliche Kapitalbeteiligung anzubieten und ihre »vergifteten« Wertpapiere zu übernehmen. Die Euro-Länder schlossen sich grundsätzlich dem angloamerikanischen Vorgehen an, ließen jedoch den Nationalstaaten einen Spielraum, die Bankenkrise zu bewältigen.

Infolgedessen blieben die isolierten, kurzatmigen, übertriebenen und spektakulären Entscheidungen der Bundesregierung voller Widersprüche. Erst entdeckte man den Kern der Krise in den USA und meinte, Deutschland und Europa seien relativ immun, bis der Konkurs der Hypo Real Estate dieses Urteil aufhob. Erst gab man die Parole aus, dass nur im Einzelfall gerettet würde, dann sagte man komfortable Rettungsschirme über das gesamte Bankensystem zu. Erst wurde die Einrichtung einer Bank für faule Kredite kategorisch abgelehnt, dann verhandelte man nur noch darüber, wem diese Bank beziehungsweise Auffanggesellschaft gehören sollte, dem Staat oder den Banken. Erst wurde jegliches Konjunkturprogramm kategorisch abgelehnt. Dann gab es in relativ kurzer Zeit mit gestaffeltem Volumen davon drei.

Die jeweiligen Entscheidungen wurden mit einer lyrischen Rhetorik gerechtfertigt, die kabarettreif wirkte. Der Finanzminister habe »in einen Abgrund geschaut«, wurde nach einer Krisensitzung mit Bankenvertretern gemeldet. War es jener Abgrund, den ihm die Bankenlobby präsentiert hat, den schon zur großen Erzählung gereiften Zusammenbruch des weltweiten Zahlungsverkehrs?

»Wenn der Himmel einstürzt, sind alle Spatzen tot«, ließ der Finanzminister erklären. Aber ist damit zu rechnen, dass alles wirtschaftliche Leben ausgelöscht wird, sobald abenteuerliche Spieler gezwungen werden, ihre Spielschulden zu bezahlen? Es klingt plausibel, dass man erst die Unfallstelle räumen müsse, bevor die Schuldfrage aufgerollt wird und die Verantwortlichen belangt werden. Aber wenn die Unfallstelle absichtlich eingenebelt wird und die Verursacher vereiteln, dass die Spuren gesichert werden? »Wenn es brennt, muss das Feuer unverzüglich gelöscht werden, auch wenn Brandstiftung im Spiel ist«, begründete der Finanzminister den Vorrang der Rettung der Banken vor deren Regulierung. Aber rechtfertigt eine solche Metapher, dass die Brandstifter mit am Lenkrad des Löschzuges sitzen und sich privilegiert am Schnüren des staatlichen Rettungspakets beteiligen?

»Alternativlos« war das schlagende Argument, mit dem die hektischen Entscheidungen der Exekutive im Eilverfahren durch die parlamentarischen Gremien hindurchgeschleust wurden. Diese Form des »Durchregierens« ist, wenn es um politische Antworten auf die »Stimme der Märkte« geht, mittlerweile zur Routine geworden. Abwägende Reflexionen sind dabei nur hinderlich. Zumindest hätten – an Stelle einer unverzüglich flächendeckenden Bankenrettung – mindestens drei Alternativen geprüft werden sollen:

- Es wäre sinnvoll gewesen, die spezifischen Brandherde, die nicht gleichmäßig über alle Finanzunternehmen streuen, präzise auszuleuchten und abzugrenzen. Hierzu gehörten – bereits früh erkennbar – vor allem große private Investmentbanken und einzelne angeschlagene Institute, die von den Konzernmüttern frühzeitig ausgegliedert und aufgegeben worden waren.
- Die verbreitete Parole »Einige Banken sind zu groß, als dass der Staat sie fallen lassen könnte« hätte zu politischen Konsequenzen führen sollen. Eine Zerschlagung der Megabanken und Versicherungskonzerne hätte nähergelegen, als Fusionen und Übernahmen zu schmieden, damit mit öffentlichen Mitteln noch größere Finanzgiganten entstehen. Wieso sah sich der Staat verpflichtet, der privaten Allianz Versicherung AG die mit hochriskanten Krediten beladene Dresdner Bank auf dem Umweg über die Commerzbank abzunehmen? Wie ließ sich rechtfertigen, dass der Bund als Großaktionär den Verkauf der Postbank an die Deutsche Bank einleitete, um ihr ein Privatkundennetz anzudienen, während deren Sprecher behauptete, auf staatliche Hilfen nicht angewiesen zu sein?
- Unverständlich bleibt, warum jeder noch so behutsam geäußerte Gedanke an geregelte Insolvenzverfahren für existenzbedrohte Banken kategorisch und rigoros ausgeschlossen wurde und weiterhin ausgeschlossen wird.

Eine solche Generalabsolution, dass jede Großbank eine systemische Relevanz hat, macht den Staat erpressbar. Dieser hätte drei Bedeutungen der Zauberformel »Systemrelevanz« unterscheiden sollen, um zu prüfen, welches Merkmal auf welche Bank zutrifft. Systemrelevant ist erstens eine Bank, wenn deren Geschäftstätigkeit mit der Funktion des Finanzregimes als Ganzes gleichgesetzt wird. Ob dies für eine einzelne Bank überhaupt zutrifft, ist fragwürdig, zumal Vertreter führender Privatbanken – unter dem Beifall nicht weniger Finanzwissenschaftler und Finanzpolitiker – sich geweigert haben, über die einzelwirtschaftliche private Gewinnorientierung hinaus ein allgemeines gesellschaftliches Interesse an der elastischen Geldversorgung, an der Geldwertstabilität und an der Hebung des Wohlstands auch benachteiligter Gesellschaftsmitglieder als für sie verbindlich anzuerkennen.

»Systemrelevanz« kann zweitens bedeuten, dass sich das Geschäfts- und Unternehmensrisiko, im Extremfall die Zahlungsunfähigkeit einer Bank auf Grund der engen Verflechtung des Bankensektors dominoartig auf andere Banken überträgt und einen totalen Zusammenbruch der Kreditversorgung wie des gesamten Zahlungsverkehrs verursacht. Eine solche Verflechtung sollte jedoch nicht a priori unterstellt, sondern empirisch belegt werden. Banken weisen abweichende Gläubiger- und Schuldnerprofile auf, engagieren sich zeitlich und regional unterschiedlich im Kunden- und Anlagengeschäft und konkurrieren vielfältig und differenziert miteinander.

Drittens kann mit »Systemrelevanz« die abenteuerliche Geschäftspolitik eines Finanzinstituts gemeint sein, seine Operationen ausschließlich auf die Kredit- und Institutsrisiken zu fixieren, ohne dabei die Stabilität des Finanzsystems überhaupt zu berücksichtigen. Und dass es blind oder kalkuliert darauf gesetzt hat, den Staat nötigen zu können, ein Verlustrisiko voll zu übernehmen, das durch Fehlspekulationen entstanden ist. Diese einzelwirtschaftlich rentable, gesamtwirtschaftlich kriminelle Kalkulation ist ja aufgegangen. Nur sollte der Staat ein derart grob fahrlässiges Herbeiführen von Systemrelevanz nicht, wie er es tut, honorieren.

Sind die staatlichen Organe in Deutschland mit der Bankenrettung in eine Finanzdemokratie hineingestolpert? Es mag sein, dass die eine oder andere Alternative der Krisenbewältigung in der nach der Lehman-Pleite schwer überschaubaren Situation als zu riskant und nicht praktikabel erschienen sind. Aber immerhin hätten sie formuliert und erwogen werden sollen. Äußerst schwer wiegt der Vorwurf, dass die Bankenrettung unter weitgehendem Ausschluss des Parlaments und der Öffentlichkeit stattfand, wenngleich weder das Parlament noch die demokratischen Entscheidungsverfahren einem Bankgeheimnis unterliegen. Wäre der Bankenrettung eine nüchterne Ursachendiagnose vorausgegangen, hätte ermittelt werden können, dass zum einen in der Börseneuphorie vor 2008 private Vermögen explosiv, also weit stärker als die Realwirtschaft gestiegen waren, dass zum anderen der Erwerb dieser Vermögen überwiegend durch Kredite finanziert worden ist, so dass neben der Vermögensblase gleichzeitig eine private Schuldenblase entstanden war. Da zu erwarten war, dass ein Großteil dieser Schulden nie hätte zurückgezahlt werden können, wäre es zudem angemessen gewesen, die entsprechenden Kreditforderungen der Banken mehr oder weniger abzuschreiben und dementsprechend die ihnen zugeordneten Vermögen zu vernichten.

Diese privaten Vermögen wieder auf das Niveau zu Beginn des Jahrhunderts abzusenken, hat der Staat sich nicht getraut. Folglich ist er in jenen Brandherd hineingerannt, der von den Hauptverursachern der Krise gelegt wurde. Dabei hat er die privaten Gläubiger und die institutionellen Anleger, nämlich Banken, Versicherungskonzerne und Investmentgesellschaften, geschont. Er hat für sie gebürgt, sich an deren Eigenkapital beteiligt und ihnen eine Bank bereitgestellt, in der sie ihre Schrottpapiere abladen konnten. Eine Beteiligung der Verursacher der Katastrophe an den Rettungskosten wurde nicht verlangt. Diese wurden der Allgemeinheit, nämlich den öffentlichen Haushalten aufgebürdet. Ein fairer Interessenausgleich, der in einem Forderungsverzicht der Gläubiger und in einer Umschuldung, einem Moratorium oder einem Schuldenerlass hätte bestehen können, kam nicht zustande. Mit der Geldflut, welche die Europäische Zentralbank dem Bankensystem zur Verfügung gestellt hat, und mit den großzügig aufgelegten Konjunkturprogrammen, die den drohenden Absturz der Realwirtschaft vermeiden sollten, wurde eine Folgephase der Finanzdemokratie beschritten.

»Schulden«-Krise

Auf einem Treffen europäischer Betriebsräte fragte ein griechischer Gewerkschafter seinen deutschen Kollegen: »Kann es sein, dass die

Deutschen so dumm sind zu glauben, die Zukunft Europas hänge von einem Land ab, das mit weniger als drei Prozent zur Wirtschaftsleistung des Euro-Raums beiträgt?«

Zum Glück sind nicht alle Deutschen so dumm, aber dennoch lässt die Vorgehensweise der europäischen Staaten, mit der sie die finanz- und haushaltspolitischen Turbulenzen innerhalb des Euro-Raums zu bewältigen suchen, die Symptome einer europäischen Finanzdemokratie erkennen. Die gemeinsamen Entscheidungen, ihre internen Auseinandersetzungen und der Druck, der von Deutschland ausgeht, um das Inflationstrauma einer Generation von Hochbetagten auf andere Länder Europas zu übertragen, die über eine jüngere und agilere Bevölkerung verfügen, sind von Aberglauben, Ahnungslosigkeit, Hektik und ziellosem Stolpern gekennzeichnet, um bloß nicht die »Stimme der Märkte« zu überhören. Wie sehr das Krisenmanagement der Euro-Staaten finanzmarkthörig ist, soll in den folgenden Facetten veranschaulicht werden.

Jene vergifteten Denkmuster, die besonders in Krisenzeiten gehäuft auftreten, dass nämlich Systemdefizite auf individuelles Versagen zurückzuführen seien, wurden auf den Euro-Raum übertragen. Wer beobachtet, wie beispielsweise die Massenarbeitslosigkeit immer noch dadurch erklärt wird, dass Individuen nicht arbeitswillig oder arbeitsfähig sind, oder wie für die erste Phase der Finanzkrise die Gier der Manager verantwortlich gemacht wurde, erinnert sich an das biblische Sündenbockritual. Er entdeckt, dass es in der metastasierenden Finanzkrise, die den Euro-Raum erfasst hat, hartnäckige Nachbeter gibt: Vergehen einzelner oder Strukturfehler werden symbolisch einem Ziegenbock aufgeladen, den ein Priester anschließend in die Wüste jagt, an den Ort der Dämonen. Die Gesellschaft empfindet sich danach entlastet und jeder Verantwortung entbunden.

Ähnlich ist die deutsche Öffentlichkeit systematisch von Journalisten und von Mitgliedern der politischen Klasse zu dem »individualistischen« Fehlschluss aufgehetzt worden, Griechenland oder andere Südländer als »Defizitsünder« anzuprangern, als wären sie allein die Ursache der monetären Turbulenzen im Euro-Raum. Dabei bilden Leistungsbilanzdefizite und -überschüsse jeweils die zwei

Seiten einer Münze ab. Nicht nur periphere Länder mit Leistungsbilanzdefiziten, sondern auch solche mit Leistungsbilanzüberschüssen – Deutschland und die Niederlande – sind folglich ein Bestandteil der Krise. Indem deutsche Gewerkschaften sich mit ihren Lohnforderungen zurückhielten und deutsche Regierungen darauf drängten, die Arbeitsverhältnisse zu entsichern, haben sie zu den regionalen Ungleichgewichten und zur Schieflage der Gläubiger- und Schuldnerpositionen im Euro-Raum beigetragen

Außerdem wurde die Ahnung eines Quasikriegs zwischen den Ansprüchen privater Kapitalmacht, den die Finanzakteure anmelden, und der demokratisch legitimierten Macht der Staaten längere Zeit verdrängt. Die Politiker starren gespannt darauf, wie die Börsen und Rating-Agenturen auf ihre Beschlüsse wohl reagieren würden. Dabei gibt es kaum überzeugende Gründe, sich deren »Stimme« auszuliefern, solange die Finanzakteure die Staaten der Euro-Zone vor sich hertreiben und solange vagabundierendes Kapital aus den relativ überschaubaren Märkten für Staatsanleihen abgezogen wird und in alternative Anlagen fließt. Die verbreitete Meinung, es gebe eine Krise von Staaten der Euro-Zone, wirkt paradox, wenn man bedenkt, dass jene Finanzakteure, welche die verheerende Krise verursacht und anschließend nach dem Staat als ihrem Retter gerufen haben, nun aufschreien, dass der Staat sich mit der Bankenrettung hoch verschuldet hat, aber nicht schnell genug seine Haushalte konsolidiert und die Leistungszusagen an ärmere Bevölkerungsgruppen nicht radikal genug beschnitten.

Hinzu kommt, dass die politischen und wirtschaftlichen Eliten einschließlich der Rating-Agenturen im Sold der Finanzinstitute ihren Blick ausschließlich auf die monetäre Sphäre richten. Gläubiger-Schuldner-Verhältnisse gelten ihnen als das einzige Kriterium, eine Krise der Staaten zu identifizieren. Folglich konzentrieren sie ihr Krisenmanagement (nicht nur in Griechenland) auf Spardiktate, Schuldenbremsen und Fiskalpakte. Diese Maßnahmen sind jedoch Waffen im Verteilungskampf zwischen öffentlichen und privaten Interessen oder Stellschrauben zum Schrumpfen ganzer Volkswirtschaften. Die Folgen treffen zuerst die unteren Bevölkerungsschichten und zersetzen die demokratische Ordnung. Immerhin sind im

Verlauf der Finanzkrise bereits zwölf demokratisch gewählte Regierungen ausgewechselt worden. Die Auflagen, welche die Europäische Kommission, der Internationale Währungsfonds (IWF) und die Europäische Zentralbank mit den bereits erfolgten Umschuldungen verbinden, erinnern an die unsäglichen Strukturanpassungsprogramme, die der IWF während der 1980er Jahre den lateinamerikanischen Ländern aufgenötigt hatte. Sie haben dort mehr Armut, Krankheit und Arbeitslosigkeit erzeugt sowie Hungerrevolten ausgelöst.

Die Ahnungslosigkeit derer, die sich an der politischen Schuldendebatte beteiligen, zeigt sich häufig in hinkenden Vergleichen, wenn etwa die öffentlichen Haushalte nach Art der schwäbischen Hausfrau oder des hanseatischen Familienvaters wirtschaften sollen, die ihren Kindern keinen Schuldenberg hinterlassen. Dabei entsprechen Schuldner und Gläubiger, Verbindlichkeiten und Forderungen, öffentliche Verschuldung und private Vermögensbildung einander. Würden die Banken einem Unternehmer, der eine kreative Idee hat, keinen Geldvorschuss leihen, könnte er keine Anlagen kaufen, keine Arbeiter entlohnen und keine Güter in der Erwartung produzieren, dass sie von den Kunden auf dem Markt gekauft werden, er den Kredit zurückzahlen kann und dazu einen Überschuss für sich behält. Mit dem Lamento über die Staatsverschuldung lenken die Finanzakteure davon ab, dass die hohen Staatsschulden durch die kreditfinanzierte Anhäufung privater Vermögen verursacht worden sind, die anzutasten der Staat nicht gewagt, sondern vor dem Verfall gerettet hat. Nun richten sich die spekulativen Attacken der Finanzakteure ausgerechnet gegen jene peripheren Länder der Euro-Zone, deren Kreditwürdigkeit private Rating-Agenturen vorweg auf Grund ausschließlich monetärer und fiskalischer Kriterien herabgestuft hatten.

Darüber hinaus haben sich die eilig aufgespannten, wiederholt aufgestockten Rettungsschirme, selbst wenn sie durch vage angekündigte Hebelmechanismen effizienter ausgestaltet werden sollten, im Kampf gegen spekulative Attacken und private Rating-Agenturen als ein stumpfes Instrument erwiesen. Sie mutierten zu einer unendlichen Geschichte, solange ihnen die Erwartung zugrunde lag, dass die irrationalen Übertreibungen der Finanzmärkte abklingen würden. Da die EZB sich als die einzige funktionsfähige Instanz erwies, die das von den Staaten geschaffene institutionelle Vakuum zur Systemstabilisierung ausfüllen konnte, gewährte sie den Banken dreijährige Kredite quasi zum Nulltarif, kaufte Staatsanleihen attackierter Länder der Euro-Zone auf beziehungsweise drängte die Geschäftsbanken dazu, solches zu tun.

Aber wie lange lässt sich eine solche Spirale schleichender Umschuldung zugunsten privater Vermögenseigentümer und zu Lasten öffentlicher Haushalte fortsetzen? Warum sind Staaten überhaupt, um öffentliche Güter zu finanzieren, auf die Kreditschöpfung privater Banken angewiesen, die davon profitieren? Wie sollen Staaten aus der wuchernden Schuldenfalle, in die sie sich haben hineinziehen lassen, herauskommen? Und wie kann das Risiko der Ansteckung eingedämmt werden, dem weitere Staaten ausgesetzt sind, die zum Ziel spekulativer Attacken werden? Denn die Flut überschüssiger und spekulativ eingesetzter Liquidität wendet sich immer zuerst gegen das schwächste Glied einer Kette, um zuletzt sogar solche Länder anzustecken und in eine Abwärtsspirale zu reißen, die als robust und krisensicher galten.

Zu bedenken ist auch, dass Drohgebärden, die mit einem Ausschluss Griechenlands spielen, wie Erpressungsversuche klingen, weitere Finanzhilfen, und zwar als »Ultima ratio«, vom Wohlverhalten der Bevölkerung abhängig zu machen. Dabei gelten Verträge, die unter ungleichen Verhandlungsbedingungen zustande kommen, als unfair und nicht verbindlich. Unfair ist auch die unsachliche Debatte über die Folgen eines Ausstiegs Griechenlands aus der Euro-Zone. Die Pro-Argumente sind höchst spekulativ, neoklassisch und marktradikal enggeführt, die Vorteile für die dortigen Exportunternehmen werden mit einer rasanten Verbesserung der globalen Wettbewerbsfähigkeit errechnet, die negativen Folgen einer Abwertung für die inländische Bevölkerung ausgeblendet. Deutschland, dessen Exportwirtschaft seit Jahren einen spürbaren Vorteil aus der Währungsunion verbucht, wird als überforderter Lastesel beklagt. Vor einer realwirtschaftlichen und empirisch gehaltvollen Kosten-Nutzen-Analyse der Spardiktate und ausufernder europäischer

Schrumpfregionen scheuen die Experten zurück. Ökonomen in Deutschland suchen die beim Austritt Griechenlands entstehende Belastung der eigenen Wirtschaft schönzurechnen und spekulieren auf eine Festigung der Restunion, der man ins Blaue hinein eine hohe Wahrscheinlichkeit prognostiziert. Dass einzig ein politisch fairer Interessenausgleich zwischen den Beteiligten auf halbwegs gleicher Augenhöhe zustande kommen sollte, scheint kaum erwägenswert zu sein. Eine geordnete Insolvenz von Staaten bleibt tabuisiert, also der Schuldenschnitt beziehungsweise öffentliche Schuldenerlass, denen ein Forderungsverzicht privater Gläubiger sowie die Vernichtung der aufgeblasenen Vermögen korrespondieren.

Immerhin gab es entsprechende Vorbilder: Während der 1980er Jahre nämlich hatte eine internationale Gruppe privater und öffentlicher Finanzakteure exemplarisch versucht, die Auslandsverschuldung lateinamerikanischer Schwellenländer zu bewältigen, indem sie einen Forderungsverzicht, eine Umschuldung, ein Schuldenmoratorium und einen Schuldenerlass miteinander kombinierten.

Seitdem die US-amerikanischen Rating-Agenturen die Kreditwürdigkeit Griechenlands im Dezember 2009 herabgestuft hatten, hat sich der Europäische Rat öfter als vorher und in immer kürzeren Abständen getroffen. Falls die zweifache Beschleunigung der politischen Beratungs- und Entscheidungsprozesse als Indikator einer tendenziellen Finanzdemokratie zu lesen ist, wäre zu wünschen, dass sie seltener stattfinden. Die Souveränität der Staaten, die allgemeinen Interessen der Bevölkerung gegen die Hegemonie der Finanzmärkte zu behaupten, wäre zurückgewonnen.

Entregelte Arbeit

»Samstagsarbeit wird Alltag. Ein Viertel aller Beschäftigten arbeitet mittlerweile regelmäßig auch am Wochenende.« Diese Schlagzeile auf der ersten Seite der *Süddeutschen Zeitung* vom 21. August 2012 hat nicht nur Gewerkschaften alarmiert, wenngleich diese eine Untersuchung mit ähnlichen Ergebnissen gerade abgeschlossen hatten. Das Blatt zitiert aus einer Veröffentlichung des Statistischen

Bundesamtes, in der festgestellt wird, dass Vollzeiterwerbstätige 2011 durchschnittlich 42 Stunden pro Woche gearbeitet haben. In den vergangenen zwanzig Jahren hat die regelmäßige Arbeit am Abend, in der Nacht sowie am Samstag und Sonntag zugenommen. 2011 haben abends (bis 23 Uhr) 27 Prozent der Erwerbstätigen regelmäßig gearbeitet – 1992 waren es 15 Prozent. Die Zahl der Nachtarbeiter ist von sieben Prozent auf neun Prozent gestiegen, die der am Samstag Arbeitenden von zwanzig Prozent auf 27 Prozent.

Beim Lesen dieser Meldung werden zwei Erinnerungen wach: Die erste Erinnerung gilt dem säkularen Trend der Arbeitszeitverkürzung. 1956 starteten die deutschen Gewerkschaften eine Kampagne, die Fünftagewoche einzuführen. Auf einem Plakat behauptete ein kleiner Junge lächelnd und offensiv:»Samstags gehört Vati mir.« In den 1960er Jahren setzte sich die Vierzigstundenwoche in den meisten Branchen durch. 1984 erfolgte nach sieben Wochen Streik in der Metallindustrie und zwölf Wochen in der Druckindustrie der Einstieg in die 35-Stunden-Woche, die für die Metallindustrie in zwei Stufen und für die Druckindustrie in einer Stufe zur tariflichen Regelarbeitszeit wurde. Aber damit war immer noch längst nicht erreicht, was der Jesuitenpater Oswald von Nell-Breuning Anfang der 1980er Jahre im Blick hatte:»Ich stelle mir vor, dass wir dahin kommen werden, dass zur Deckung des gesamten Bedarfs an produzierten Konsumgütern ein Tag in der Woche mehr als ausreicht.« Der Kampf ursprünglich um den Achtstundentag und dann um eine stetige Verkürzung der Arbeitszeit ist ein untrennbarer Bestandteil der Arbeiterbewegung. Sie hat in den früh industrialisierten Ländern den säkularen Trend vorangetrieben, dass seit 1870 bis gegen Ende des vergangenen Jahrhunderts die durchschnittliche effektive Arbeitszeit um die Hälfte zurückgegangen ist. In Deutschland sank die individuelle Jahresarbeitszeit pro Erwerbstätigen von gut 3 000 Stunden um 1900 auf knapp 1 500 Stunden im Jahr 2000. Die deutschen Gewerkschaften waren bestrebt, durch den Produktivitätsfortschritt nicht nur mehr Güter zu produzieren und Lohnerhöhungen durchzusetzen, sondern auch mehr erwerbsarbeitsfreie Zeit zu ermöglichen. Bis Mitte der 1980er Jahre galt den Gewerkschaften die kollektive Arbeitszeitverkürzung auch als ein Mittel, die Zahl der Arbeitslosen zu verringern, indem das vorhandene Arbeitsvolumen auf mehr Beschäftigte verteilt würde.

Die zweite Erinnerung gilt einer Kultur des Wochenendes, die sich ausbreitete, nachdem die Fünftagewoche flächendeckend durchgesetzt und der erwerbsarbeitsfreie Samstag und Sonntag zu einer profilierten Einheit zusammengewachsen waren. Mit dem freien Samstag veränderte sich die Gestalt des Sonntags. Der Samstag war ausgefüllt mit Eigenarbeit am Haus, im Garten und rund um das Auto, mit einem gemeinsamen Einkauf in der Innenstadt oder im Supermarkt, mit dem Flanieren in der City, deren Atmosphäre durch Flohmärkte, Straßentheater und politische Infostände anregend wirkte. Begegnungen daheim oder Veranstaltungen außer Haus für die junge Generation waren am Nachmittag und Abend vorgesehen. Der Sonntag hatte Merkmale eines langsameren Lebens angenommen: ausruhen, ausschlafen, zusammen sein in der Familie, Sport, Gottesdienst, gemeinsame Mahlzeiten, Besuche, Reisen.

Warum und durch wen ist dieses kollektive Zeitregime mutwillig oder fahrlässig zerstört worden, das sich in einer Gesellschaft anbahnte, die ein hohes Maß materiellen Wohlstands erreicht hatte? Bevor die Finanzmärkte und deren kollektive Akteure ihre Hegemonie ausübten und eine zusätzliche Beschleunigung der Arbeitsverhältnisse erzeugten, hatten bereitwillige Komplizen bereits vorgearbeitet.

Bürgerliche Kampagnen

Otto Graf Lambsdorff und Gerhard Schröder seien zwei herausragende Gestalten des Reformwillens der Bundesrepublik. Sie hätten eine Signalwirkung ausgelöst, die großen politischen Mut verrät; Bundeskanzler Schröder habe gesetzlich verankert, was Graf Lambsdorff programmatisch gefordert hatte. So urteilte Horst Köhler vor seinem Amtsantritt als Bundespräsident in einem Interview mit der *Frankfurter Allgemeinen Zeitung*. Er spannte damit einen geschichtlichen Bogen von dem 1982 vorgelegten »Lambsdorff-Papier« bis zur Agenda 2010. Im Brennpunkt des sogenannten Lambsdorff-Tietmeyer-Papiers standen arbeitsmarkt- und sozialpolitische

Einschnitte, welche die angeblichen Verkrustungen des Arbeitsmarkts aufbrechen sollten. Die Lohnforderungen der abhängig Beschäftigten sollten eingedämmt, die Sozialbeiträge gesenkt, der Kündigungsschutz gelockert werden. Tarifverträge seien zu flexibilisieren und betriebsnahe Vereinbarungen zu erleichtern. Die Lohnstruktur wäre nach unten zu spreizen, die Lohnfortzahlung im Krankheitsfall rückgängig zu machen. Das Arbeitslosengeld und die übrigen Sozialleistungen sollten gekürzt und Zuzahlungen bei Gesundheitsleistungen auch unteren Einkommensgruppen zugemutet werden.

Dieses Papier war der politische Auslöser dafür, dass Helmut Schmidt als Bundeskanzler von Helmut Kohl abgelöst wurde. Zudem wurde in der Öffentlichkeit eine heftige Sozialstaatskritik eröffnet. Der Sozialstaat sei angesichts des globalen Wettbewerbs zu teuer und wegen der demographischen Entwicklung auf Dauer nicht finanzierbar. Vor allem jedoch sei er fehlgesteuert, weil er die persönliche Zuwendung, die Hilfebedürftige erwarten, nicht leisten könne und zudem die Eigenverantwortung systematisch lähme. Bürgerliche Kampagnen, die von Industrie- und Finanzunternehmen finanziert wurden, suchten die Bevölkerung darüber aufzuklären, wie dringlich radikale Reformen der solidarischen Sicherungssysteme und eine vor allem private Vorsorge gegen die Risiken der Armut, des Alters und der Krankheit seien. Neben der »Initiative Neue soziale Marktwirtschaft« (INSM) hat vor allem ein »Bürgerkonvent« die solidarischen, umlagefinanzierten Sicherungssysteme verdächtigt, sie seien weder rentabel genug noch hinreichend demographiefest. Demgegenüber sei eine private, kapitalgedeckte Risikovorsorge gegen wirtschaftliche Risiken viel besser gewappnet. Deshalb sollte die Bevölkerung darauf vorbereitet werden, dass sie in Zukunft eine solidarische, steuerfinanzierte Sicherung des Existenzminimums mit einer komfortablen Privatversicherung zu kombinieren hätte. Das versteckte Versprechen eines Megageschäfts für private Banken, Versicherungen und Investmentgesellschaften ließ sich kaum überhören.

Betriebliche Umbauten

»Was mein Vorgänger Ihnen bis vor kurzem noch vorgetragen hat, können Sie jetzt vergessen. Um im Wettbewerb mit den anderen Firmen der Branche zu bestehen, muss unser Unternehmen sich ab sofort anders aufstellen und ein zukunftsfähiges Leitbild aneignen.« Mit missionarischem Eifer begann der junge Manager, der gerade in den Vorstand aufgerückt war, die Teilnehmerinnen und Teilnehmer der Betriebsversammlung eines Elektronikkonzerns auf die neue Philosophie einzuschwören, die ab sofort zu gelten hat und die alte ablöst.

Eine 45-jährige Mitarbeiterin meldete sich:»Wie Sie reden, hat Ihr Vorgänger auch geredet. Und wenn Sie die Firma verlassen, wird Ihr Nachfolger ähnlich reden. Ich bin seit 25 Jahren dabei. Besser ist es für uns nie geworden, eher schlechter«

Der stürmische Beifall deutete an, dass sie ins Schwarze getroffen hatte.

Organisatorische Umbauten in den Industrie- und Handelsunternehmen oder, wie sie neuerdings heißen,»Restrukturierungen« gibt es seit mehr als dreißig Jahren. In der Autoindustrie wurde ein extrem tayloristisches Fließbandsystem aufgegeben oder gemäß den Erfahrungen bei Toyota radikal verändert. Unternehmenshierarchien wurden flacher, in den Betrieben ersetzten Zielvereinbarungen starre Befehlslinien. Auf Grund der extrem hohen Kapitalausstattung der deutschen Unternehmen ist eine Elite von »Wissensarbeitern« entstanden, die hochqualifiziert sind und überdurchschnittlich entlohnt werden. Aus Untergebenen sind mündige, qualifizierte und ehrgeizige Personen geworden, die sich mit den Zielen des Unternehmens identifizieren, ohne die eigene Identität zu beschädigen. Sie empfinden ihre Arbeitsform als selbstbestimmt, nicht kontrolliert durch Anweisungen von außen. Die Informationen, über die sie verfügen, könnten von Vorgesetzten gar nicht eingesehen, und die Kompetenz, spezielle Probleme zu lösen, könnte durch Außenstehende gar nicht aktiviert werden. Sie gestalten flexibel ihre individuelle Arbeitszeit, entscheiden sich für den Arbeitsort, der ihren Interessen entspricht, und handeln individuelle Arbeitsbedingungen aus, ohne sich durch Tarifverträge einschnüren zu lassen. Die als Entfesselung empfundene Selbständigkeit setzt unterdrückte Energien und kreative Ideen in ihnen frei. Sozialwissenschaftler haben sie als »Arbeitskraftunternehmer« entdeckt, die das Marktrisiko ihrer Projekte selbst übernehmen. Junge Ingenieure und Techniker der »Neuen Wirtschaft« waren stolz darauf, als kreative Arbeitssubjekte respektiert zu sein. Folglich ließen sie sich bereitwillig auf die angebotene »Vertrauensarbeitszeit« ein. Sie zerschnitten die Grenzen zwischen Arbeits- und Lebenswelt und begriffen die Erwerbsarbeit selbst als attraktiven Lebensinhalt. Solche Mitarbeiterinnen und Mitarbeiter bilden moderne Unternehmen auf ihren Hochglanzbroschüren ab.

Es wäre bloß zu wünschen, dass solche Bilder den betrieblichen Alltag wiederspiegeln. Ein Kontrastbild ist jedoch die Situation zahlreicher junger Menschen, die eine berufliche Ausbildung begonnen haben. Um das duale System der beruflichen Aus- und Weiterbildung mit den privaten und öffentlichen Zuständigkeiten wird die deutsche Wirtschaft international beneidet. Aber dieses Bildungskonzept droht an eine finanzwirtschaftliche Verwertungslogik der Kapitalmärkte ausgeliefert zu werden. Arbeitgeber und Unternehmensleitungen wollen beispielsweise das Leitbild des Berufs aufgeben, weil von jungen Menschen mehr Flexibilität und Mobilität erwartet und ein häufiger Betriebswechsel auf sie zukommen wird. Deshalb sollte ein strukturiertes Fachwissen, das auf betriebliche Anforderungen ausgerichtet ist, gesammelt, sortiert, gespeichert und verarbeitet werden. Dies ließe sich von jungen Menschen in fragmentierten Modulen leicht und in kurzer Zeit aneignen.

Sollten sich solche Vorstellungen durchsetzen, käme es zu einer Karikatur der beruflichen Bildung, indem Fachhochschulen, die einer Autofirma angeschlossen sind, das Hochschuldiplom eines Ingenieurs für die Radkappe am linken Vorderrad eines Audi R8 Spyder vergeben. Die Anbindung der Lerninhalte an das lernende Subjekt bliebe auf der Strecke, gerade das, was sich zukunftsoffene Unternehmen wünschen oder zu wünschen vorgeben, dass nämlich junge Menschen im Betrieb aufrecht gehen und couragiert ihre eigene Geschichte erzählen. Ein weiteres Kontrastbild wird erkennbar, sobald Finanzinvestoren sich die Kontrolle börsennotierter Unternehmen angeeignet haben. Ihr vorrangiges Interesse konzentriert sich auf die technisch hochgerüsteten Betriebsteile und die in ihnen beschäftigten Wissensarbeiterinnen und -arbeiter. In diesen sehen sie die Träger und Trägerinnen der Wertschöpfung, während die Restbelegschaft in ihren Augen bloßer Kostenfaktor ist. Mit dieser Sichtweise erzeugen sie zum einen mutwillig Risse und Spaltungen unter den abhängig Beschäftigten: Um eine Kernbelegschaft herum, die einen sicheren Arbeitsplatz hat, ein komfortables Einkommen bezieht und mit ihrer Arbeit sehr zufrieden ist, lagern sich inzwischen vermehrt Randgruppen von Teilzeitarbeitenden, Leiharbeitern und ungelernten oder angelernten Arbeitskräften. Zum anderen merken Mitarbeiterinnen und Mitarbeiter, dass die Leitung transnationaler Konzerne sich entscheidende Zugriffsrechte gegenüber lokalen Belegschaften vorbehalten hat und dass ein Ende des Kaufs und Verkaufs von Unternehmen nicht abzusehen ist.

Im Gegenteil: Die zeitliche Abfolge von Übernahmen und Fusionen scheint sich wieder zu verdichten. Betriebsräte berichten davon, dass ein gerade gedrucktes Briefpapier, das den gestern gemeldeten neuen Namen der Firma trägt, von dem heute erfolgten Wechsel der Eigentumsverhältnisse bereits überholt ist. Die Kapitalmarktorientierung von Großunternehmen des sekundären und tertiären Sektors drückt sich darüber hinaus auch in einem beschleunigten Austausch der Führungsstile aus. Die Referenzfigur des Managers ist gemäß dem aktuellen Modetrend im fliegenden Wechsel der Admiral, der Netzwerker, der Teamleiter, der Dirigent oder der Finanzjongleur, wobei die Belegschaft unverzüglich zum Umsteuern genötigt wird, noch bevor die Vorteile oder Defizite des gerade eingeführten Stils ausgewertet sind.

Außerdem lassen die institutionellen Investoren unabhängig von dem gerade erprobten Unternehmensleitbild auch die Wissensarbeiterinnen und -arbeiter spüren, dass sie nicht in einem herrschaftsfreien Raum arbeiten. Angeblich souveräne Mitarbeiter entdecken, wie das Versprechen selbständiger Arbeit durchkreuzt wird, sobald regelmäßige Erreichbarkeit rund um die Uhr erwartet oder sogar darauf gedrängt wird, auf einen Urlaub mit der eigenen Familie zu verzichten oder ihn zu verschieben. Nicht alle empfinden

»Vertrauensarbeitszeit« als einen Befreiungsschlag. Manche leiden unter dem wachsenden Tempo und der Intensität der Arbeit, die von ihnen verlangt werden. Sie wissen bereits, wenn sie einen Abgabetermin zusagen, dass dieser nicht einzuhalten ist. Aber sie lügen sich und anderen etwas in die Tasche, um überhaupt den Zuschlag zu bekommen. Schon bald stellt sich heraus, dass ein Terminaufschub unvermeidlich ist. Dann streichen sie die gemeinsamen Zeiten mit dem Ehepartner und den Kindern rigoros zusammen, verbringen Nächte und Sonntage im Büro, bis ihnen Schlafstörungen und Partnerschaftskonflikte über den Kopf wachsen. Den Konflikt zwischen eigenen, partnerbezogenen oder familiären Lebensentwürfen und dem Zugriff einer angeblichen wirtschaftlichen Vernunft verlagern sie nach innen, spalten sich zu zwei Seelen in derselben Persönlichkeit. Ihr Eigeninteresse beginnt zu »schielen«.

Auf solche destruktiven Nebenwirkungen einer neuen Unternehmenskultur haben die Gewerkschaften 2012 in zwei Studien, *Stressfaktor Wochenend-Arbeit* und *Arbeitshetze – Arbeitsintensivierung – Entgrenzung*, aufmerksam gemacht. Die Auswertung einer Umfrage ergab, dass knapp zwei Drittel der Beschäftigten, die seit mindestens zwei Jahren bei demselben Arbeitgeber arbeiten, den Eindruck haben, sie müssten in den letzten Jahren in der gleichen Zeit immer mehr leisten. Überdurchschnittlich wird die Arbeitsverdichtung von vollzeitarbeitenden Frauen und Beschäftigten mit langen Arbeitszeiten von 45 Wochenstunden und mehr empfunden. Zwei Drittel der Erwerbstätigen arbeiten pro Woche länger, als vertraglich vereinbart ist. Für ein Drittel der Arbeitnehmerinnen und Arbeitnehmer liegt die tatsächliche Arbeitszeit pro Woche derzeit bei 45 Stunden und mehr. Jeder fünfte Erwerbstätige leistet pro Woche zehn und mehr Überstunden. Besonders betroffen sind Vorgesetzte und solche, die sehr häufig oder oft mit Kundschaft oder Patientinnen zu tun haben. Und mit der Zahl der Überstunden steigt der Zeitdruck.

Der Satz in einer Regierungserklärung von Bundeskanzler Helmut Kohl, die Deutschen hätten keine Zukunft, wenn sie ihr Land als einen »kollektiven Freizeitpark« organisieren würden, hat sich daraufhin so in das kollektive Bewusstsein eingegraben, als würden die abhängig Beschäftigten über den längsten Jahresurlaub, die meisten Feiertage und die kürzeste Wochenarbeitszeit verfügen. Doch für die Mehrheit der Erwerbstätigen ist der säkulare Trend einer Verkürzung der tariflichen Wochenarbeitszeit längst gestoppt. Die tatsächlichen Arbeitszeiten liegen erheblich über den betrieblich oder tariflich vereinbarten Stunden. 2011 arbeiteten dreizehn Prozent der Vollzeiterwerbstätigen mehr als 48 Stunden in der Woche, wie das Statistische Bundesamt in einer Studie über die »Qualität der Arbeit« ermittelt hat. Die DGB-Studien haben detailliert darauf aufmerksam gemacht, wie verbreitet belastende Arbeitszeitlagen inzwischen sind: Jeder fünfte Beschäftigte leistet ständig oder regelmäßig Schichtarbeit. Mehr als ein Drittel der Erwerbstätigen arbeitet sehr häufig oder oft am Wochenende und jeder achte nachts.

Der zunehmende Abstand zwischen der tariflich vereinbarten und der tatsächlich geleisteten Arbeitszeit ist das Ergebnis eines Kompromisses, auf den die Gewerkschaften sich 1984 eingelassen haben. Den Einstieg in die 35-Stunden-Woche, also die kollektive Arbeitszeitverkürzung, hatten die Arbeitgeber damals nur zugestanden, wenn gleichzeitig die individuelle Arbeitszeit flexibel gestaltet werden konnte. Den hohen Wert der Flexibilisierung begründeten sie mit dem Lebensstil moderner Gesellschaften, in denen eine kollektive Zeitkultur ebenso fossil wirke wie eine gruppenübergreifende Moral. Die Lebensentwürfe der einzelnen Menschen seien verschieden; gemeinsame Feiertage würden ihre Lebensqualität einschnüren – wie ein zu enges Korsett das Atmen erschwert.

Die Vereinbarung der Tarifpartner hat dazu geführt, dass derzeit für 36 Prozent der Beschäftigten flexible Arbeitszeitformen gelten. Im Informations- und Kommunikationsbereich sogar für 68 Prozent, im Handel, Verkehrs- und Gaststättengewerbe sind es sechzig Prozent, bei Banken und Versicherungen 56 Prozent. Ein Viertel der Beschäftigten hat Arbeitszeitkonten, ein Zehntel kann Gleitzeit in Anspruch nehmen. Die individuell flexible Gestaltung der Arbeitszeit wird von den Mitarbeiterinnen und Mitarbeitern als vorteilhaft und wohltuend empfunden – allerdings unter der Voraussetzung, dass sie über die Lage und die Dauer der flexiblen Zeit selbst mitbestimmen können und nicht einseitig dem Regime ausschließlich betrieblicher Interessen unterworfen sind. Empirische Tests haben erwiesen, dass nur in vierzehn Prozent der Betriebe mit individuellen Zeitkonten der Rahmen des Zeitausgleichs eingehalten wird. Bei denen, die diesen Rahmen überschreiten, gelingt in zwölf Prozent der Fälle ein kurzfristiger Abbau, bei 29 Prozent erfolgt eine Auszahlung, bei 21 Prozent wird der Saldo weitergeschoben, und bei zwanzig Prozent verfällt der Zeitüberhang.

Das Ausmaß der häufig unfreiwilligen Mehrarbeit, wie sie durch Untersuchungen belegt ist, lässt vermuten, dass flexible Arbeitszeit teilzeitarbeitender Frauen auch Arbeit auf Abruf heißt und dass ein Mehr an individuell flexibler Freizeit die Abstimmung des gemeinsamen Lebens in Familien und gemeinsamer Treffen mit Freunden erschwert. Individuell flexible Arbeits- und Freizeit verliert an Wert, wenn sie nicht in gemeinsam erlebte »Festzeit« überführt werden kann.

Brüchige Normalarbeitszeit

»Wir sind noch mal davongekommen« – so lässt sich die Stimmungslage der deutschen Bevölkerung während der ersten Phase der aktuellen Finanzkrise charakterisieren. Die Aktienkurse bewegen sich im Aufwind, die Stabilisierung der Banken schreitet voran, der wirtschaftliche Absturz ist gestoppt, die Wirtschaft befindet sich in einem rasanten Aufschwung, die Zahl der Arbeitslosen sinkt. Der Wirtschaftsminister fühlt sich bereits auf der Schnellstraße der Vollbeschäftigung. Der deutsche Arbeitsmarkt scheint der Krise zu trotzen. Die Bundeskanzlerin erklärte im Herbst 2011: »Es sind so wenig Menschen arbeitslos wie seit zwanzig Jahren nicht. Deutschland geht es gut.« Das Land gilt als europäischer Musterknabe und Mustermädel, von dem die europäischen Länder lernen wollen – etwa Kurzarbeit einführen, die duale Ausbildung übernehmen, den Mindestlohn abschaffen, Arbeitszeiten verlängern, öffentliche Einrichtungen privatisieren und soziale Leistungen beschneiden. »Spanien macht jetzt den Schröder«, war in einer Tageszeitung zu lesen. Die politische Klasse sieht ihre Parolen bestätigt: »Sozial ist, was Arbeit schafft!« Und: »Irgendeine Arbeit ist besser als keine!«

Aber der glänzende Schein zusätzlicher Arbeitsplätze, die seit dem dramatischen Absturz der wirtschaftlichen Leistung infolge der globalen Finanz- und Wirtschaftskrise entstanden sind, täuscht darüber hinweg, wie unzumutbar und miserabel die Mehrzahl dieser neuen Arbeitsverhältnisse ist. Es sind mehrheitlich Frauen, Alleinerziehende sowie jüngere und ausländische Arbeitnehmer, die unfreiwillig in Teilzeit arbeiten oder geringfügig beschäftigt, befristet eingestellt oder als Leiharbeiter und Soloselbständige erwerbstätig sind. Solche Arbeitsverhältnisse haben in den letzten Jahren ganz erheblich zugenommen. 2011 war von den Neueinstellungen die Hälfte befristet.

Sozial- und arbeitspolitisch skandalös ist die politisch zugelassene oder gar beabsichtigte Existenz eines Niedriglohnsektors, dem 2010 fünfzig Prozent der atypisch Beschäftigten, 23 Prozent aller Erwerbstätigen und elf Prozent der Vollzeitarbeitenden angehörten. Hohe Niedriglohnanteile finden sich im Gastgewerbe, im Einzelhandel, bei unternehmerischen Dienstleistungen und im Gesundheitswesen. Im April 2011 erhielten fast eineinhalb Millionen Erwerbstätige einen Lohn, der nicht das soziokulturelle Existenzminimum eines Einpersonenhaushalts und schon gar nicht das eines Mehrpersonenhaushalts deckt, so dass er durch staatliche Leistungen auf das Hartz-IV-Niveau aufgestockt wird. Das politisch propagierte Jobwunder übertüncht die individuellen Risiken unzureichender Einkommen, verlorener sozialer Sicherung und einer fehlenden Lebensperspektive gerade junger Menschen. Vor allem droht den jetzt atypisch und prekär Erwerbstätigen eine Altersarmut, die weder aus Beiträgen zur gesetzlichen Rentenversicherung noch durch eine private oder tarifliche Altersvorsorge gedeckt ist. Eine Frau im Niedriglohnsektor müsste 64 Beitragsjahre nachweisen, um eine Rente auf Hartz-IV-Niveau zu beziehen.

Die Unternehmen haben sich inzwischen wieder einen massiven Zugriff auf die Zeit der Beschäftigten am Samstag und Sonntag verschafft. Wie in einer repräsentativen Umfrage des Projekts »Gute Arbeit« ermittelt wurde, das vom Deutschen Gewerkschaftsbund getragen wird, sind die Geringverdienenden besonders von der Wochenendarbeit betroffen. 41 Prozent derer, die sehr häufig oder oft am Wochenende arbeiten, müssen auch in ihrer Freizeit für betriebliche Belange erreichbar sein. Zudem leiden über sechzig Prozent der häufig und oft am Wochenende Arbeitenden darunter, dass sie sehr häufig oder oft sehr gehetzt arbeiten und immer mehr in der gleichen Zeit erledigen müssen. Häufig oder oft am Wochenende zu arbeiten trifft Haushalte und Personen ohne Rücksicht darauf, ob sie Kinder zu betreuen oder Pflegedienste zu leisten haben.

Die atypischen und prekären Arbeitsverhältnisse, der Niedriglohnsektor sowie die auf den Samstag und Sonntag ausgeweiteten Arbeitszeiten sind nicht vom Himmel gefallen. Sie sind eine Folge davon, dass den Gewerkschaften die Macht verloren gegangen ist, über die Arbeitsverhältnisse wirksam mitzubestimmen. Seit der sogenannten geistig-moralischen Wende unter der Kohl-Regierung wurde ihnen öffentlich vorgeworfen, dass Tarifverhandlungen zu einer Einigung auf Kosten der Arbeitslosen oder der Allgemeinheit entartet seien. Der Kündigungsschutz müsse gelockert, die Lohnfortzahlung im Krankheitsfall gestrichen, die Lohnstruktur stärker gespreizt, für einfache Arbeiten ein sogenannter Marktlohn zugelassen, die Wochenarbeitszeit verlängert, die Urlaubsansprüche gesenkt sowie der Eintritt in das Rentenalter hinausgeschoben werden.

Die politisch Verantwortlichen haben dem Druck der Arbeitgeber und der bürgerlichen Öffentlichkeit nachgegeben und die Entsicherung der Arbeitsverhältnisse gesetzlich verankert. Die konservativ-liberale Koalition hat 1994 ein Arbeitszeitrechtsgesetz beschlossen, das den Katalog der Ausnahmen von der Sonntagsruhe erweitert. Damit hat sie das Recht der abhängig Beschäftigten, am Sonntag und in der Nacht souverän über die eigene Zeit verfügen zu können, erheblich eingeschränkt. Und Entscheidungen des Gesetzgebers aus der Regierungszeit Gerhard Schröders, die der Förderung der Beschäftigung, der Leiharbeit und Teilzeitarbeit, der Minijobs, der Befristung von Arbeitsverträgen und Quasiselbständigkeit dienen sowie den Kündigungsschutz ausdünnen sollten, haben die dramatische Zunahme prekärer Arbeitsverhältnisse, Armut trotz Vollzeiterwerbstätigkeit und ein steigendes Armutsrisiko im Alter erzeugt. Die Schere zwischen den Einkommen und Vermögen der

Wohlhabenden und der Einkommens- und Vermögenslage des unteren Viertels der Haushalte hat sich seit der Jahrhundertwende extrem weit geöffnet.

Die Gewerkschaften sehen sich darüber hinaus dem Strukturwandel vom industriellen zum tertiären Sektor ausgeliefert. Der gewerkschaftliche Organisationsgrad ist im Dienstleistungssektor mit befristeten Arbeitsverhältnissen, Teilzeitarbeit und Minijobs, die überwiegend von Frauen in kleinen und mittleren Unternehmen geleistet werden, extrem niedrig. Die Gewerkschaften haben in den letzten zehn Jahren kontinuierlich an Mitgliedern verloren.

Zusätzlich bricht den Gewerkschaften der tarifpolitische Verhandlungspartner weg. Einerseits entziehen sich junge und relativ kleine Unternehmen der Tarifbindung und der Mitgliedschaft in den Arbeitgeberverbänden. Die Studie des Statistischen Bundesamtes »Die Qualität der Arbeit« hat aufgedeckt, dass bis 2011 nur für 54 Prozent der Beschäftigten in den alten Bundesländern Branchentarifverträge gelten und für sieben Prozent der Beschäftigten Firmentarifverträge, in den neuen Bundesländern nur für 37 Prozent beziehungsweise zwölf Prozent. Zudem ist die Reichweite der Tarifverträge seit 1998 im Westen um 25 Prozent und im Osten um 39 Prozent gesunken. Die Arbeitgeberverbände lassen auch eine Mitgliedschaft ohne Tarifbindung zu. Allerdings werden auch Tarifverträge vereinbart, die bloß noch einen Mindestrahmen festlegen, der auf betrieblicher oder unternehmerischer Ebene ausgefüllt werden soll. So ist der Flächentarifvertrag in ein mehrstufiges Verhandlungssystem transformiert worden.

Bei der »kontrollierten Dezentralisierung« des Tarifsystems sind die Gewerkschaften indessen nicht nur Opfer. In dem sogenannten Pforzheimer Abkommen haben die IG Metall Baden-Württemberg und der Arbeitgeberverband Südwestmetall 2004 vereinbart, den Unternehmen im Einzelfall zu ermöglichen, bei schlechter Ertragslage, im Sanierungsfall oder um wichtige Investitionen zu flankieren, vom Flächentarifvertrag abzuweichen, wenn bestimmte Zusagen eingehalten werden.

Allerdings sind den DGB-Gewerkschaften auch unangenehme Konkurrenten entstanden. Standesbewusste Berufsverbände mauserten sich zu Spartengewerkschaften, die wie die Ärztevereinigung Marburger Bund, der Berufsverband der Piloten und Flugingenieure, Cockpit, oder die Lokführergewerkschaft als Gruppen mit erkennbarem Profil die Tarifabschlüsse der Branchengewerkschaften regelmäßig überbieten, weil sie gegenüber dem Arbeitgeber ein erhebliches Mobilisierungs- und Druckpotential aufbauen können und Kollegen im unteren Lohnbereich nicht beachten müssen.

Deformation solidarischer Sicherung

»Durch Deutschland muss ein Ruck gehen.« Dieser Appell, den der frühere Bundespräsident Roman Herzog im Jahr 1997 an die deutsche Bevölkerung gerichtet hatte, scheint die rot-grüne Koalition in der zweiten Legislaturperiode dazu getrieben zu haben, beispiellose sozial- und arbeitsmarktpolitische Einschnitte zu beschließen, die voreilig als Jahrhundertwerk hochstilisiert wurden. Wie konnte es dazu kommen, dass auf die Erwartungen von arbeitsuchenden Bürgerinnen und Bürgern an gute Arbeit, nämlich ein angemessenes Einkommen und eine sichere Lebensperspektive, eine derart zynische und destruktive politische Antwort gegeben wurde?

Zu Beginn der 1980er Jahre fand eine wirtschaftspolitische Strömung im angelsächsischen Raum und anschließend in Deutschland breite Zustimmung, die einer monetär und fiskalisch restriktiven Politik zutraute, einen gangbaren Weg aus der verfestigten Massenarbeitslosigkeit zu weisen. Die monetaristischen und angebotsorientierten Empfehlungen insbesondere von Milton Friedman wiesen der Notenbank die Rolle zu, für einen stabilen Geldwert zu sorgen, und dem Staat die Aufgabe, die öffentlichen Ausgaben zu beschränken. Dieses politische Konzept wurde unter dem US-amerikanischen Präsidenten Ronald Reagan großflächig erprobt – die Steuern wurden massiv gesenkt und die Ausgaben der öffentlichen Haushalte drastisch gekürzt, das Wachstum der Geldmenge wurde stark gebremst – und bald wieder aufgegeben.

Zwar versprach Bundeskanzler Gerhard Schröder 2005, den Sozialstaat umzubauen, aber er hat die solidarischen Sicherungssysteme mit systemsprengenden Eingriffen abgebaut und die Finanzierung der privaten Risikovorsorge oder der betrieblichen Altersvorsorge den Banken, Versicherungen und Investmentfonds erschlossen. Eine Manipulation der Rentenformel und der Einbau eines sogenannten Nachhaltigkeitsfaktors bewirkten, dass die gesetzlichen Renten abgesenkt wurden, die – solidarisch und dynamisch angepasst – jenen Lebensstandard im Alter sichern sollten, der während des Erwerbslebens erreicht worden war. In Zukunft wird sie sich dem Niveau einer Fürsorgeleistung nähern, die gerade einmal Armut vermeidet und ein Überleben ermöglicht. Mit den Gesundheitsreformgesetzen sind gesetzliche Leistungen gekürzt worden. Den Kranken wurden mit den verordneten Zuzahlungen zu den Medikamenten, zu Heil- und Hilfsmitteln sowie zum Krankenhausaufenthalt und Praxisbesuch finanzielle Mehrbelastungen auferlegt. Die Beiträge der Arbeitnehmer zur Krankenversicherung anzuheben und die der Arbeitgeber einzufrieren, zumal dies Lohnbestandteile sind, heißt: die Löhne zu kürzen. Die Einladung zu einer privaten Zusatzversicherung kommt den Interessen der Finanzbranche entgegen.

Die propagierte Modernisierung des Sozialstaats war de facto eine Deformation der solidarischen Sicherung: Zum einen sind etwa Arbeitslosigkeit, Altersarmut, schwere Krankheit und Pflegebedürftigkeit sowie – in einer patriarchalen Gesellschaft – die Zugehörigkeit zum weiblichen Geschlecht gesellschaftliche Risiken, die keinem individuellen Fehlverhalten zugerechnet werden dürfen, weil sie durch gesellschaftliche Verhältnisse verursacht oder bedingt sind. Doch solche Risiken sind tendenziell individualisiert worden. Zum anderen ist die solidarische Absicherung, die eine angemessene und rentable Reaktion auf gesellschaftliche Risiken darstellt, tendenziell der privaten Vorsorge überlassen worden. Außerdem sind Grundrechtsansprüche etwa auf Arbeit, existenzsichernden Lebensunterhalt und allgemeinen Zugang zu Gesundheitsgütern tendenziell in marktwirtschaftliche Tauschverhältnisse überführt worden. Der angebliche »Umbau« des Sozialstaats war stets mit einer Rhetorik der Eigenverantwortung und dem Appell zur privaten, steuerlich geförderten Vorsorge verbunden. So ließen sich die politischen Maßnahmen als eine Einladung an Finanzinvestoren und deren institutionelle Kapitalgeber verstehen, die Versorgungslücken, die mit dem Abbau des Sozialstaats verbunden sind, kommerziell und rentabel zu schließen. Die Individuen und deren zusätzlich erforderliche private Risikovorsorge wurden damit den Ungewissheiten der Finanzmärkte und dem Megageschäft der Finanzinstitute ausgeliefert.

Hartz IV mit dem wertneutralen Namen »Viertes Gesetz für die modernen Dienstleistungen am Arbeitsmarkt« ist mehr als ein Gesetz. Es ist ein arbeitsmarktradikaler Feldzug gegen die Armgemachten, eine für die soziale Demokratie destruktive Weltanschauung. Bundeskanzler Schröder ließ die Veröffentlichung des Hartz-Pakets im Französischen Dom in Berlin-Mitte inszenieren und kündigte die Umsetzung der Vorschläge eins zu eins in Gesetzeswerke an. 2003 wurde die Agenda 2010 im Deutschen Bundestag als die »größte Sozialreform des Jahrhunderts« verkündet. Es ist die größte Dauerbaustelle einer angeblichen Sozialreform geworden. Im Februar 2010 erklärte das Bundesverfassungsgericht, dass die Ermittlung der Regelsätze für die von Hartz-IV-Betroffenen und insbesondere deren Kinder verfassungswidrig sei.

Hartz IV kehrt das Verhältnis von Grundrechten der Bürgerinnen oder Bürger und Pflichten des Sozialstaats um. Der aktivierende Sozialstaat soll leistungsschwachen Bedürftigen finanzielle Mittel dann – und nur dann – gewähren, wenn der arbeitsuchende Bedürftige zu einer Gegenleistung bereit ist. Vom Arbeitslosen wird eine Bringschuld verlangt, bevor der Sozialstaat reagiert. Das Gesetz sei vernünftig und gut, nur die unzulängliche Umsetzung der Arbeitsverwaltung habe es missraten lassen, erklären die politisch Verantwortlichen. Die Verwaltung kontert, dass ein Gesetz, das in fünf Jahren 400-mal geändert werden muss, einem Schrottpapier gleiche.

Der sogenannte Wettbewerbsstaat sucht alle bisher ungenutzten Ressourcen des Arbeitsvermögens auszuschöpfen und deren Beschäftigungsfähigkeit herzustellen. Diejenigen, die sich dieser wettbewerbsorientierten Verantwortung entziehen, werden öffentlich als Parasiten, als Kriegsgegner und Saboteure diffamiert. Dazu gehören diejenigen, die qualifiziert, aber nicht arbeitswillig sind. Die als Arbeitsuchende definiert werden, sollen von den Arbeitsagenturen diszipliniert werden. Die finanziellen Druckmittel wie eine angedrohte Kürzung von Leistungen orientieren sich am Reiz-Reaktionsmechanismus: Arbeiten ist leidvoll, Einkommen sind nützlich. Eingliederungsvereinbarungen suggerieren ein Reden auf gleicher Augenhöhe, sind jedoch ein Zwangs- und Gewaltverhältnis. Die Behandlung der von Hartz-IV-Betroffenen ist entwürdigend. Die Behörden schnüffeln in privaten Wohnungen nach Bedarfsgemeinschaften und eheähnlichen Partnerschaften. Sie kontrollieren den Wohnkomfort. Jugendliche sollen telefonisch erreichbar sein, nicht nur sie stehen unter einer Art kommunalen Hausarrests. Wie sehr die Kinder von Hartz-IV-Eltern darunter leiden, gesundheitlich belastet und gesellschaftlich ausgeschlossen zu sein und gegenüber gleichaltrigen Schulfreunden diskriminiert zu werden, haben die Bundesverfassungsrichter bestätigt. Wer arbeitsfähig ist, wird aussortiert, die schwer Vermittelbaren werden in den öffentlichen Dienst oder kirchliche Wohlfahrtsverbände weitergereicht. Zudem werden die Rechte der Hartz-IV-Betroffenen verletzt. Gesetzgeber und Regierung haben den Empfängern von Hartz IV fünf Jahre lang das soziale Grundrecht auf ein menschenwürdiges soziokulturelles Existenzminimum verfassungswidrig vorenthalten. Rechtswidrig ist es, sich gegen das Widerstreben der Mieter Zugang zu Wohnungen zu verschaffen und in der Wohnung zu kontrollieren.

Die schwarz-gelbe Koalition ahmt in der Sozialpolitik die Kurzatmigkeit und die mikroperspektivische Blindheit der Finanzmärkte nach, indem sie auf die Folgeschäden, welche die unter erheblichem Zeitdruck beschlossenen sozial- und arbeitsmarktpolitischen Einschnitte der Agenda 2010 und Hartz IV hinterlassen haben, mit Flickschusterei reagiert. Monatelange Querelen über eine Erhöhung der Regelsätze um fünf Euro mit dem Verweis auf das den Armen gereichte Gnadenbrot der Tafeln, das rührselig inszenierte Lamento um ein warmes Mittagessen bedürftiger Kinder oder das missratene Bildungspaket, um die Kinder armer Eltern aus der Armut zu befreien, die quälenden Debatten um einen Mindestlohn, der die Erosion der Tarifautonomie übertünchen soll, die Verlängerung des Arbeitslosengelds I, die Abschaffung oder Ermäßigung der Zuzahlung beim Arztbesuch – alles das sind Indizien einer politischen Infektion, die man als »Blaulicht-Alarmismus« charakterisieren kann: Reparaturzüge schwärmen zum Löschen von Bränden aus, die in regelmäßigen Abständen und an verschiedenen Orten aufflackern.

Eines der jüngsten Beispiele ist das Projekt einer Zuschussrente. Anstatt die Tarifautonomie zu festigen, die Lohnforderungen zu erfüllen und die Sozialleistungen zu erhöhen, sollen allzu niedrige Altersrenten bis auf 850 Euro aufgestockt werden, allerdings nur unter der Bedingung, dass 45 Versicherungsjahre sowie 35 beitragspflichtige Jahre vorliegen und zusätzlich 35 Jahre lang privat oder betrieblich für das Alter vorgesorgt wurde. Solche Bedingungen schließen indessen die meisten Personen, denen das Risiko der Altersarmut droht, von der Zuschussrente aus.

Die entregelten Arbeitsverhältnisse und die Deformation der solidarischen Sicherung werfen ein neues Licht auf die gewalttätige Dominanz der Finanzmärkte gegenüber der Realwirtschaft und den abhängig Beschäftigten. Zwar geben wissenschaftliche Untersuchungen zu bedenken, dass die Meinungen beziehungsweise die Interessen der institutionellen Investoren und Analysten zum einen nicht uniform seien. Da sie sich von wechselnden Meinungsströmen und deren Wellen treiben lassen, könne ihnen auch ausgewichen werden.

Zum anderen solle den Kapitaleignern der zweiten oder dritten Generation eine gewisse Lernfähigkeit unterstellt werden. Sie seien nämlich Bestandteil der Gesellschaft und würden spüren, dass sich die wirtschaftsethische Sensibilität der Bevölkerung verändert habe und globale Nichtregierungsorganisationen (NROs) soziale und ökologische Schieflagen in der Welt wachsamer beobachten würden, die sie nicht ignorieren wollen. Folglich würden sie in ihre langfristigen Renditeerwartungen gegenüber jenen Unternehmen, denen ihr Engagement gilt, die Anliegen der Belegschaften und den Erhalt der natürlichen Umwelt einbeziehen.

Aber die Verlängerung der wöchentlichen Arbeitszeit seit Mitte der 1990er Jahre, der vermehrte Arbeitseinsatz am Wochenende seit der Jahrhundertwende, nachdem dies für viele abhängig Beschäftigte bereits frei von Erwerbsarbeit war, die individuell flexible Arbeitszeitgestaltung, die den Beschäftigten zwar den Eindruck relativer Autonomie vermittelt, aber zugleich den Wunsch nach einer wirklich selbstbestimmten Zeit weckt, die weniger Stress erzeugt und kollektiv verankert ist: Solche Erfahrungen von abhängig Beschäftigten legen auch Deutungsmuster und Gründe nahe, die an der Fremdsteuerung ihrer Arbeitsverhältnisse und Arbeitszeiten anknüpfen und diese, vermittelt über unternehmerische Führungskräfte, Arbeitgeber und staatliche Organe, als von hegemonialen Finanzmärkten, von Investoren, institutionellen Anlegern und Analysten bestimmt erklären. Denn einerseits sind Deutungsmuster und Gründe nicht angemessen zu beurteilen, wenn nicht die Vorauswahl ihres Standortes berücksichtigt wird. Deshalb haben die reflektierten Arbeitserfahrungen betroffener Erwerbstätiger am Ende einer Wirkungskette ein besonderes Gewicht. Gegenüber einer Prognose von oben kann die Diagnose von unten einen prominenten Rang beanspruchen. Wenn andererseits Staat und Arbeitgeber im Gegensatz zum säkularen Trend einer kollektiven Arbeitszeitverkürzung längere Arbeitszeiten, Arbeitsverdichtung und Wochenendarbeit gegen den Willen der Beschäftigten nahezu flächendeckend durchsetzen können, ist eine solche Machtverschiebung der Überzeugung der Investoren zuzuschreiben. Sie trauen nämlich den unternehmerischen Führungskräften eine besondere Nähe zur Wertschöpfung, erheblichen Teilen der Belegschaft jedoch zur Wertvernichtung zu. Folglich ist die wahrnehmbare Spaltung der Belegschaften vorprogrammiert.

Diese marktradikale Dogmatik hat sich durch zwei Phasen der Finanzkrise behauptet, dass nämlich der Arbeitsmarkt und die Arbeitsverhältnisse die Schlüsselgröße für Wachstum und Beschäftigung seien, dass deren Verkrustungen aufgelöst und die Arbeitsentgelte und Arbeitsbedingungen an die Marktverhältnisse angepasst werden müssten. Was die deutsche Regierung den peripheren Ländern in der Euro-Zone an Lohnkürzung und Entregelung der Arbeitsverhältnisse vorschlägt, atmet jenen Geist der von den Finanzakteuren beherrschten Vorkrise. Er vertieft die Spaltung der nationalen Gesellschaften und der europäischen Länder.

Auch sollte nicht übersehen werden, dass Investoren, Manager der institutionellen Anleger, Analysten sowie die Führungskräfte der

Zielunternehmen und die Unternehmensberater eine geschlossene Eliteklasse bilden und tendenziell den gleichen Milieus entstammen, so dass sie in der Distanz zu den abhängig Beschäftigten, deren Betriebsräten und Gewerkschaften nah beieinander stehen. Dass sie sich auf die Seite der Arbeiterinnen und Arbeiter sowie deren Vertreter stellen, sich mit ihnen solidarisieren und den Überzeugungen und Ansprüchen der Kapitaleigner entgegenstellen, dürfte eher der Ausnahmefall sein.

Außerdem wird der von den Finanzmärkten ausgehende Druck, Personal abzubauen und Personalkosten zu senken, in der drastischen Selektion, Umschichtung und Spaltung des Arbeitsvermögens deutlich – nicht nur in den Betrieben, sondern auch auf den sogenannten Arbeitsmärkten. Nach einer Studie des Instituts für Arbeitsmarkt- und Berufsforschung ist die Zahl der Vollzeiterwerbstätigen von 1991 bis 2011 um zwanzig Prozent zurückgegangen, während sich die Zahl der Teilzeitbeschäftigten verdoppelt hat. Das Arbeitsvolumen ist während dieses Zeitraums um sieben Prozent zurückgegangen. Die erste Selektion und Spaltung der Erwerbspersonen erfolgen über die Ausweitung der Teilzeit, die zur einen Hälfte aus regulärer Teilzeit besteht, die den Sozialversicherungsschutz einschließt, und zur anderen Hälfte aus geringfügiger Beschäftigung, Minijobs und Ein-Euro-Jobs infolge der Hartz-Gesetze.

Darunter verbergen sich eine zweite, geschlechtsorientierte Selektion und Spaltung der Erwerbspersonen. Teilzeitarbeit ist Frauenarbeit. Dementsprechend ist der Anteil der Frauen an der Zahl der Beschäftigten in den vergangenen zwanzig Jahren um sechzehn Prozent gestiegen, ihr Anteil am Jahresarbeitsvolumen jedoch nur um vier Prozent. Unwillig über dieses Missverhältnis und darüber, dass ihnen einseitig die unentgeltliche Hausarbeit, Betreuung der Kinder und die Pflege der Eltern zugewiesen wird, äußern Frauen eine eindeutige Priorität: nämlich ihre Erwerbstätigkeit auszuweiten.

Aus der Diagnose von Beschäftigtenzahl und Arbeitsvolumen während der vergangenen zwanzig Jahre – vor allem aus den ungleichen Anteilen der Vollzeiterwerbstätigen und der Teilzeitbeschäftigten sowie der Männer und Frauen am Jahresarbeitsvolumen – kann abgelesen werden, wie die Verteilungskonflikte in einer kapitalistischen und gleichzeitig patriarchalen Marktwirtschaft und in Unternehmen, die von den Kapitalmärkten kontrolliert werden, ausgetragen werden: nämlich zwischen den Interessen der Kapitaleigner und denen der unselbständig Erwerbstätigen sowie abgeleitet zwischen erwerbstätigen Männern und Frauen.

Ist also unter dem epochalen Regime des Finanzkapitalismus etwas grundlegend anderes zu erwarten als das, was aus den Epochen des Familienkapitalismus und des Managerkapitalismus bekannt ist? Auch in dessen Zentrum steht neben dem finanzwirtschaftlichen Wettbewerb das Privateigentum. Dabei ist das Konzept des Privateigentums an Produktionsmitteln gemeinhin dem des Eigentums an Gebrauchsgütern nachgebildet. Obwohl die Produktionsmittel einer gesellschaftlichen Minderheit gehören, welche die Wirtschaft nach ihrem Interesse steuert, während die Mehrheit der Bevölkerung nur über ein Arbeitsvermögen verfügt, mit dessen Hilfe sie ihren Lebensunterhalt bestreitet, sind beide Gruppen aufeinander angewiesen. Denn die Eigentümer der Produktionsmittel können diese ohne fremde Arbeitsleistungen nicht rentabel verwerten. Und die Träger des Arbeitsvermögens sind genötigt, ihre Arbeitsleistung einem Unternehmer oder Arbeitgeber anzubieten, um das eigene Überleben zu sichern. Diese Konstellation wird im Kern nicht durch ein trilaterales Geflecht verändert, in dem Risikoträger, Eigentümer und Verfügungsberechtigte unterschiedliche Akteure sind.

Der sogenannte freie Arbeitsvertrag, der den Kooperationswillen der beiden Gruppen oder der Drei-plus-eins-Gruppe bekräftigt, ist jedoch ein ungleicher Vertrag, weil die Verhandlungsmacht der Vertragspartner ungleich ist. Außerdem beanspruchen die ursprünglichen Eigentümer der Produktionsmittel, nicht nur über das Produktionsvermögen, sondern auch über das Arbeitsvermögen zu verfügen und deren Träger anzuweisen, wo, wie und wann sie ihre Arbeitsleistung zu erbringen haben. Und schließlich halten sie sich für berechtigt, nach erfolgreich hergestellten und profitabel vermarkteten Gütern die Träger des Arbeitsvermögens mit einem Entgelt abzufinden, während sie selbst den restlichen Überschuss für sich behalten. Ein solches Strukturmuster des Kapitalismus mag sehr einfach gestrickt sein. Aber hätte es im komplexen Finanzkapitalismus von heute keine verletzenden Spuren hinterlassen, wäre die Reflexion dieses Abschnitts über die entsicherte Lebenslage abhängiger Arbeit umsonst geschrieben.

Getriebene Haushalte

»Wo bleibt die Zeit?« Mit dieser provokanten Frage war die Erhebung des Statistischen Bundesamtes über die Zeitverwendung privater Haushalte in Deutschland zu Beginn des neuen Jahrhunderts überschrieben. Dabei war das Volumen der bezahlten Erwerbsarbeit 2001 gegenüber 1990 um sechs Prozent, die unbezahlte Hausarbeit um vier Prozent gesunken. Die Studie des Instituts für Arbeitsmarkt- und Berufsforschung bestätigt den Trend einer stetigen Arbeitsentlastung. In den zwanzig Jahren seit 1991 ist die durchschnittliche Jahresarbeitszeit pro Beschäftigten um zehn Prozent und das Jahresarbeitsvolumen um sieben Prozent zurückgegangen. Im Abstand von hundert Jahren ist der Anteil der Erwerbsarbeitszeit an der insgesamt verfügbaren Zeit von etwa dreißig Prozent auf vierzehn Prozent mehr als halbiert worden, während sich die Lebenserwartung verdoppelt hat. Folglich sollten den Haushalten mehr Freizeit und mehr Zeit für persönliche Dinge zur Verfügung stehen, zumal die säkulare Steigerung der Produktivität und die technischen Innovationen nicht an ein Ende gekommen sind. Vor 150 Jahren mussten neun Bauern oder Bäuerinnen arbeiten, um einen Nichtbauern mit zu ernähren. Heutzutage kann ein Bauer 88 Nichtbauern oder Nichtbäuerinnen mit ernähren. Nicht nur in der Landwirtschaft hat die gestiegene Produktivität dies möglich gemacht, sondern auch in der Industrie. Bei VW in Wolfsburg werden der herkömmliche Golf in 32 Stunden, der Polo in sechzehn Stunden, der Lupo in acht Stunden hergestellt – mit einer Produktivitätsrate des Faktors vier in zehn Jahren. Eine der modernsten Produktionsanlagen für Autos in Rüsselsheim senkt die Zahl der für die Produktion eines neuen Modells benötigten Arbeitskräfte um mindestens ein Drittel. Jedes weitere neue Modell benötigt in drei oder vier Jahren dann ein Arbeitsvolumen, das um ein weiteres Drittel reduziert ist.

Unbezahlte Arbeit

Das Volumen wöchentlicher Hausarbeit und ehrenamtlicher Tätigkeit, das die privaten Haushalte 2001/02 durchschnittlich aufgewendet haben, übertrifft das Volumen ihrer Erwerbsarbeitszeit um knapp die Hälfte. Wie haben sie diese von der Erwerbsarbeit befreite, unbezahlte Arbeit genutzt? Sie verteilt sich auf vier größere Blöcke. Der größte Block, nämlich Haus- und Gartenarbeit (Wäsche-, Tier- und Pflanzenpflege, Kochen, Spülen, Haus- und Wohnungsreinigung) nahm bei den Männern 46 Prozent, bei den Frauen 63 Prozent in Anspruch. Dem zweitgrößten Block (Einkauf und Haushaltsorganisation) widmeten die Männer ein Fünftel, die Frauen ein Viertel ihrer unbezahlten Arbeit. Auf den dritten Block (Betreuung der Kinder und Pflege der Erwachsenen) entfielen bei den Männern sieben Prozent und bei den Frauen zehn Prozent. Und mit ehrenamtlichen Tätigkeiten haben die Männer zwölf Prozent, die Frauen sechs Prozent ihrer unbezahlten Arbeit ausgefüllt. Die beiden ersten Blöcke: Haus- und Gartenarbeit, Einkauf und Organisation des Haushalts beanspruchten also 83 Prozent der unbezahlten Arbeit bei den Frauen und 71 Prozent bei den Männern.

Gelöcherte Privatsphäre

Quantitative Erhebungen, so aufschlussreich sie sind, können nicht ermitteln, wie sich die durchschnittliche Zeitverwendung der Haushaltsmitglieder auf die sieben Wochentage verteilt. Erst recht lassen sie nicht erkennen, welche mentalen Belastungen jenseits und entfernt vom Ort der Erwerbsarbeit in die private Sphäre eindringen. Mit diesen Aspekten hat sich das DGB-Projekt »Gute Arbeit« 2011 beschäftigt. Die Aufhebung der Grenze zwischen Erwerbs- und Privatsphäre verkörpert sich in vier übergriffigen Ansprüchen der Unternehmen und Arbeitgeber auf abhängig Beschäftigte:

- 25 Prozent der Arbeitnehmerinnen und Arbeitnehmer erklärten, dass sie auch außerhalb ihrer Arbeitszeit sehr häufig oder oft per

Telefon oder E-Mail für betriebliche Belange erreichbar sein müssten. Das gilt herausragend für Vorgesetzte und für Beschäftigte, die häufig mit Kundschaft, Patienten und Klienten arbeiten. Den höchsten Anteil entgrenzter Arbeit halten Erwerbstätige in den Bereichen Erziehung und Unterricht, Gastgewerbe, Energieversorgung sowie Information und Kommunikation.

- Jeder oder jede Siebte der Beschäftigten leistet der Firma eine Zeitspende, indem er oder sie häufig oder oft in der Freizeit Aufgaben für den Betrieb erledigen. Sie tun es, weil Vorgesetzte dies erwarten, weil die Arbeit ihnen Spaß macht, weil sie Angst um ihren Arbeitsplatz haben oder weil sie sich davon Aufstiegschancen versprechen. Solche Aussagen häufen sich besonders unter Vorgesetzten, Führungskräften, unter denjenigen, die 45 und mehr Stunden im Betrieb arbeiten, sowie unter Höherverdienenden. Extrem hoch ist der Anteil der Sektoren Erziehung und Unterricht sowie Information und Kommunikation.
- Einem Drittel der abhängig Beschäftigten fällt es schwer, nach der Erwerbsarbeit abzuschalten. Davon sind Personen über 46 Jahre und solche mit sehr langen Arbeitszeiten von 45 Stunden und mehr pro Woche betroffen und ganz extrem Beschäftigte in den Bereichen Erziehung und Unterricht sowie Energie. Frauen fällt das Abschalten schwerer als Männern. Unter den vollzeitarbeitenden Frauen sind es fast die Hälfte, unter den Teilzeitarbeitenden über ein Drittel, denen das Abschalten schwerfällt.
- Mehr als ein Drittel aller Beschäftigten wird auch zu Hause von den Schwierigkeiten eingeholt, die sich bei der Arbeit ergeben. Dies trifft stark bei denen zu, die sehr häufig oder oft gehetzt arbeiten, wachsender Arbeitsverdichtung ausgesetzt sind oder in ihrer Freizeit für betriebliche Belange häufig oder oft erreichbar sein sollen. An der Spitze liegen Beschäftigte aus den Bereichen Erziehung und Unterricht, es folgen Beamte und Arbeitskräfte der Chemieindustrie. Frauen lassen sich mehr als Männer in ihrer Freizeit von betrieblichen Problemen beeinträchtigen: fast die Hälfte der vollzeitarbeitenden und mehr als ein Drittel der teilzeitarbeitenden Frauen.

Güterbezug

Die Vorstellung, dass der Tag oder die Woche in die zwei Dimensionen der Erwerbsarbeit und der Freizeit aufgeteilt seien, kann nach den vorhergehenden Ausführungen, wie die private Zeit verwendet wird und wie die Erwerbssphäre in die Privatsphäre eindringt, nur als realitätsblind bezeichnet werden. Dennoch bleibt das Erbe eines ökonomischen Modells wirksam, das die Dualität dieser Sphären, jedoch deren umgekehrte Referenz unterstellt, nämlich die Kalkulation des Freizeitwerts durch das, was die Erwerbsarbeit bietet: Einkommen und Konsum. Gemäß einer solchen Theorie wird die Zeit als ein knappes Gut betrachtet, dem ein Preis zuzuordnen ist. Die Höhe dieses Preises ergibt sich aus den alternativen Verwendungsmöglichkeiten der verfügbaren Zeit, ob diese beispielsweise verwendet wird, um zu entspannen und um unbezahlte Hausarbeit in der Privatsphäre zu erledigen, ohne sich einer stressigen Beschäftigung aussetzen zu müssen. Oder ob sie für eine markt- und geldwirtschaftlich organisierte Erwerbstätigkeit eingesetzt wird, die ein Einkommen erzielt, mit dem Konsumgüter gekauft werden können. Der Stundenlohn, der denjenigen entgeht, die sich dafür entscheiden, in der Privatsphäre zu verbleiben, ist demnach der Schattenpreis einer Stunde privater »Freizeit«.

Die einseitige Ableitung des Werts privater Zeit aus dem Entgelt der Erwerbsarbeit lässt sich auch so formulieren: Die erwerbsarbeitsfreie Zeit wird zu einer Funktion des Konsums: Konsumgüter sind der Referenzwert privater Zeit. In dem Ausmaß, wie die Arbeitsproduktivität in den Betrieben zunimmt, der Güterausstoß wächst und der Reallohn angehoben wird, steigt der Schattenpreis aller unbezahlten zeitintensiven Arbeiten in der Privatsphäre. Damit werden auch diese als höherwertig eingestuft, tendenziell verknappt und aufgegeben. Diejenigen, die ihre Zeit bisher der privaten Hausarbeit gewidmet hatten, werden sich verstärkt an der Erwerbsarbeit beteiligen, um ein angemessenes Einkommen zu gewinnen. Die zeitintensiven Tätigkeiten in der Privatsphäre werden sie durch den Einsatz technischer Geräte und Fertiggerichte sowie den Einkauf kommerzieller Dienste, etwa der Wohnungsreinigung, Kinderbetreuung und Altenpflege, ersetzen.

Warum gerät dieser Austausch zeitintensiver Arbeiten durch güterintensive Arbeiten zu einer Beschleunigung des Lebenstempos und zu einem höheren Zeitdruck in privaten Haushalten? Der erste Grund liegt darin, dass bei dieser Umschichtung von unbezahlter Eigenarbeit in entlohnte und konsumintensive Arbeit die indirekten Folgewirkungen nicht kalkuliert werden. Denn zum einen gehen der komfortablen Ausstattung mit Konsumgütern Wahl- und Kaufentscheidungen voraus, die zeitaufwendig sind. Das Gleiche gilt für die zeitintensive Organisation und Koordination der Kinderbetreuung und Altenpflege sowie die Inanspruchnahme von Verkehrsdienstleistungen, Energie und öffentlichen Gütern. Zum andern ist es blauäugig zu glauben, dass Kinder und Jugendliche, Partner oder Partnerin zufriedener seien, wenn ihnen weniger Zeit persönlicher Zuwendung geschenkt wird, und dass die Verknappung zeitintensiver Nähe zum Nulltarif zu haben sei.

Der zweite Grund liegt in den methodischen Defiziten dieses Typs neoklassischer, mikroperspektivischer Theorie, die auf den Ökonomen Gary Becker zurückgeht. Deren Zauberformeln präsentieren eine idealtypische Eleganz, die zur praktischen Relevanz in umgekehrtem Verhältnis steht. Sie unterstellen, dass das isolierte, wohl informierte Individuum ausschließlich am eigenen Nutzen orientiert sei, den Konsum als erstrangige Quelle des Nutzens und die Arbeit als notwendiges Übel betrachte, dieses Ziel zu erreichen. Dass es also auf Grund einer umfassenden Kosten-Nutzen-Kalkulation rational entscheide. Fragen der Verteilung und der Nachhaltigkeit bleiben unberücksichtigt. Regelmäßig und beständig Zeit für sich selbst zu haben wird weder als positiver noch als nützlicher Wert beurteilt. Dieses Modell scheint wohl das tatsächliche Handeln privater Haushalte abzubilden. Aber vermutlich nur deshalb, weil auch die privaten Haushalte den aufmerksamen Blick auf den langen Schatten der Zukunft nicht zulassen.

Konsumsog
Die privaten Haushalte wählen offenbar weithin die Güterpräferenz. Wer sollte sich das Recht anmaßen, ihnen in diese Entscheidung hineinzureden? Das Recht des Einspruchs kann sich auf den

allgemein geteilten Grundsatz beziehen, dass verantwortliche Menschen für die Folgen ihres Handelns, die ihnen zugeordnet werden, einstehen sollten. Aber privaten Haushalten die Folgen ihrer Handlungen zuzurechnen setzt voraus, dass sie in der Lage sind, souverän zu entscheiden. Sollten sie jedoch zu der eben beschriebenen Präferenz güterintensiver Arbeit zu Lasten zeitintensiver Arbeit getrieben werden, ist jener Konsumsog nicht ihnen, sondern der Dynamik des kapitalistischen Systems anzulasten. Dieser Konsumsog wird durch eine »Wachstumsspirale«, durch einen dem Kapitalismus innewohnenden Wachstumzwang verursacht.

In einem entregelten Finanzkapitalismus hat die Güterproduktion für die Investoren keine andere Funktion, als aus ihr mehr Geld zu gewinnen. Sie beschaffen sich einen Geldvorschuss, also einen Kredit, um die Löhne der Arbeiter und die erforderlichen Vorleistungen zu bezahlen. Sie organisieren die Produktion der Güter, die auf dem Markt abgesetzt werden sollen. Das einzige Ziel der Produktion ist ein monetärer Überschuss, der ihnen nach Abzug der Lohn-, Material- und Kapitalkosten zur Verfügung steht. Allein um das Niveau ihrer Profiterwartungen aufrechtzuerhalten, müssen sie darauf bedacht sein, nicht bloß die finanziellen Mittel für die Ersatzinvestitionen, sondern darüber hinaus auch solche für erstrebte Neuinvestitionen zu gewinnen, um auch in der Folgezeit den gleichen Profit zu erhalten. Folglich kann es für eine kapitalistische Wirtschaft keine Stagnation geben, sondern nur ein Wachsen oder Schrumpfen.

Der Konsumsog ist die Voraussetzung und die Folge der Wachstumsspirale zugleich. Er äußert sich in ganz unterschiedlichen Facetten. Zum einen wird er durch elementare Bedürfnisse und Grundrechte geweckt, etwa auf Nahrung, Kleidung, Wohnung, Gesundheit und Bildung. Sie werden durch materielle und immaterielle Grundgüter befriedigt, die jedem Mitglied der Gesellschaft eine Beteiligung am sozialen und kulturellen Leben gewährleisten sollen. Solche Grundgüter sind nicht allen privaten Haushalten in Deutschland zugänglich, wohl aber die technischen Innovationen, welche die Lebensqualität der privaten Haushalte flächendeckend erhöht haben, etwa sanitäre Einrichtungen, Haushaltsgeräte, Kommunikationsmedien und Privatautos.

Zum anderen spielen vitale Bedürfnisse eine Rolle, die durch materielle und immaterielle Güter befriedigt werden, etwa ein eigenständiges Leben zu führen sowie in gelingenden Partnerschaften auch mit gewünschten Kindern und im Einklang mit der natürlichen Umwelt zu leben. Diese vitalen Bedürfnisse sind für die Mehrheit der in Deutschland lebenden Haushalte noch nicht befriedigt.

In dem Ausmaß jedoch, wie sich die Schere der Einkommens- und Vermögensverteilung öffnet, werden außerdem zunehmend Güter für höher verdienende und wohlhabende Haushalte angeboten, die eine Schichtgrenze oder zumindest eine Distinktion markieren zwischen den Haushalten, die sich diese Güter leisten, und denen, die dies nicht können. Damit ist eine Spirale des Nachrennens und Vorlaufens vorprogrammiert, die sich in wiederkehrenden Schüben der Beschleunigung endlos fortsetzt. Den einen werden Chancen erschlossen, ihre Statussymbole zumindest zeitweilig aufrechtzuerhalten, die anderen erhalten Anreize, die Statuslücke zu schließen.

Zudem wird die Zugehörigkeit zu unterschiedlichen sozialen Milieus und Szenen mit ausdifferenzierten Angeboten bedient. Private Haushalte und deren Mitglieder werden so unter Druck gesetzt, sich den spezifischen Konsum-, Kleidungs-, Wohnungs- und Freizeitstilen anzupassen.

Darüber hinaus sind Güter nicht in erster Linie als spezifische Gebrauchsgüter erkennbar, sondern als Erlebnisgüter, die mit einer Erlebnisepisode verknüpft werden, beispielsweise der »Erlebniszucker« für den Tee, der wie Sekt sprudelt, der Geländewagen im Wüstensand oder das Motorboot bei Meeresrauschen. In diesen Rausch des Erlebniskonsums tauchen Kommunen und Länder ein, indem sie miteinander um jeweils mehr verkaufsoffene Sonntage konkurrieren.

Anschlussgüter bilden ferner eine Kette von Kaufentscheidungen. Die Fahrradindustrie erschließt eine Folge von City-, Trekking-, Mountainbikes und Rennrädern, dazu die entsprechenden Trikots, selbstverständlich im Partnerlook. Die Technikbranche beschleunigt rasant die zeitliche Abfolge neuer Rechner und Programme. Manche Firmen bieten häufig mit einem neuen Rechner gleichzeitig eine neue Programmgeneration an, obwohl das vorherige Programm mit dem neuen Rechner kompatibel ist. Manchmal sollen sich diejenigen, die ein neues Programm kaufen, zugleich verpflichten, das nächste zu bestellen. Oder das Folgeprogramm wird ihnen bereits aufgedrängt, während sie noch mit dem vorigen Programm erfolgreich arbeiten.

Des weiteren hat die Bekleidungsbranche ihre Modezyklen extrem verkürzt oder ganz beseitigt. Aus der saisonalen Frühjahrs- und Herbstkollektion ist im topmodischen Bereich ein Modekarussell von vier bis sechs Zyklen pro Jahr geworden, deren Farben, Silhouetten und Stoffe schnell wechseln. Abweichende Stilrichtungen werden oft gleichzeitig angeboten; sie verändern sich mit unterschiedlicher Geschwindigkeit.

Zudem ist ein schneller Verschleiß in die Güter eingebaut, deren Lebenszyklen systematisch verkürzt werden. Reparaturen von Kleidungsstücken, Schuhen und Elektrogeräten sind kaum mehr vorgesehen, stattdessen werden Wiederholungskäufe angeboten. Außerdem bieten die Firmen ihren Kunden halbfertige Güter an. Wenn sich Konstruktionsfehler herausstellen, bitten Autofirmen die Käufer, sich an Rückrufaktionen zu beteiligen. Die Deutsche Bahn hatte, als sie den Börsengang vorbereitete, die Dauer von Erprobungsfahrten gekürzt, Wartungsabstände gestreckt und das Risiko von Störungen und Zugausfällen auf die Kunden abgeladen.

Und zusätzlich kompensieren die Unternehmen den Personalabbau dadurch, dass sie ihren Kunden die Endfertigung der Güter übertragen. Diese übernehmen Servicearbeiten, die vorher von den bezahlten Mitarbeitern erledigt wurden, selbst – etwa an der Tankstelle, bei der Bank, im Supermarkt oder bei der Post. Private Haushalte sind die letzten Glieder einer Wirkungskette der Beschleunigung, die von den Finanzmärkten ausgeht. In der Privatsphäre löst sich das scheinbare Paradox auf, dass entwickelte Gesellschaften reich an Gütern, aber arm an Zeit sind. Güterwohlstand und Zeitnotstand sind die zwei Seiten jener Beschleunigung, die von den Finanzmärkten ausgeht und über kommerzielle und politische Zwischenglieder die Privatsphäre der Haushalte und ihrer Mitglieder kontaminiert.

Resümee

Ein Megaimpuls der Beschleunigung hat die Finanzmärkte erfasst, seit sie sich um die Jahrhundertwende verstärkt der revolutionären Instrumente der Informations- und Kommunikationstechniken bedient haben. Den Beschleunigungsimpuls haben sie in der Folge auf die Unternehmen der Realwirtschaft übertragen. Als Bindeglied boten sich die börsennotierten Unternehmen an, die von den Finanzinvestoren, intermediären Banken, Versicherungen, Investmentfonds und Analysten veranlasst wurden, den Erfolg ihres Unternehmens einzig an der kurzfristigen Steigerung einer Finanzkennziffer, des Shareholder-Value, zu messen und diesem Ziel realwirtschaftliche Orientierungen und die Interessen von Kunden, Belegschaften und gesellschaftlichen Einrichtungen unterzuordnen. Bei den börsenabstinenten Unternehmen haben Kapitalbeteiligungsgesellschaften deren Disziplinierung durch Übernahme, Wertsteigerung und anschließendem Verkauf übernommen. In der Folge hat sich eine kurzatmige Beschleunigung unternehmerischer Entscheidungsmuster, die auf Quartalsfristen fixiert waren, weit über den Kreis börsennotierter Unternehmen hinaus als attraktives Leitbild durchgesetzt. In zweifacher Richtung ist der Beschleunigungsdruck von den Finanzmärkten, vermittelt über kapitalmarktkontrollierte Unternehmen, dann weitergeleitet worden – auf die Belegschaften und den Staat.

Die staatlichen Organe in der Bundesrepublik haben sich zumindest fahrlässig dem Beschleunigungsdruck der Finanzmärkte sowie der Industrie- und Handelskonzerne ausgeliefert. Sie haben ihre Rolle als »Wettbewerbsstaat« umdefiniert, der mit anderen Staaten um kostengünstige Rechts- und Sozialsysteme sowie flexible Arbeitsmärkte konkurriert, damit die Verwertungsbedingungen des international mobilen Kapitals verbessert werden. Sie spielen sich als »Territoriumsunternehmer« auf, der es sich zur ersten Pflicht macht, die eigene Bevölkerung für den globalen Wettbewerb zu rüsten. Zudem wurden die personellen Verflechtungen zwischen staatlicher Administration und Konzernunternehmen intensiviert. Unter dem Etikett »Seitenwechsel« wurden den Mitarbeitern von Unternehmen in Ministerien Büros eingerichtet und Kontakte zu den Beamten vermittelt, so dass sie dann die Gesetzestexte vorformulieren konnten, die für sie gelten sollten.

Immer häufiger wechselten Ressortminister, nachdem ihre politische Karriere beendet war, zu ebenjenen Wirtschaftsunternehmen oder -verbänden, die ihnen durch ihre amtlichen Kontakte vertraut waren. Dass sich das deutsche Finanzregime unter solchen Vorzeichen tendenziell an den angloamerikanischen Finanzkapitalismus annäherte, entsprach einer politischen Logik, die mit steuer- und finanzmarktpolitischen Gesetzen diesen Weg zusätzlich ebnete. Das überstürzt eingeleitete staatliche Management der Bankenkrise fand im Einvernehmen mit den Verursachern der Krise statt, deren Deutungsmuster die Regierung weithin übernahm und von denen sie sich über den Tisch ziehen ließ. Die Verträge zur Bankenrettung hatten Beratungsfirmen vorbereitet und vorformuliert, die mit den Großbanken eng verbunden waren. Folglich nahm die Bankenrettung jenes Profil an, das die Gläubiger und Kapitaleigner und deren Agenden sowie Finanzinstitute weitgehend schonte und die Folgekosten auf die Allgemeinheit abwälzte.

Der Staat, das heißt die Allgemeinheit, hat dann die Finanzinstitute gerettet, indem er für deren ausstehende Forderungen bürgte, sich an deren Kapital beteiligte und deren vergiftete Wertpapiere in einer Schrottbank ablagern ließ. Weil die Bundesregierung großzügige Konjunkturprogramme einschließlich der Abwrackprämie für ältere, aber funktionsfähige Autos auflegte und die Zentralbanken eine ungewöhnlich große Menge zusätzlicher Liquidität ins Bankensystem fluteten, haben die deutsche Exportbranche und ganz besonders die Autofirmen den wirtschaftlichen Einbruch überraschend schnell überwunden. Zudem sind die Finanzinvestoren rasch fündig geworden, wo sie die überschüssige Liquidität, die ihnen in einem – durch die Banken vermittelten – extremen Ausmaß zugeflossen war, rentabel anlegen konnten. Sie nutzten sie für spekulative Attacken, um auf die Preisbewegungen an den Terminmärkten für Devisen, Rohstoffe und Nahrungsmittel zu wetten. Eine besondere Gelegenheit zur Spekulation boten innerhalb der Euro-Zone die Krisendebatten über die Kursbewegungen der Staatsanleihen peripherer Staaten.

Die Regierungen der Euro-Zone haben zu spät erkannt, dass die zweite Phase der Finanzkrise überhaupt nicht eine originäre Krise der öffentlichen Verschuldung ist. Denn diese war vor allem die Folge davon, dass die Staaten die Banken gerettet hatten, um die privaten aufgeblähten Vermögen, die durch die Aufnahme von Krediten, also durch private Verschuldung, finanziert worden waren, vor der Vernichtung zu bewahren. Sie haben nicht bemerkt, dass sie in eine Art Krieg zwischen der privaten Kapitalmacht und der demokratisch legitimierten Staatsmacht hineingestolpert waren. So horchten sie nach jedem ihrer Beschlüsse, welche die unter spekulativen Druck geratenen Staaten stabilisieren sollten, auf die Stimme der Märkte und warteten auf deren Antwort wie auf eine Testnote. Immerhin sind in relativ kurzer Zeit bereits zwölf demokratisch gewählte Regierungen der Euro-Zone ausgewechselt worden. Die politischen Verständigungsprozesse der europäischen Regierungen, die in immer kürzerer Zeitfolge stattfinden, mutieren zu spontanen Abwehrreaktionen. Wo immer ein Feuer aufflackert und ein Brandherd vermutet wird, setzt sich ein Löschzug mit Blaulicht und Alarmsignal in Bewegung, während die Finanzakteure die Staaten weiter vor sich hertreiben.

Unternehmen und Staaten haben komplizenhaft, fahrlässig oder absichtlich den Beschleunigungsschub auf die Belegschaften der Betriebe und die Arbeitsverhältnisse weitergeleitet. Sie sind im Hauptstrom der monetaristischen und angebotsorientierten Wirtschaftsdogmatik mitgeschwommen und haben sich deren Imperative angeeignet, dass die verkrusteten Arbeitsmärkte aufzubrechen, Arbeitskosten zu senken, Belegschaften zu verkleinern, die Normalarbeitsverhältnisse zu flexibilisieren und die Beschäftigten von den Fesseln des Kündigungsschutzes, der Tarifautonomie, der Betriebsverfassung und der solidarischen Absicherung gesellschaftlicher Risiken zu befreien seien. In einem rasanten Tempo haben sich die atypischen Arbeitsverhältnisse ausgebreitet, in denen die Beschäftigten zu einem erheblichen Teil niedrig entlohnt werden. Die Arbeitsverträge sind zeitlich befristet und rauben jungen Erwachsenen eine stabile Lebensperspektive. Die Beschäftigten registrieren längere Arbeitszeiten, unbezahlte Mehrarbeit, Arbeitsverdichtung, zunehmende Hetze. Der Arbeitseinsatz findet oft zu einer Zeit statt, die das Familienleben beeinträchtigt, etwa Arbeit am Abend, Nacht-, Schicht- und Wochenendarbeit. Arbeitnehmer stellen fest, dass der Produktivitätsanstieg seit Jahren nicht mehr zu einer kollektiven Verkürzung der Arbeitszeit, sondern nur noch zur individuell flexiblen Gestaltung genutzt wird. Diese entspricht jedoch weniger individuellen Vorlieben als vielmehr betrieblichen Interessen. In weniger Zeit soll mehr produziert, soll mehr geleistet werden.

Die privaten Haushalte sind das letzte Auffangbecken des von den Finanzmärkten angestoßenen Beschleunigungsschubs. Da das Volumen der gesellschaftlich organisierten Erwerbsarbeit wie auch das der unbezahlten Hausarbeit für Männer und Frauen durchschnittlich gesunken ist, sollte für beide mehr freie Zeit zur Verfügung stehen. Aber wieso werden die privaten Haushalte dennoch von dem Beschleunigungsschub erfasst?

Zum einen wirken die zunehmenden Belastungen der Erwerbstätigen in die Privatsphäre hinein. Zum anderen sind Männer und Frauen einerseits an der Erwerbsarbeit und anderseits an der unbezahlten Hausarbeit unterschiedlich beteiligt. Außerdem entspricht die tatsächliche Verwendung der Zeit, die Frauen für die Haus- und Gartenarbeit, die Betreuung der Kinder und Eltern sowie die Haushaltsorganisation aufbringen, nicht dem von ihnen gewünschten Verhältnis. Frauen möchten mehr, Männer weniger Zeit für die Erwerbsarbeit verwenden.

Aber warum äußert sich dieser Widerspruch nicht in Unmut, sondern bleibt unter der Decke? Warum kommt es weder bei Männern noch bei Frauen zur Rebellion?

Vermutlich deshalb, weil die einzelnen Personen unmittelbar keine Alternative sehen oder weil die einzelne Frau sich einredet, dass sie dieses Volumen unbezahlter Hausarbeit und Betreuung frei gewählt hätte. Eine lautlose Rebellion besteht im Aufschub des Kinderwunsches, bis er unerfüllbar wird. Hinzu kommt, dass diejenigen Frauen, die ihren Wunsch nach mehr bezahlter Arbeit erfüllt sehen, zeitintensive Arbeit gegen güterintensive Arbeit eintauschen und im ungünstigen Fall einem Konsumsog unterliegen und zu spüren bekommen, wie sich die private Haus- und Betreuungsarbeit verdichtet.

Für den Versuch, den Beschleunigungsschub, der sich von den Finanzmärkten aus über die Unternehmen, den Staat, die abhängige Erwerbsarbeit bis in die Privatsphäre hinein erstreckt, zu deuten und zu begründen, haben fünf Argumentationslinien besonderes Gewicht:

1. Der Beschleunigungsschub wird kaskadenartig übertragen. Er ist gerichtet, wird also zuerst als tendenziell lineare Ursachenkette gekennzeichnet und weniger als Wechselwirkung.
2. Das Bildmotiv der Kaskade soll jedoch nicht den Eindruck eines Naturereignisses wecken. Der Beschleunigungsschub ist das Ergebnis einer gesellschaftlich-politischen Entscheidung. Diese nimmt die Form einer »Delegation« an. Ginge es um persönliche Beziehungen, käme der Begriff der Verantwortung ins Spiel, insofern Menschen sich die absehbaren und beabsichtigten Folgen ihrer Handlungen zurechnen lassen und dafür einstehen. In einer systemischen Betrachtungsweise liegt jedoch das Denkmuster einer Folgenabschätzung nahe. Ein gesellschaftliches Teilsystem stößt einen Beschleunigungsschub an, leitet ihn auf ein anderes Teilsystem weiter und löst dort erhebliche negative Wirkungen aus, ohne dass es bereit wäre, für solche Folgewirkungen zu haften. Ein verengter Blickwinkel bleibt fixiert auf den internen Operationsradius und stellt sich blind gegenüber den Folgen jenseits der Systemgrenzen. So ist der destruktiv wirkende Beschleunigungsschub vergleichbar einer Delegation von Führungskompetenzen an abhängige Kommissionen, dem Übertragen politischer Aufgaben an Sachverständige, dem Auslagern von Betriebseinheiten aus dem Konzern, der Auftragsvergabe an Subunternehmer oder dem Einlagern von Kreditverbriefungen in Zweckgesellschaften – allein zu dem Zweck, der Schadenshaftung zu entgehen.
3. Der Beschleunigungsschub erzeugt in allen Teilsystemen, die von ihm befallen sind, eine nervöse Kurzatmigkeit. Die Nanosekunden des algorithmischen Handels, die Quartalsfristen der Unternehmen, das Fahren auf Sicht und die Löschfahrten staatlicher Organe, die jeweils nachträgliche Pannenhilfen nötig ma-

chen, weil die ursprünglichen Gesetze hastig ausgearbeitet und durch die Gremien gepeitscht wurden, sind Ausdrucksformen dieser Kurzatmigkeit.

4. Solche Beschleunigungsschübe mit verheerenden Folgen sind alles andere als alternativlos. Sie wären allenfalls vertretbar, wenn sie den langen Schatten der Zukunft im Blick behielten und gelten ließen, wenn sie nachhaltig wirkten und abgebremst werden könnten, wenn das Spiel – anders als die olympischen Wettkämpfe – im Ganzen und auf Dauer für alle vorteilhaft bliebe. Dies ist nur gewährleistet, wenn es kein »Endspiel« gibt, denn ein solches würde eindeutig erkennbare Gewinner und Sieger auszeichnen.

5. Es klingt überzeugend, dass jede Steigerung der Arbeitsproduktivität nur dann zu einem Zeitgewinn für alle wird, wenn diese nicht über ein zusätzliches Einkommen in einen ebensolchen Konsumausstoß überführt wird. Sonst gilt nämlich: Die freie Zeit, die durch den Anstieg der Arbeitsproduktivität gewonnen wird, geht durch das zusätzliche Geld und den zusätzlichen Güterausstoß wieder verloren.

3 »Rätsel« der Zeit

Was meinen wir, wenn wir von »Beschleunigung« reden? Im ersten Kapitel wurde achtzehnmal das Wort Beschleunigung verwendet, bevor versucht worden ist, das Gemeinte begrifflich zu präzisieren – und zwar durch die Wörter: Veränderung, Geschwindigkeit und Zeit: Geschwindigkeit ist die »Veränderung des Ortes eines Körpers pro Zeiteinheit«, und Beschleunigung ist die (positive) »Veränderung der Geschwindigkeit pro Zeiteinheit«.

»Was also ist die Zeit?« Die Frage des Theologen und Philosophen Augustinus aus seinen *Bekenntnissen* fehlt in keiner Reflexion über die Zeit. »Wenn niemand mich danach fragt, weiß ich's, will ich's aber einem Fragenden erklären, weiß ich's nicht. Doch sage ich getrost: Das weiß ich, wenn nichts verginge, gäbe es keine vergangene Zeit, und wenn nichts käme, keine zukünftige, und wenn nichts wäre, keine gegenwärtige Zeit. Aber wie steht es nun mit jenen beiden Zeiten, der vergangenen und zukünftigen? Wie kann man sagen, dass sie sind, da doch die vergangene schon nicht mehr und die zukünftige noch nicht ist … Freilich, wenn wir Vergangenes wahrheitsgemäß erzählen, holen wir aus der Erinnerung nicht die Dinge selbst hervor, die vergangen sind, sondern nur Worte, die die Bilder wiedergeben … Vielleicht sollte man richtiger sagen: Es gibt drei Zeiten, Gegenwart des Vergangenen, Gegenwart des Gegenwärtigen und Gegenwart des Zukünftigen. Denn diese drei sind in der Seele, und anderswo sehe ich sie nicht. Gegenwart des Vergangenen ist die Erinnerung, Gegenwart des Gegenwärtigen die Anschauung, Gegenwart des Zukünftigen die Erwartung … Was messe ich denn, wenn ich in unbestimmter Weise sage: Diese Zeit ist doppelt so lange wie jene? Dass ich die Zeit messe, weiß ich; gleichwohl steht fest: Ich messe nicht die zukünftige Zeit, da diese noch nicht ist; ich messe nicht die gegenwärtige Zeit, da diese sich über keinen Zeitraum erstreckt; ich messe nicht die vergangene Zeit, da diese nicht mehr ist. Was also messe ich?«

Sprachfalle

Was ist die Zeit? Es ist eines der am meisten gebrauchten Hauptwörter der deutschen Sprache. Wir sagen: Die Zeit – vergeht, zerrinnt, wird knapp. Ich gewinne Zeit, ich verliere Zeit. Einmal ist die Zeit das grammatikalische Subjekt, ein anderes Mal das grammatikalische Objekt. Aber benennen wir nicht ein Phantom? Abstrakte Hauptwörter strahlen eine imperiale Würde aus. Das Aneinanderreihen von Hauptwörtern lässt neugierige Fragen, was gerade geschieht oder getan werden soll, an sich abprallen. Die Sprache führt uns auf Abwege. Denn normalerweise sagen wir nicht: Wir haben Lauf, sondern: »Wir laufen.« Wir sagen nicht: Wir haben Gesang, sondern: »Wir singen.« Wir weichen auf Bilder aus, wenn wir über die Zeit reden: Die Zeit strömt dahin »wie ein reißender Fluss«, sie schleicht vorbei »im Tempo der Schnecke«, sie läuft uns davon »wie ein scheues Reh«. Wir stellen uns vor, die Zeit sei ein Container, in dem wir uns bewegen, ein Luftraum, in dem wir atmen, ein Wasserbecken, in dem wir schwimmen, oder ein Umhang, der uns einhüllt.

Der Philosoph Ludwig Wittgenstein hat sich in seinen Äußerungen über die Zeit mehrfach veranlasst gesehen, jene Aporien, auf die Augustinus gestoßen war, sprachkritisch zu reflektieren. Seiner Meinung nach lassen sich alle sinnvollen Sätze mit allem, was wir überhaupt beschreiben können, nur auf Kontingentes beziehen, auf etwas, was auch anders sein könnte. Deshalb sind wir nicht in der Lage, fundamentale Einsichten in das Wesen der Zeit zu gewinnen. Wir stolpern zudem in eine Sprachfalle, wenn wir »Zeit« als Hauptwort verwenden, daraus einen metaphysischen Begriff machen und darin ein einheitliches Wesen zu ergründen suchen. Das »Rätsel« der Zeit lässt sich nicht mit einer befriedigenden Definition lösen, denn diese enthielte weitere undefinierte Begriffe. Es fragt ja auch niemand nach der Definition eines Stuhles.

Außerdem ist es irreführend, wenn wir zwei Zeitbegriffe miteinander verwechseln und vermengen: den alltäglichen (physikalischen) Begriff einer objektivierten Zeitreihe, der mit einer Bildfolge auf einem Filmstreifen vergleichbar ist, und den radikal anderen (philosophischen) Begriff der dimensionslosen subjektiven Erlebnisgegenwart, der dem Bild auf einer Leinwand ähnlich ist.

Darüber hinaus haben sprachliche Ausdrücke ihren Sinn nur in einem typischen Handlungskontext, in einer Vielzahl von Verwendungsweisen und in Verbindung mit anderen sprachlichen Ausdrücken. Zudem ist vor lyrischen Vergleichen und überzogenen Metaphern zu warnen, die bloß den Verstand mit den Mitteln der Sprache verhexen, dass beispielsweise die Zeit ein Fluss sei, in dem Baumstämme verschieden schnell schwimmen.

Schließlich verwenden wir Sprachspiele, die etwas Konstruiertes, Fingiertes an sich haben. Sie sind skizzenhafte Beschreibungen einer Praxis. Wir können Sprachspiele entwerfen, in denen der geheimnisvolle Aspekt zeitlicher Ausdrücke gar nicht erscheint. Wir formen Bilder des alltäglichen Lebens und setzen sie in Beziehung zu Bildern eines bestimmten Sonnenstandes oder Bildern einer bestimmten Zeigerstellung auf der Uhr, ohne auf den Begriff der Zeit als einer objektiven Gegebenheit zu rekurrieren. Während wir eine Korrelation herstellen zwischen der einen Ordnung der Abfolge von Bildern und einer anderen Ordnung der Abfolge von Bildern, ist es logisch gleichgültig, welche Ordnung wir zur grundlegenderen erklären.

Spurensuche

Wittgensteins Andeutung von Sprachspielen, die ohne den Rückgriff auf zeitliche Begriffe unterschiedliche Ordnungen von Bildfolgen aufeinander beziehen beziehungsweise eine Korrelation zwischen solchen Systemen von Bildfolgen herstellen, inspiriert im Folgenden das Reden von Beschleunigung, Tempo und Zeit in Bezug auf die Koordination oder Abstimmung gesellschaftlicher Handlungsfolgen. Vorerst jedoch löst seine Aussage, dass unsere sprachlichen Ausdrücke ihren Sinn nur in einem typischen Handlungskontext, in einer Vielzahl von Verwendungsweisen und in Verbindung mit anderen sprachlichen Ausdrücken haben, eine gewisse Neugierde nach den Kontexten und Verwendungsweisen aus, die in der Physik, der Biochemie, Biologie und Kybernetik vorkommen. Sie können das spezifische Profil der Sprachspiele schärfen, die in gesellschaftlichen Diagnosen und Optionen verwendet werden.

Isaac Newton

Auf Isaac Newton geht die Definition einer absoluten, objektiven Zeit zurück. Sie schien so beeindruckend zu sein, dass die Mehrheit der Philosophen und Naturwissenschaftler 200 Jahre lang nicht daran gerüttelt hat: »Die absolute, wirkliche und mathematische Zeit verfließt an sich und vermöge ihrer eigenen Natur gleichförmig, ohne Beziehung zu irgendetwas außerhalb ihrer Liegendem, und man nennt sie mit einer anderen Bezeichnung ›Dauer‹. Die relative Zeit, die unmittelbar sinnlich wahrnehmbar und landläufig sogenannte, ist ein beliebiges sinnlich wahrnehmbares und äußerliches Maß der Dauer, aus der Bewegung gewonnen (sei es ein genaues oder ungleichmäßiges), welches man gemeinhin anstelle der wahren Zeit benützt, wie Stunde, Tag, Monat, Jahr.«

Aber zu dieser Position einer absoluten Zeit sind in der Geschichte der Naturphilosophie immer Gegenentwürfe formuliert worden. Und auch der Zeitvorstellung Newtons ist schon bald aus einer realistischen und einer erkenntniskritischen Perspektive widersprochen worden.

Die Entdeckung des Relativen und Subjektiven

»Alles fließt – Wir können nicht zweimal in denselben Fluss hineinsteigen. Und ein sterbliches Wesen können wir nicht im gleichen Zustand zweimal berühren.« Diese Position hatte der griechische Philosoph Heraklit gegen seinen Zeitgenossen Parmenides bezogen. Dieser war davon überzeugt, dass jede Veränderung bloßer Schein sei. Eine ähnliche Kontroverse lässt sich zwischen Platon und Aristoteles nachzeichnen. Für Platon sind die ewigen Ideen das eigentliche Seiende. Demgegenüber sind die Dinge und Lebewesen in Raum und Zeit nur deren Schatten und bewegte Abbilder. Folglich ist auch die Zeit nur ein Abbild der Ewigkeit. Aristoteles begreift Zeit und Veränderung als untrennbar miteinander verbunden. Ohne Dinge, die sich verändern, gibt es keine Wahrnehmung von Zeit. Nicht dass die Veränderung selbst die Zeit wäre, sie ist etwas an der Veränderung, nämlich die geistige Wahrnehmung der Veränderung. Wir nehmen die Zeit wahr, indem wir ein Früher und Später in der Veränderung erkennen.»Zeit ist die Messzahl der Bewegung hinsichtlich des Davor und Danach«, erklärt Aristoteles.

Gottfried Wilhelm Leibniz hatte auf Newtons Vorstellung einer absoluten Zeit unmittelbar reagiert:»Was meine eigene Meinung betrifft, so habe ich mehr als einmal gesagt, dass ich den Raum ebenso wie die Zeit für etwas rein Relatives halte, nämlich für eine Ordnung des Nebeneinanderbestehens, so wie die Zeit eine Ordnung der Aufeinanderfolge ist.«

Immanuel Kant scheint sich auf den ersten Blick in die naturphilosophische Kontroverse zwischen Newton und Leibniz einzuschalten. Er lehnt die Vorstellung, dass Raum und Zeit wirkliche Dinge seien, die eigenständig existieren ohne Beziehung zu irgendetwas außerhalb ihrer selbst, ebenso ab wie die Vorstellung, sie seien Ordnungsgefüge, die aus der Position und den Relationen der Dinge zueinander entspringen. Mit dem»transzendentalen Verfahren« hat er jedoch eine veränderte philosophische Denkart eingeleitet: Menschliches Erkennen sei eine Synthese, die aus zwei Quellen gespeist wird, nämlich der sinnlichen Anschauung und des begrifflichen Denkens. Sie komme zustande, weil im erkennenden Subjekt selbst apriorische Elemente verankert sind, die vor aller zufälligen Erfahrung und unabhängig von ihr als notwendige Bedingungen der Möglichkeit zutreffender Erkenntnis gedacht werden müssen. Raum und Zeit seien solche apriorischen Bedingungen, reine Formen sinnlicher Anschauung und ausschließlich im erkennenden Subjekt verortet. Sie seien weder Gegenstände der Erfahrung, noch aus ihr gewonnen. Sie würden sich vielmehr auf alle Gegenstände der Erfahrung richten und den erkennenden Subjekten ermöglichen, die Gegenstände der Erfahrung räumlich und zeitlich einzuordnen. Das Ding an sich sei nicht zeitlich oder räumlich bestimmt. Nur in der Beziehung zu einem erkennenden Subjekt präsentiere es sich als räumlich und zeitlich.

Albert Einstein hat mehr als jeder andere Wissenschaftler das gegenwärtige Bild von Raum und Zeit geprägt. Durch ihn wurde Newtons Vorstellung einer absoluten Zeit überzeugend widerlegt. Das Wort »Relativitätstheorie« könnte suggerieren, alles sei relativ. Doch auch für Einstein gelten zwei Prämissen unverrückt: dass erstens in allen nicht beschleunigten bewegten Systemen die gleichen physikalischen Gesetze gelten und dass zweitens die Lichtgeschwindigkeit in allen Bezugsystemen konstant ist. Einsteins Theorien geben keine Antwort auf die Frage, was die Zeit sei, sondern wie diese zu messen ist. Die Ergebnisse des Messens irritieren unser herkömmliches Zeitbewusstsein, weil sie in relativ zueinander bewegten Systemen beziehungsweise in Anwesenheit von Gravitationsfeldern anders als erwartet ausfallen. Herkömmlich werden zwei Ereignisse als gleichzeitig angesehen, wenn Lichtsignale, die von diesen Ereignissen ausgehen, einen Beobachter, der von beiden Ereignissen gleich weit entfernt ist, gleichzeitig erreichen. Gemäß der speziellen Relativitätstheorie ist die Vorstellung der Gleichzeitigkeit zweier Ereignisse an verschiedenen Orten jedoch abhängig vom Bewegungszustand des Beobachtenden. Auch die zeitliche Dauer eines Ereignisses ist vom Beobachter abhängig, also relativ. In einem System, das sich relativ vom Beobachtenden bewegt, laufen die Uhren langsamer. Das Phänomen der Zeitdehnung ist erkennbar, insofern die Frequenz eines Lichtsignals, die ein Beobachter weit entfernt von einem Gravitationszentrum misst, geringer ist als diejenige, mit der eine Lichtquelle sie ausstrahlt. Lichtstrahlen in der Nähe großer Massen erscheinen abgelenkt und verzögert. Je stärker das Gravitationsfeld, umso langsamer vergeht die Zeit.

Albert Einstein hat diese für das alltägliche Zeitbewusstsein befremdlichen Folgerungen der speziellen Relativitätstheorie so kommentiert:»Menschen, die wie wir an die Physik glauben, wissen, dass die Unterscheidung zwischen Vergangenheit, Gegenwart und Zukunft nur eine besonders hartnäckige Illusion ist.« Und Niels

Bohr erklärt: »Es ist falsch zu denken, es wäre die Aufgabe der Physik, herauszufinden, wie die Natur beschaffen ist. Die Aufgabe der Physik ist vielmehr, herauszufinden, was wir über die Natur sagen können.«

Ilya Prigogine konnte im Verlauf seiner biochemischen Forschungen zusammen mit Isabelle Stengers nachweisen, dass in offenen Systemen der Ungleichgewichtsthermodynamik komplexe und stabile Strukturen entstehen. Sie haben mathematisch beschrieben, wie sich aus einfachen chaotischen Zuständen höhere Ordnungsniveaus bilden. Darin wie auch in der Existenz von Leben überhaupt sahen sie die Gesetze der herkömmlichen Thermodynamik widerlegt. Indem Organismen als offene (»dissipative«) Systeme einen ständigen Energie- und Stoffumsatz aufrechterhalten, sind sie in der Lage, weniger wahrscheinliche Ordnungen wie etwa Temperaturunterschiede zu ihrer Umwelt aufzubauen und nicht dem Gesetz zunehmender Entropie unterworfen zu sein. Sie schlossen daraus, dass sich bestimmte physikalische Prozesse nur erklären ließen, wenn sie als irreversibel betrachtet werden und ihnen ein »Zeitpfeil« zugeordnet wird. Eine »zeitvergessene« Quanten- und Relativitätstheorie könne also nur begrenzte Geltung beanspruchen.

Um den vermuteten Zeitpfeil scheint in der Wissenschaft eine lebhafte Diskussion entbrannt zu sein. Unbestritten bleibt, dass die Bewegungsgleichungen des Mikrokosmos, der klassischen Mechanik, der speziellen Relativitätstheorie und der Quantenphysik zeitsymmetrisch, also reversibel sind. Die Makrowelt des Alltagslebens hat jedoch eine asymmetrische Zeitfolge, nämlich Vergangenheit, Gegenwart und Zukunft. Aber sie dürfte eigentlich keinen Zeitpfeil haben, da sich alle makrophysischen Strukturen aus den Elementarprozessen aufbauen. Das Fehlen eines Zeitpfeils wird durch einen Film veranschaulicht, der einen tickenden Ball aufzeichnet. Wenn man den konkreten Hintergrund entfernt und den Film rückwärts abspielt, ist diese Version von der Vorwärtsversion nicht zu unterscheiden. Die Verteidiger eines subjektiven Zeitpfeils veranschaulichen dagegen ihre Auffassung mit einer Filmszene, in der sich eine verwelkte Blume vor neutralem Hintergrund aufrichtet, in voller Blüte dasteht, sich zur Knospe zusammenzieht und in den

Erdboden versinkt. Wer einen solchen Videoclip anschaut, würde dem Vorführer vorwerfen, dass er den Film falsch eingelegt habe.

Neben dem subjektiven Zeitpfeil wird die Annahme eines thermodynamischen Zeitpfeils durch den zweiten Hauptsatz der Thermodynamik nahegelegt, dass nämlich in geschlossenen Systemen die Entropie, ein Zustand höherer Unordnung beziehungsweise höherer Wahrscheinlichkeit, zunimmt. Beispielsweise ist es höchst unwahrscheinlich, dass zwei Bällchen Schokoladeneis, die in einem sommerlich warmen Restaurant serviert werden, längere Zeit ihre Kugelgestalt behalten. Viel wahrscheinlicher ist es, dass sie nach zwanzig Minuten zu einem braunen See auf dem Teller wegschmelzen, falls sie nicht vorher geschleckt werden. Auf einen kosmischen Zeitpfeil deutet die Beobachtung des rotverschobenen Lichts der meisten Galaxien hin, die weit von der Erde entfernt sind: Nach dem Urknall expandiert das Universum mit zunehmender Geschwindigkeit.

Folgt aus der Annahme eines thermodynamischen, kosmischen und subjektiven Zeitpfeils, dass die physikalischen Gesetze nur für eine beschränkte Klasse umkehrbarer Ereignisfolgen gelten, während andere, beispielsweise irreversible organische Klassen, anderen Gesetzen folgen? Oder überlagern die Gesetze, denen organische Prozesse unterworfen sind, zwar die physikalischen Prozesse, setzen deren Gesetze jedoch nicht außer Kraft? Der behauptete Gegensatz zwischen der Gleichgewichts- und der Nichtgleichgewichts-Thermodynamik werde überzeichnet, so wird kritisch angemerkt. Auch die in der Nichtgleichgewichts-Thermodynamik beobachtete Irreversibilität bleibe das Resultat von Wahrscheinlichkeitsrechnungen. Eine Konstellation irreversibler mikrophysikalischer Ereignisfolgen könne zwar theoretisch nicht als undenkbar ausgeschlossen werden, sei aber derart unwahrscheinlich, dass das Alter der Erde dafür um viele Größenordnungen zu kurz ist. Der kosmische Zeitpfeil sei eine Folge der Singularität der Anfangsbedingungen des Universums, jedoch kein fundamentales Naturgesetz. Solche Rand- und Anfangsbedingungen seien für die Bewegungsgleichungen des Mikrokosmos in der Regel nicht herstellbar, weshalb diese reversibel sind. Die beobachteten biochemischen Prozesse der Ungleichgewichtsthermodynamik würden die Grundgleichungen der Physik nicht widerlegen. Auch der stilisierte Gegensatz zwischen dem Erhaltungssatz und dem Entropiesatz der Thermodynamik lasse sich, so wird argumentiert, entschärfen. Der subjektive Zeitpfeil beispielsweise sei erklärbar, wenn auf der einen Seite spontan auftretende elementare biologische Ereignisfolgen in komplexe Ordnungsstrukturen münden oder in höheren Organismen Informationssysteme aufgebaut werden, während auf der anderen Seite die Entropie des Gesamtsystems ansteigt. Und schließlich wird vor einer fahrlässigen Verwendung des Bildes vom »Zeitpfeil« gewarnt. Es kann sein, dass ein solches Sprachspiel in die Falle eines Kategorienfehlers stolpert, insofern die Analyse physikalischer, biochemischer und organischer Ereignisfolgen nahtlos in jene Deutungsmuster übergeht, die Wittgenstein als unangemessene lyrische Vergleiche und überzogene Metaphern verwirft, weil sie den Verstand mit den Mitteln der Sprache verhexen.

Spurensicherung

Der Blick über den Zaun auf sehr unterschiedliche Felder naturwissenschaftlicher und philosophischer Diskurse über die Zeit war vermutlich von einer spontanen Neugierde angetrieben. Ein solches oberflächliches Schnuppern mag von professionellen Physikern als unangemessen angesehen werden. Aber es hat dennoch aufschlussreiche Einsichten vermittelt.

Zum einen sollte der Versuch aufgegeben werden zu definieren, was sich hinter dem Hauptwort »die Zeit« verbirgt, als könnte ein überall und jederzeit verbindliches Wesen der Zeit ergründet werden. Erst recht führt die Suche nach einer »Einheit der Zeit« auf Abwege, welche die gesamte natürliche Umwelt von den Elementarteilchen bis zu Galaxien mit allen Lebewesen als ein sich selbst organisierendes evolutionäres System einschließt. Es gibt also kein Rätsel der »Zeit«, weil sich die »Wesensfrage« erledigt hat. Wolfgang Schupp bringt es auf den Punkt: »Substantivierung suggeriert ontologische Dignität.« Die physikalischen Theorien, die den Zeitbegriff der klassischen Physik verändert haben – dass nämlich die Vorstellung einer unabhängig von einem Bezugspunkt beobachteten Gleichzeitigkeit verlorengegangen sowie Raum und Zeit von einem starren Hintergrund zu einer dynamischen Begleiterscheinung physikalischer Ereignisse geworden sind –, bekräftigen diese Einsicht.

Stattdessen sind zum anderen die unterschiedlichen Handlungskontexte und Verwendungsweisen aufzuspüren, in die jene Konstrukte der voneinander abweichenden zeitlichen Sprachspiele eingebettet sind. Die abweichenden Perspektiven der mikrokosmischen Sphäre und der alltäglichen Lebenswelt sowie die unterschiedlichen physikalischen oder erlebnisgegenwärtigen Zugangsweisen haben die bleibende Pluralität und Relativität des zeitlichen Sprachgebrauchs erkennen lassen. Die Erinnerung an eine Vergangenheit, die Wahrnehmung einer Gegenwart und die Erwartung einer Zukunft haben kein Gegenstück in den Grundgleichungen der Physik.

Zudem ist beeindruckend, wie Augustinus das relative und subjektive Zeitempfinden intuitiv aufgespürt hat, indem er die menschliche Seele ausgedehnt sieht in die Vergangenheit, an deren Ereignisse sie sich erinnert, in die Gegenwart, die sie wahrnimmt, und in die Zukunft, die sie erwartet. Ob Kant als Gewährsträger einer strengen Subjektivität der Zeit in Anspruch genommen werden kann, mag ebenso umstritten bleiben wie sein Versuch, die objektive Realität und die transzendentale Idealität der Zeit im Grenzbegriff des transzendentalen Ichs zu vermitteln.

Und schließlich klingt die Aussage Wittgensteins überraschend und erhellend, dass Sprachspiele entworfen werden können, in denen zeitliche Ausdrücke gar nicht vorkommen, indem beispielsweise eine Korrelation hergestellt wird zwischen einer geordneten Bilderfolge und einer davon abweichenden geordneten Bilderfolge. An die Stelle von Bilderfolgen treten im nächsten Abschnitt »Handlungssequenzen«. Dass Gesellschaften sich des sozialen Konstrukts »Zeit« bedienen, um solche Handlungssequenzen geordnet aufeinander abzustimmen, soll im Folgenden erläutert werden.

Gesellschaftliche Abstimmung

Das sogenannte Rätsel der Zeit ist dadurch aufgelöst worden, dass ein abstraktes Hauptwort seiner absoluten Hoheit entkleidet und in abweichende sprachliche Kontexte eingebettet wurde und damit relativiert, pluralisiert und subjektiviert worden ist. Im Folgenden wird der Blick auf das gesellschaftliche Subjekt als Hersteller eines Konstrukts »Zeit« in eigener Sache identifiziert, um mit administrativen Normen und quasireligiösen moralischen Ansprüchen abweichende Handlungssequenzen aufeinander abzustimmen. Zunächst soll eine begriffliche Präzisierung die vorgenommene gesellschaftliche Wende zeitlicher Sprachspiele verdeutlichen. Dann werden drei Bezugsgrößen der gesellschaftlichen Abstimmung genannt und erläutert: die natürliche Umwelt, die Gesellschaft selbst und individuelle Subjekte.

Begriffliche Präzisierung

»Zeit« wird im Folgenden als das von Menschen geschaffene, sprachliche Konstrukt für eine spezifische intersubjektive Tätigkeit verstanden. Das transitive Tätigkeitswort dazu müsste »zeiten« oder »verzeiten« lauten. Da die deutsche Sprache kein Wort geformt hat, das dem englischen Begriff »timing« entspräche, behilft sich der Duden mit dem Lehnwort »timen«: »für etwas den geeigneten, passenden Zeitpunkt bestimmen, benutzen und dadurch einen gut koordinierten Ablauf herbeiführen«. Um einer häufig unvermeidbaren zirkulären Begrifflichkeit zu entgehen, wird im Folgenden versucht, das abstrakte Wort »Zeit« konsequent in ein entsprechendes Tätigkeitswort zu übersetzen: dass definierte Handlungssequenzen auf andere Handlungs- und Ereignissequenzen abgestimmt, bezogen, mit ihnen koordiniert oder ihnen zugeordnet werden, die als Bezugsgrößen der Information, Orientierung und Normierung gelten sollen.

Mit einer solchen, auf die gesellschaftliche Praxis bezogenen Definition soll hervorgehoben werden, welche Semantik sich hinter dem abstrakten Hauptwort »Zeit« im gesellschaftlichen Kontext verbirgt:

1. Ein intersubjektives, sprachlich vermitteltes Handeln.
2. Ein gesellschaftlicher Verständigungsprozess über das »Wann« und das »Wie lange« der aufeinander abgestimmten Handlungssequenzen.
3. Ein relativ autonomes Koordinieren von Handlungs- oder Ereignissequenzen.
4. Die Handlungssequenzen werden als intersubjektive »Bewegungen« gekennzeichnet, insofern selbstbewusste Akteure in solche Bewegungen einbezogen sind, die etwas in der Gegenwart wahrnehmen, sich an etwas in der Vergangenheit erinnern und etwas in der Zukunft erwarten. Ereignissequenzen lassen sich dagegen als semantisch abgeleitete Bewegungen abbilden, die sich nach dem Muster des »Davor« und »Danach« beschreiben lassen, ohne dass Akteure »in der ersten Person« von innen solche Veränderungen anstoßen.
5. In erster Linie sollen nicht einzelne Handlungen oder Ereignisse, sondern klar abgegrenzte, wenngleich komplexe Handlungs- und Ereignissequenzen aufeinander abgestimmt werden.
6. Im geschichtlichen Verlauf stellen sich drei Bezugsfelder einer gesellschaftlichen Abstimmung von Handlungs- oder Ereignissequenzen als dominant heraus: die natürliche Umwelt, die Gesellschaft selbst und das individuelle Subjekt. Sie gelten zugleich als praktische Vermittlungsträger und Impulsgeber der Information, Orientierung und Normierung.

Beispielsweise erfahren die Mitglieder der Attac-Bewegung aus den Medien frühzeitig genug, dass an einem Samstagvormittag im Oktober in Frankfurt am Main für die Einführung einer Vermögensteuer demonstriert werden soll. Oder ich lese die SMS-Einladung einer Freundin, ob ich Lust hätte, heute nachmittag zum Eisessen mit ihr und ihrem Freund in ein Straßencafé der Mannheimer Innenstadt zu kommen. Oder der Student Oliver dreht am späten – seiner Meinung nach frühen – Abend in seinem Zimmer den DVD-Player auf volle Lautstärke. Oder Sarah, Schülerin einer Hauptschule in Heidelberg, fiebert bereits am Vortag der ersten Stunde mit dem neuen Lehrer entgegen: Schule hat begonnen. Wie solche Informationen, Orientierungen und Normierungen gesellschaftlichen Handelns auf die natürliche Umwelt, die Gesellschaft selbst und auf das individuelle Subjekt bezogen sind, soll nun differenziert beschrieben werden.

Naturbezug

In der Geschichte der Menschheit waren die natürliche Umwelt und insbesondere die Bewegungen der Himmelkörper das herausragende und fast alles bestimmende Bezugsfeld, welches das gesellschaftliche Handeln orientiert und normiert hat. Die Drehung der Erde um sich selbst hat den Wechsel von Tag und Nacht zur Folge und bestimmt den Biorhythmus des Menschen als eines tagaktiven Lebewesens. Die Umlaufbahn des Mondes um die Erde spiegelt sich im Gezeitenwechsel und in biosomatischen Veränderungen besonders sensibler Menschen. Den Phasen des Mondzyklus in den Tierkreiszeichen wird ein besonderer Einfluss auf die Pflanzenwelt zugeschrieben. Die Umlaufbahn der Erde um die Sonne und vor allem die schiefe Ebene der Ekliptik im Verhältnis zur Ebene des Erdäquators verursachen den Wechsel der Jahreszeiten. Die Bahn der Sonne am Himmel durch die Tierkreiszeichen im Lauf eines Jahres, die Bahnen der Planeten sowie die Konstellation der Fixsterne haben in den Gesellschaften von Jägern und Sammlern, von Hirten und Bauern die Option für die Dominanz zyklischer Handlungssequenzen nahegelegt.

Himmelskörper

Priester und Sternenkundige waren in solchen Gesellschaften abgestellt, damit sie die Bahnen der Sonne, des Mondes und die Position der Fixsterne beobachten, um den optimalen Beginn der Aussaat und Ernte bekanntzugeben. Der griechische Dichter und Landwirt Hesiod erwähnt das Erscheinen und Entschwinden der Plejaden als Termine, um mit dem Pflügen und der Getreideernte zu beginnen. In Ländern Schwarzafrikas wird auf den ersten Neumond gewartet, welcher der Tag- und Nachtgleiche im Frühjahr folgt. Sobald weise Seher ihn entdeckten, konnte und durfte mit der Aussaat begonnen werden. Im altägyptischen Reich wurde der Stern Sirius als »Bringer des neuen Jahres und der Überschwemmungen« verehrt. Sobald er Ende Juli am Horizont erschien, war die erste Flutwelle des Nils zu erwarten. Mit diesem astronomischen Ereignis war auch der Beginn eines neuen Jahres datiert. Der fallende und steigende Wasserstand des Nils wurde regelmäßig gemessen, um den Beginn einer ungestörten Aussaat anzuzeigen. In Neuguinea war das Auftreten einer bestimmten Art von Ringelwurm eine Ansage an die Dorfgemeinschaft, mit dem Pflanzen zu beginnen. Der Alltag der agrarischen Lebenswelt war vom Sonnenaufgang und -untergang geprägt. Im Sommer waren die Tage, im Winter die Nächte länger. Der »erste Hahnenschrei«, »bei Morgengrauen«, das »Erwachen der Morgenröte«, »bei Einbruch der Dunkelheit« oder »zu Beginn der ersten Nachtwache« wurden als Antworten auf die Frage nach dem »Wann« und »Wie lange« gegeben. Die Menschen waren bereit und damit zufrieden, sich die Gemächlichkeit der Natur, der Pflanzen und Tiere anzueignen. Allerdings sollten sich die heutigen Zeitgenossen davor hüten, eine nostalgisch verklärte Idylle des Landlebens auszumalen. Stürme, Blitz und Hageleinschlag im Sommer oder Herbst drohten das bereits reife Getreide, Obst und Weintrauben und damit die Arbeit eines ganzen Jahres zu vernichten. Wechselhaftes Wetter im Frühjahr nötigte den Bauern regelmäßig Entscheidungen ab, die blitzschnell getroffen werden mussten, ob das Gras jetzt zu mähen und das Heu sofort einzufahren sei oder ob man noch zuwarten könne.

In solchen Situationen waren die kirchlichen Vorschriften, sechs Arbeitstage einzuhalten und durch den Sabbat und den Sonntag abzulösen, Schönwetterregeln. Praktisch relevant waren Heiligenfeste, an die Markttage oder Fristentermine geknüpft waren. Die herausragenden religiösen Feste orientierten sich an astronomischen Ereignissen: Weihnachten wurde auf die Zeit der Wintersonnenwende festgelegt, Ostern wie das jüdische Pascha auf den ersten Vollmond nach der Tag- und Nachtgleiche im Frühling. Diese Orientierung gesellschaftlicher Handlungssequenzen an den zyklischen Perioden astronomischer Bezugsfelder hat sich bisher gegen revolutionäre Interventionen während der Französischen und Russischen Revolution und gegen das Drängen von Wirtschafts- und Finanzlobbyisten behauptet. Es gab wiederholt Versuche, alle beweglichen religiösen und politischen Feiertage auf einen Sonntag zu verlegen, jeden Monat mit einer konstanten Menge von Tagen auszustatten und mit einem gleichen Wochentag beginnen zu lassen.

Kalender

Gesellschaften, die gewohnt waren, ihre Handlungssequenzen auf die periodisch wiederkehrenden natürlichen Veränderungen zu beziehen, sind bereits sehr früh dazu angeregt worden, den periodischen Zyklen der Natur eine gerichtete Orientierung hinzuzufügen. Dazu waren sie auf selbstgeschaffene Konstrukte angewiesen. Dieser Impuls war die Geburtsstunde der Kalender. Was hat deren Entdeckung und wiederholte Korrekturen begründet?

Zum einen haben sie die Unschärfe offenbart, der die Beobachtung der Himmelskörper ausgesetzt war, sowie die tatsächlichen Abweichungen ihrer Bahnen selbst. Zum anderen zeigen sie die mangelnde beziehungsweise irrationale Kongruenz der Kombination heiliger Zahlen, die zu sieben Wochentagen, einem Mondzyklus von etwa 28 Tagen, zwölf Monaten und einem Sonnenzyklus von annähernd 365 Tagen zusammengefügt wurden. Außerdem machen sie das Bestreben gesellschaftlicher Eliten beziehungsweise einer Dynastie deutlich, den Erhalt der eigenen Macht mit einem Gründungsmythos abzusichern. Zudem sollte dem Volk eine pfeilgerade Entwicklung beispielsweise von der legendären Gründung der Stadt Rom durch Romulus und Remus – deren wunderbares Überleben der Milch einer Wölfin zu verdanken war – bis zum römischen Imperium einschließlich der Pax romana suggeriert werden.

Darüber hinaus haben die abrahamitischen Religionen diese Tendenz gerichteter Handlungssequenzen verstärkt. Naturreligionen entstehen aus der Faszination der Schönheit der Welt und insbesondere der erdnahen Himmelskörper und zugleich aus der Bedrohung durch Naturgewalten, denen die Menschen auf der Erde ausgesetzt sind. Die jüdisch-christliche Religion führt ihren Ursprung auf ein mystisches Erlebnis ihres Gründers und auf ein kollektives Befreiungsgeschehen zurück, in beiden Fällen auf die Deutung eines geschichtlichen Ereignisses. Die Entwicklung der religiösen Bewegung wie auch die Biographie ihrer Mitglieder wird gerichtet und irreversibel, nicht zyklisch gedeutet. Aus einer solchen Mentalitätsveränderung sind die intensiven Bemühungen um einen stimmigen Kalender zu begreifen, der den zyklisch und gerichtet orientierten gesellschaftlichen Handlungssequenzen gerecht wird. Sie markieren zugleich, wie sich die gesellschaftliche Abstimmung solcher Handlungssequenzen tendenziell von dem Naturbezug ablöst sowie präzise datierbar und planbar wird.

Bevor sich Julius Cäsar zusammen mit ägyptischen Experten zu einer Kalenderreform entschloss, deren Grundzüge immerhin mehr als zwei Jahrtausende überdauert haben, galt in Rom ein Mondkalender, der sich regelmäßig von den astronomischen Daten entfernte und von einem Priesterkollegium nach Belieben korrigiert werden konnte. So fehlten Cäsar zehn Tage zum Gleichstand mit dem Sonnenjahr, die er einschalten musste. Er sorgte dafür, dass gemäß der ägyptischen Vorlage der Mondzyklus und der »Sonnenzyklus« präzise aufeinander abgestimmt wurden. Das Julianische Jahr bestand nun aus elf Monaten mit je dreißig oder 31 Tagen sowie einem Monat mit 28 Tagen und einem zusätzlichen Tag alle vier Jahre. Es trat im Jahr 45 v. Chr. in Kraft, war allerdings gegenüber dem Sonnenjahr um elf Minuten und vierzehn Sekunden zu lang geraten.

Der französische König Karl IX. verlegte 1563 den Jahresanfang vom ersten März auf den ersten Januar. So war das Jahr 1566 auf acht Monate und siebzehn Tage geschrumpft. Seitdem stimmen die lateinischen Namen der Monate September bis Dezember, nämlich »sieben« bis »zehn«, mit den tatsächlichen Monatszahlen neun bis zwölf nicht mehr überein. Der Fehler des Julianischen Kalenders, der im vierzehnten Jahrhundert bereits um mehr als sieben Tage vom Sonnenjahr abwich, und die falsche Berechnung des Frühlingsvollmonds, von dem der Ostertermin abhing, veranlassten Papst Gregor XIII. zu einer Kalenderreform. Zehn Tage wurden übersprungen, auf Donnerstag, den 4. Oktober 1582, folgte unmittelbar Freitag, der 15. Oktober. Die Schaltregel wurde verbessert: Eine Jahreszahl muss durch vier oder durch vier, hundert und 400 restlos teilbar sein, damit das Jahr ein Schaltjahr wird.

Sowohl der Julianische als auch der Gregorianische Kalender haben lange Zeit gebraucht, bis sie sich durchsetzen konnten. Der Jahresanfang des Julianischen Kalenders wich von Region zu Region ab, in Ägypten begann er Ende August, in Konstantinopel und Russland Anfang September. Auch die Jahreszählung war nicht einheitlich. Im Westen setzte sich die Zählung nach Christi Geburt durch, in Byzanz zählte man nach Erschaffung der Welt. Der Gregorianische Kalender wurde in den protestantischen Ländern Deutschlands erst im achtzehnten Jahrhundert eingeführt. Russland stellte 1700 von der byzantinischen Zeitrechnung auf den Julianischen Kalender um, der selbst die erste Phase der Oktoberrevolution überstand. Einige orthodoxe Kirchen feiern ihre Feste einschließlich Weihnachten weiterhin nach dem Julianischen Kalender. Dieser Kalender gilt in allen orthodoxen Kirchen für die Ermittlung des Ostertermins.

Sowohl die Vorkämpfer der Französischen Revolution als auch der russischen Oktoberrevolution hätten aus der Geschichte lernen können, dass ihre Kalenderreformen nicht im Hauruckverfahren durchzusetzen seien und den zähen Widerstand nicht kurzfristig würden brechen können. Der Beginn der Jahre der »Freiheit«, der »Gleichheit«, der »Republik« war auf die Tag- und Nachtgleiche des September 1792 festgesetzt, das Jahr hatte zwölf Monate mit jeweils drei Dekaden (zehn Tagen) sowie Schalttagen. 1806 kehrte Frankreich zum Gregorianischen Kalender zurück.

Der sowjetische Revolutionskalender wurde 1929 durch ein Regierungsdekret angeordnet. Er löste den Gregorianischen Kalender ab, der 1918 an Stelle des Julianischen Kalenders von Lenin eingeführt worden war. In seiner ersten Version wurde das Jahr in zwölf Monate mit fünf Wochen und sechs Tagen eingeteilt. Fünf Arbeitstagen folgte ein gleitender Ruhetag, insofern täglich vier Fünftel der Belegschaft arbeiteten, während ein Fünftel frei hatte. An fünf revolutionären Gedenk- und Feiertagen ruhte die Erwerbsarbeit für alle. Stalin reformierte den Kalender, indem er jeden sechsten Wochentag eines Monats als Ruhetag für alle festsetzte. 1940 schaffte er den Revolutionskalender ab, kehrte zur Siebentagewoche zurück und stellte den Gregorianischen Kalender wieder her.

Das Bemühen religiöser und politischer Eliten um einen stimmigen Kalender belegt einen dreifachen Trend:

- Das Bemühen, gesellschaftliche oder kirchliche Handlungssequenzen auf die natürlichen Zyklen zu beziehen und darin zusätzlich eine gerichtete Bewegung zu verankern.

- Die Vielzahl der gleichzeitig geltenden Regionalkalender lässt erkennen, dass der Grad des Naturbezugs dem Ermessen einer Gesellschaft oder ihren Mitgliedern weithin überlassen bleibt.

- Religiöse oder politische Eliten haben ein Interesse daran, die Handlungssequenzen der Bevölkerung ausnahmslos zu normieren und damit die eigene Machtsphäre zu festigen.

Gesellschaftlicher Selbstbezug

Entwickelte Gesellschaften sind in dem Maß, wie ihre Mitglieder sich von einer strengen Ortsbindung gelöst haben, darauf angewiesen, ihre Handlungssequenzen möglichst störungsfrei aufeinander abzustimmen. Zugleich beanspruchen sie eine relative Autonomie, sich von dem Naturbezug zu lösen und sich dabei auf sich selbst zu beziehen. Vier solcher markanten Ablösungen vom Naturbezug und Ausformungen gesellschaftlichen Selbstbezugs sollen im Folgenden skizziert werden: die mechanischen Uhren, die Marktsteuerung, sozioökonomische Macht und politische Verständigung.

Uhren

Die Frage, wann eine aufeinander abgestimmte Handlungssequenz beginnen und wie lange sie dauern sollte, hat die Menschen gleichzeitig beunruhigt wegen ihrer Fähigkeit, überhaupt nach dem »Warum« oder »Wozu« zu fragen. Eine präzise Antwort, wie eine solche gesellschaftliche Abstimmung gelingen könne, war erst mit der Erfindung mechanischer Uhren möglich geworden, einer Innovation, die jene der Dampfmaschine und des Elektromotors weit überragt.

Uhren sind jedoch schon lange vorher in Gebrauch gewesen. Sonnenuhren boten bereits vor mehr als 5000 Jahren einen vage erkennbaren Maßstab der Abstimmung von Handlungen, der allerdings von der Wetterlage und vom Sonnenschein abhängig war.

Solche Mängel konnten die Wasseruhren beheben, die Tag und Nacht, bei Wolken und Sonnenschein eine gleichbleibende Menge Wasser aus dem Loch eines Gefäßes austreten ließen. Auf der Innenseite durchsichtiger Gefäße waren Markierungen angebracht, mit deren Hilfe abgelesen werden konnte, um wie viele solcher Einheiten der Wasserspiegel im Gefäß gesunken war. Allerdings blieben auch diese Uhren ungenau, weil schwankende Temperaturen die Eigenschaft des Wassers veränderten und die Löcher in den Gefäßen sich weiten oder verengen konnten. Deshalb wurden, um die Präzision zu erhöhen, Edelsteine in die Böden der Gefäße eingelegt. In China dienten Räucheruhren als Instrumente der Handlungskoordination. Einander zugeordnete Gefäße enthielten Duftstoffe, so dass sich die Abstimmung von Handlungssequenzen an einer spezifischer Duftnote orientieren konnte.

Die absolute Wende, da es gelang, den Beginn und die Dauer aufeinander abgestimmter Handlungssequenzen exakt festzulegen, trat mit der Renaissance ein, als Galileo Galilei 1581 die regelmäßige Schwingungsperiode eines Pendels entdeckt hatte, deren Dauer von der Länge des jeweiligen Pendels abhängt. Um 1640 entwarf er eine Pendeluhr, ohne sie zu bauen. Bei einer Pendeluhr löst ein Pendel mit jeder Schwingung einen Impuls im Uhrwerk aus, der die Zeitanzeige weiterschaltet. Außerdem erhält das Pendel vom Uhrwerk einen Impuls, damit die Schwingung trotz des Reibungsverlustes konstant bleibt. 1657 ließ der niederländische Astronom, Mathematiker und Physiker Christiaan Huygens ein Bauteil zu einer Pendeluhr in Den Haag patentieren. Die in seinem Auftrag gebauten Uhren hatten eine Ganggenauigkeit, die eine Abweichung allenfalls von zehn Sekunden pro Tag zuließ. Während dieser Zeit tauchten zum ersten Mal in englischer Sprache die Wörter »Schnelligkeit« und »Pünktlichkeit« auf.

Mit diesem Schritt war das Bemühen um einen unumstößlichen Maßstab, der geeignet ist, gesellschaftliche Handlungssequenzen präzise aufeinander abzustimmen, noch nicht an ein Ende gekommen. Die Fortsetzung erfolgte in zwei Richtungen. Zum einen konnte die Genauigkeit der Uhren perfektioniert werden. Dennoch war 1967 die Zeitmessung selbst durch noch so präzise funktionierende mechanische Räderuhren endgültig vorbei. Das herkömmliche Referenzmaß einer Sekunde, der 86 400. Teil eines mittleren Sonnentages, wurde abgelöst durch die Dauer von 9 192 631 770 Perioden der Strahlung, die dem Übergang zwischen den beiden Hyperfeinstrukturniveaus des Grundzustandes eines Caesium-133-Atoms entspricht. Auf dieser atomaren Naturkonstante basiert die »Atomzeit«, die weltweit in zahlreichen Zeitinstituten ermittelt wird. Aus der Koordination dieser Atomzeiten entsteht die »Internationale Atomzeit«. Sie wird von Physikern verwendet, weil sie völlig gleichmäßig verläuft – der Erdumdrehung und Erdbahn jedoch derzeit etwa um 35 Sekunden vorausgeht.

In der alltäglichen Lebenswelt sind indessen weiterhin jene Zeitmaße bedeutsam, die an der Umdrehung der Erde um sich selbst und an ihrer Bahn um die Sonne orientiert sind. Diesem Anliegen kommt die »koordinierte Weltzeit« entgegen. Sie berücksichtigt den Drehwinkel der Erde sowie die kurzfristigen Fluktuationen und die langfristige Verlangsamung der Erdrotation. Sie ist 1972 vereinbart worden und wird von den Zeitdiensten über Radiowellen ausgestrahlt. Sie liefert zwar Informationen über die augenblickliche Rotationsgeschwindigkeit der Erde und den genauen Drehwinkel, muss jedoch, weil die Erdrotation und damit die mittlere Sonnenzeit unregelmäßig verlaufen, alle ein bis sechs Jahre mit Hilfe von Schaltsekunden auf die von Atomuhren dargestellte Atomzeit abgestimmt werden. Geowissenschaftler und Astronomen ziehen diese koordinierte Weltzeit anderen Messgrößen vor.

Die zweite Richtung des Bemühens, gesellschaftliche Handlungssequenzen umfassender aufeinander abzustimmen, war die weltweite Standardisierung. Zu Beginn des neunzehnten Jahrhunderts waren die räumlichen Entfernungen durch die neuen Verkehrsmittel – Eisenbahn und Dampfschifffahrt – erheblich geschrumpft. Die Infrastruktur der Verkehrswege war intensiv ausgebaut worden. Telegraf, Telefon und drahtlose Übertragung von Informationen waren weit verbreitet. Die Industrieproduktion und der Warenhandel sprengten nationale Grenzen. In den Städten waren an Rathäusern und Kirchtürmen allen sichtbar Uhren angebracht. Trotzdem blieben die regionalen Kalender und die Ortszeiten in Geltung. Reisende mussten mehrmals am Tag ihre Uhren neu einstellen. Fünf Städte um den Bodensee herum hatten abweichende Ortszeiten. Vor der deutschen Reichsgründung galten in der Kurpfalz, in Hessen-Nassau und in vier Teilgebieten Badens abweichende Zeitregime. In den USA gab es in der Mitte des neunzehnten Jahrhunderts noch siebzig verschiedene Zeitzonen. In den 1870er Jahren waren auf einem New Yorker Bahnhof drei Uhren aufgestellt, auf deren Zeitansage hin sich die Züge in verschiedene Richtungen in Bewegung setzten.

Drei Gruppen stellten sich als die Triebkräfte heraus, welche die Vielzahl der Orts- und Regionalzeiten zugunsten eines standardisierten Zeitregimes abzuschaffen suchten: die Eisenbahngesellschaften, die Geophysiker und Meteorologen sowie die Vertreter der Industrie. Auf deren Drängen hin kam es 1884 zu der Washingtoner Meridiankonferenz. Auf ihr wurde eine erste allgemein anerkannte Weltzeit vereinbart, nämlich die »mittlere Greenwich Zeit«, die bis 1928 in Geltung blieb. Ihre Referenzgröße ist die astronomisch gemessene mittlere Ortszeit des Meridians, der durch die Sternwarte von Greenwich führt. Von diesem sogenannten Null-Meridian wurde der Globus nach Osten und Westen jeweils in zwölf Zeitzonen eingeteilt, denen eine entsprechende Zonenzeit zugeordnet war. Dieses Zeitregime ist 1928 in »Weltzeit« umbenannt, 1968 in mehrere Varianten, etwa die Atomzeit, die Internationale Atomzeit und die koordinierte Weltzeit, aufgesplittet worden. 1972 hat sich die koordinierte Weltzeit vorläufig allgemein durchgesetzt.

Hat die Verbreitung mechanischer Uhren den Naturbezug gesellschaftlicher Handlungssequenzen zerstört? Leben die Menschen, seitdem öffentliche Uhren an Rathäusern und Kirchtürmen angebracht worden sind, unter einem Diktat von Maschinen, die weder auf die zyklischen Perioden des Lebendigen noch auf die Intensität des Erlebens Rücksicht nehmen? Haben die aufgebrachte Menge zu Beginn der bürgerlichen Revolution in Paris und die Arbeiter zu Beginn der industriellen Revolution in England, als sie die öffentlichen Uhren zerschlugen, ihre Wut an den richtigen Adressaten ausgelassen?

Die Vorläufer der Räderuhren waren Wasseruhren, Sanduhren, Kerzen und Duftsignale. Die Installation öffentlicher Uhren in den Städten wurde von den Bürgerinnen und Bürgern als eine Befreiungsgeschichte empfunden, welche die Willkür der Feudalherren beendete, ihre Arbeitszeiten zu verlängern und Überstunden zu diktieren. Die Ablösung der Zunftglocken durch standardisierte Uhren hatte eine egalisierende Koordination gesellschaftlicher Handlungssequenzen zur Folge. Die mechanischen Uhren sind ein symbolischer Ausdruck dafür, dass die städtische Gesellschaft sich von den alten Zeitgebern – Natur, feudale und kirchliche Eliten – gelöst und für die Abstimmung gesellschaftlicher Handlungssequenzen auf sich selbst bezogen hat. Zudem wird selbst in dem pathologisch wirkenden Drang, in der Atomsekunde einen absolut präzisen und unverrückbaren Maßstab zu finden, um gesellschaftliche Handlungssequenzen aufeinander abzustimmen, eine gesellschaftliche relative Autonomie sichtbar. Denn die Gesellschaft optiert gemäß dem Nutzen für die Allgemeinheit, um gesellschaftliche Handlungssequenzen optimal aufeinander abzustimmen, während Wissenschaftler einzelner Fachdisziplinen sich gemäß ihren Forschungsinteressen für die koordinierte Weltzeit oder für die internationale Atomzeit als Referenzgrößen entscheiden.

Markt

»Zeit ist Geld.« Diese Parole Benjamin Franklins sollte und soll wohl den Verdacht widerlegen, dass die wirtschaftswissenschaftliche Reflexion zeitvergessen sei und dass die Ökonomen die zeitliche Dimension wirtschaftlichen Handelns erst sehr spät entdeckt hätten. Tatsächlich spielt in der Gleichgewichtsökonomie der Neoklassik die Dimension der Zeit keine Rolle. Zwar werden unterschiedliche Gleichgewichtszustände analysiert, nicht jedoch die Prozesse, die sich von einem Gleichgewicht entfernen und zu einem anderen zurückfinden. Die dynamischen Wachstumsmodelle sind abstrakt, idealtypisch und reversibel konstruiert.

Der Zeitkomponente wird in den methodischen Denkmustern der Neoklassik keine ausdrückliche Aufmerksamkeit gewidmet. Sie wird jedoch dem wirtschaftlichen Handeln und Entscheiden der

Wirtschaftssubjekte einschlussweise angehängt. Beispielsweise verzichten Wirtschaftssubjekte auf Konsum in der Gegenwart und sparen, während sie in späteren Perioden beabsichtigen, das Gesparte auszugeben, um zu konsumieren. Ein Unternehmer entscheidet sich für zeitaufwendige Produktionsumwege, wirbt mit einem Geldvorschuss Arbeiter an, zahlt ihnen Löhne, kauft Maschinen, um Arbeit und Kapital zu kombinieren, Güter herzustellen und auf dem Markt einen Erlös zu erzielen, der es gestattet, den aufgenommenen Kredit zurückzuzahlen und einen Gewinn für sich zu behalten. Die Investitions- und Personalplanung im Unternehmen, die Abschreibung auf langfristige Anlagen sowie die periodisierte Gewinn- und Verlustrechnung unterstellen ebenso zeitliche Komponenten wie die Zinsrechnung, die Sorge um den Erhalt der Zahlungsfähigkeit und die individuelle Entscheidung unter Unsicherheit in der Erwartung zukünftiger Erträge. Die Budgetrestriktion gilt auch für Entscheidungen, die eine knapp verfügbare Zeit den zur Wahl stehenden alternativen wirtschaftlichen Aktivitäten zuteilen.

Der Schwerpunkt ökonomischer Reflexionen, in denen sich Zeitkomponenten verstecken, mag auf der Mikroebene liegen. Aber auch in makroökonomischen Analysen des wirtschaftlichen Strukturwandels vom Agrar- über den Industrie- zum tertiären Sektor ist die Zeitdimension einschlussweise enthalten. Dies gilt erst recht für die Theorie des dynamischen Wettbewerbs. In deren Zentrum steht der innovative Unternehmer, der bestehende Konsumgewohnheiten und Produktionsverhältnisse durch neue Produkte und Produktionsverfahren aufsprengt und anschließend von den sogenannten Imitatoren eingeholt wird.

Trotzdem bleibt ein Unbehagen. Es bezieht sich darauf, dass erstens die individualistische und betriebswirtschaftliche Perspektive im Vordergrund steht. Dass zweitens die Periodisierung der wirtschaftlichen Aktivitäten ein abstraktes, realitätsfernes Modell ist, das die Wahrnehmung wirtschaftlicher Entscheidungen in der realen Zeit ausblendet. Und dass drittens die Dichotomie des Zeiträtsels unaufgelöst bleibt, weil in der Theorie die Zeit mal als absolut und objektiv, mal als relativ und subjektiv dargestellt wird. Mal erscheint sie als enger und teurer Container, mal als persönliche Empfindung. Die Integration der sogenannten Zeit in die ökonomische Theorie bleibt unaufgeklärt.

Warum ist dies so?

Weil die Mehrzahl der Ökonomen sich weigert, das wirtschaftliche Handeln als gesellschaftliches Handeln anzuerkennen und in die Gesellschaft eingebettet zu sehen. In einer sozioökonomischen Sicht- und Vorgehensweise ist »Zeit« das Aufeinanderabstimmen wirtschaftlich-gesellschaftlicher Handlungssequenzen. Auf die Frage, durch wen die Abstimmungen vorgenommen werden, lautet die gängige Antwort der Ökonomen: durch den Markt. Die Antwort, dass der Markt in gesellschaftliche Machtverhältnisse eingebettet ist, wird dabei in der Regel verdrängt.

Der Markt ist in westlichen Gesellschaften die dominante sozioökonomische Institution. Der Ökonom Friedrich August von Hayek nennt ihn ein »evolutionäres System«, das sich gegen die religiösen Überzeugungen und moralischen Normen der vergangenen Epochen als formales und anonymes Steuerungssystem durchgesetzt habe. Die Preise, die sich auf Märkten bilden, liefern authentische Signale über die Chancen und Risiken, die mit der Verfügung über die Güter oder das Geld verbunden sind. Und sie stimmen die Interessen der Marktteilnehmer optimal aufeinander ab, wenn diese in einem Güterkontrakt zwischen Tauschpartnern oder in einem Geldkontrakt der Zentralbank mit einem Zinszahlenden münden, dessen Zahlungsfähigkeit und Kreditwürdigkeit gewährleistet werden soll. Die Abstimmung erfolgt einzig durch den binären Code von zahlen/nichtzahlen, weltanschauliche Differenzen oder religiöse Kontroversen spielen an der Kasse des Supermarkts oder am Bankschalter keine Rolle.

Unterstellt wird ein isoliertes Individuum, dessen Zielfunktion in der Erhöhung des eigenen Nutzens liegt, das mit anderen nur dann kooperiert, wenn dies dem eigenen Nutzen dient. Dem Gütertausch geht eine eingehende Nutzen-Kosten-Analyse voraus. Ein individueller Nutzen wird indessen ausschließlich in dem Ziel gesehen, materielle oder immaterielle Güter zu erwerben. Das Mittel dazu ist eine Arbeitsleistung, die ausschließlich als Belastung wahrgenommen und als leidiger Zwang hingenommen wird. Alle

Wirtschaftssubjekte verfügen über vollständige Informationen künftiger Marktchancen und -risiken. Sie entscheiden rational gemäß ihren Präferenzen. Diejenigen, welche eine marktradikale Abstimmung individualistisch eng geführter Handlungssequenzen propagieren, übersehen offensichtlich, dass diese nur auf der Grundlage gesellschaftlicher Voraussetzungen gelingt, die jedoch nicht genannt werden.

Zum einen scheint es in einer Markt- und Erwerbswirtschaft überhaupt nicht begründungsbedürftig zu sein, dass die Handlungssequenz des Gütererwerbs und der Arbeitsleistung ausschließlich als eine Abstimmung angesehen wird, durch die ein bestimmter Zweck durch den Einsatz geeigneter Mittel erreicht werden soll. Arbeiten selbst als Eigenwert und Selbstzweck zu betrachten scheint abwegig zu sein.

Zum anderen kommen ein Gütertausch oder das Gewähren von Zahlungsfähigkeit nicht zustande, wenn nicht ein unterschwelliges Misstrauen, nämlich vom Geschäftspartner über den Tisch gezogen zu werden, überwunden wird und an dessen Stelle vorweg die positive Grundstimmung eines vorauseilenden Vertrauens entstanden ist.

Schließlich würde ohne zahlreiche Einrichtungen der öffentlichen Infrastruktur wie funktionierende Märkte, ohne staatlich kontrollierte Anstalten wie die Notenbank und Finanzinstitute und ohne eine Rechtsordnung, die private Verfügungsrechte gewährleistet und Vertragsverletzungen sanktioniert, kein Gütertausch gelingen. Gerade weil der Markt in moralische Überzeugungen und Rechtsnormen längst eingebettet ist, kann das anonyme Abstimmungsverfahren, das die Handlungssequenzen der individuellen Wirtschaftssubjekte steuert, auf eine gesellschaftliche Rahmenabstimmung als Orientierung und Norm bezogen werden.

Sozioökonomische Macht

Zeitfragen sind Machtfragen. Die Verfechter der freien oder sozialen Marktwirtschaft streuen gern das Gerücht aus, der Markt sei eine machtverteilende Institution: Ein Produzent, der beispielsweise Güter anbietet, die den Bedürfnissen der Konsumenten entsprechen, werde mit einem Gewinn belohnt. Wer jedoch die Erwartungen der Verbraucher verfehlt, werde mit Verlusten bestraft. Dem könnte man zustimmen, wenn die Angebots-, Nachfrage-, Produktions- und Entwicklungsbedingungen der Marktteilnehmer zumindest in der Ausgangssituation halbwegs gleich verteilt wären, so dass alle die gleiche Chance des Marktzutritts auf Grund einer angemessenen Kaufkraft oder eines angemessenen Leistungsvermögens hätten. Wer jedoch die Abstimmung von Handlungssequenzen auf real existierenden Märkten beobachtet, wird bald auf asymmetrische Machtverhältnisse und Gewaltverhältnisse stoßen.

Eine kapitalistische, wenngleich sozial temperierte Marktwirtschaft hat als feudales Erbe jene strukturelle Dichotomie übernommen, dass einer Minderheit die Produktionsmittel und der weit überwiegende Teil des Vermögens gehört, während die Mehrheit der Bevölkerung fast nur über ein Arbeitsvermögen verfügt, das sie, um das Überleben zu sichern, einem Unternehmer oder Arbeitgeber zu überlassen gezwungen ist. Wer bestimmen kann, dass andere warten, ohne selbst warten zu müssen, verfügt über Macht, der andere unterworfen sind. Derjenige, der die bessere Verhandlungsposition hat, kann über die Abstimmung der Handlungssequenzen der Partner eines angeblich freien Arbeitsvertrags vorwiegend zum eigenen Vorteil entscheiden. Er transformiert das Konzept der Vertragsfreiheit in ein tatsächliches Gewaltverhältnis.

Für das kapitalistische Unternehmen gilt das Gleiche. Die Entscheidungskompetenz liegt bei den Eigentümern des Unternehmens oder bei denen, die in ihrem Auftrag die Geschäfte führen. In einer hierarchischen Organisation sind die Führungskräfte befugt, die Handlungssequenzen der Belegschaftsmitglieder aufeinander abzustimmen. Ob sie dazu in die Rolle eines familiär-fürsorglichen Patriarchen, eines für die Besatzung verantwortlichen Kapitäns, eines den Anteilseignern hörigen Kapitalisten, eines freundschaftlichen Compañeros, eines auf gleicher Augenhöhe vernetzten Moderators oder eines Dirigenten schlüpfen, der sein Orchester zügelt, sie bleiben bestimmender Bestandteil eines Gewaltverhältnisses. Das von Frederic W. Taylor entworfene »wissenschaftliche Management« und dessen betriebliche Umsetzung, indem Arbeitsabläufe in fragmentierte und monotone Einheiten zerlegt und die Industriearbeiter durch Leistungsvorgaben in ein destruktives Akkordrennen getrieben wurden, sind wohl die Extremform einer Fremdbestimmung, um das Arbeitsvermögen auszuquetschen und die arbeitenden Menschen sich selbst zu entfremden.

Wenngleich eine derart starre Arbeitsorganisation der Vergangenheit angehört, bleiben auch im 21. Jahrhundert und wieder zunehmend sehr viele Belegschaftsmitglieder einer vergleichbaren Schieflage der Fremdbestimmung ausgeliefert. Wäre es nicht so, hätte sich der hundertjährige Trend einer kollektiven Reduktion der Erwerbsarbeit fortgesetzt, wäre das gesellschaftliche Arbeitsvolumen auf Männer und Frauen, auf Erwerbstätige und solche, die in die Erwerbsarbeit integriert werden, auf Jugendliche und Erwachsene fair verteilt worden. Denn eine Mehrheit der abhängig Beschäftigten kann strukturell nicht und seit zwanzig Jahren – seitdem sich die Asymmetrie der Machtverhältnisse zugespitzt hat – erst recht nicht relativ autonom die Handlungssequenzen mitbestimmen, wann und wie lange, ob auch am Wochenende und am Sonntag sie im Betrieb arbeiten, ob als Vollerwerbstätige oder als befristete Leiharbeiter, ob zu einem komfortablen oder zu einem niedrigen Lohn, wie sie die Erwerbsarbeit und die Hausarbeit sowie ihre persönlichen und familiären Interessen in eine faire Balance bringen. Jugendliche und insbesondere junge Frauen haben immer weniger Chancen, die Handlungssequenzen der beruflichen Ausbildung gemäß ihren Begabungen und Interessen zu planen und wenigstens mitzubestimmen. Denn sie werden von den betrieblichen Interessen und Ausbildungskosten überstimmt. Durch die Hegemonie der Finanzmärkte und deren Akteure sind die abhängig Beschäftigten noch mehr als vorher von der Abstimmung unternehmerischer Handlungssequenzen ausgeschaltet.

Die Gewerkschaften scheinen vor dem herrschenden Verteilungsregime kapituliert zu haben. Dass die Handlungssequenzen einer großen Zahl abhängig Beschäftigter fremdbestimmt sind, einem Gewaltverhältnis unterliegen und sich dem imperativen Diktat der Kapitaleigner und Firmenleitungen zu unterwerfen haben, indem sie gegen ihren Willen mehr arbeiten und produzieren, sonntags die

Maisernte einfahren, spätabends fern der Familie nur noch wenige Kunden bedienen sollen, erzeugt bei den Betroffenen Unbehagen und Wut, verbreitet Stress und macht krank.

Einen vergleichbaren Unmut spüren sowohl Verbraucher als auch kleine und mittlere Unternehmen. Asymmetrische Machtverhältnisse bestimmen auch die EU-Gipfelkonferenzen, die sogenannte Defizitsünder als Verursacher monetärer Turbulenzen anprangern und zu rigorosen Einschnitten nötigen. Das aufeinander abgestimmte Handeln, über das sich die Teilnehmerinnen und Teilnehmer internationaler Konferenzen angeblich auf gleicher Augenhöhe verständigen, diktieren in der Regel die wirtschaftlich leistungsfähigen Staaten. In dem industrielastigen, exportorientierten und auslandsverschuldeten Entwicklungskonzept, das nur selten hinterfragt wird, ist das fortwirkende Erbe imperialer Machtverhältnisse erkennbar.

Es liegt nahe, auch die vertikale Ungleichheit der Einkommens- und Vermögensverhältnisse, die sich in der ersten Dekade des neuen Jahrhunderts global herausgebildet hat, auf das primäre Machtgefälle kapitalistischer Marktgesellschaften zurückzuführen, nämlich die Schieflage zwischen den Kapitaleigentümern und den abhängig Beschäftigten. Anderseits spricht die bunte Vielfalt individualisierter und pluralisierter Milieus und Lebensstile, die quer zu den herkömmlichen Klassenlagen das Bild moderner Gesellschaften prägen, gegen eine Gesellschaftsanalyse, die sich ausschließlich an zwei Klassen orientiert. Deshalb leitet eine aufgeklärte Klassenanalyse die asymmetrischen Machtverhältnisse, die derzeit zugespitzt zu beobachten sind, nicht mehr ausschließlich von der Verfügbarkeit der zentralen ökonomischen Ressourcen Kapital und Produktionsmittel ab. In modernen Gesellschaften lassen sich weitere relevante Ressourcen benennen, in deren gebündelter Verfügbarkeit sich Klassenlagen verkörpern. Dazu gehört die konzentrierte und mehr oder weniger ausschließliche Verfügbarkeit symbolischen Wissens in den beiden Varianten der Expertenkompetenz oder der handwerklichen Qualifikation. Außerdem die Rangstellung in einer Organisation und schließlich die Zugehörigkeit zu informellen Beziehungsnetzen.

Die Vielfalt der verfügbaren gesellschaftlichen Ressourcen, nämlich des Geldvermögens, des Wissens, der Rangstellung und der Beziehungsnetze, die eine bunte Palette wirtschaftlicher und politischer Funktionseliten entstehen lässt, täuscht vielleicht darüber hinweg, dass die elitäre Klassenlage der Manager und Kapitaleigner sowie der Spitzenpolitiker und der Führungskräfte in Wissenschaft und Kultur relativ geschlossen ist. Tatsächlich können deren Angehörige damit rechnen, dass sie im Bedarfsfall wechselseitig unterstützt werden.

Der Elitetausch, der gegenwärtig zwischen der politischen, unternehmerischen, wissenschaftlichen und kulturellen Sphäre stattfindet, deutet an, dass weder die verschiedenen Ressourcen noch die jeweilige Machtposition unabhängig voneinander verfügbar sind.

Politische Verständigung

Eine Gesellschaft, die sich in der Abstimmung ihrer Handlungssequenzen mehr oder weniger von einem strengen Naturbezug löst, gewinnt einen relativen Freiheitsgrad, um verständigungsorientierte Abstimmungsformen zu entwickeln. Die Abstimmung durch den Markt und durch sozioökonomische Machtverhältnisse mag für die Funktionssphäre der Wirtschaft unter der Bedingung vertretbar sein, dass auch diejenigen ein menschenwürdiges Leben führen können, die in ihrer Leistungsfähigkeit beeinträchtigt und somit nur begrenzt marktfähig sind, und dass die Personenwürde jener Erwerbstätigen nicht verletzt wird, die der Lebenslage abhängiger Beschäftigung unterworfen sind.

Eine verständigungsorientierte Abstimmungsform ist dazu jedoch eine Alternative in vierfacher Hinsicht:

- Grundsätzlich werden kein Bürger und keine Bürgerin aus der Abstimmung ausgeschlossen, nur weil sie über die notwendige Kaufkraft nicht verfügten oder zu schwach wären, um sich als leistungsstarke Athleten auf den Märkten zu behaupten. Alle werden direkt oder indirekt an den Prozessen der Meinungsbildung und Entscheidung beteiligt.
- Die Abstimmung ist eine Antwort auf eine situative Herausforderung, mit der die politische Gemeinschaft sich konfrontiert sieht.

- Ein schnelles Durchregieren, das sich auf Übermacht- und Abhängigkeitsverhältnisse stützen müsste, ist ausgeschlossen. Vielmehr wird dem kollektiven Nachdenken und Abwägen ein längerer Atem eingeräumt und für die Abstimmung auf eine allgemeine Zustimmung oder zumindest auf eine breite zustimmende Mehrheit gewartet.
- Die Reichweite der Abstimmung erstreckt sich auf die erlebte Gegenwart, die erinnerte Vergangenheit und die erwartete Zukunft eines gelingenden Lebens. Sie ist in der Geschichte verankert und bewahrt die Überlieferung des eigenen Ursprungs. Gleichzeitig wird sie dem Schatten der Zukunft ausgesetzt, den Optionen einer starken Nachhaltigkeit.

Die demokratische Abstimmung gesellschaftlicher Handlungssequenzen gilt nicht nur für die Organisation staatlich-politischer Herrschaft, sondern ist längst zu einer Lebensform geworden, die in Partnerschaften, Familien, Jahrgangsgruppen, Schulen und Sportvereinen eingeübt und anerkannt wird. »Demokratische Lebensform« meint, dass der kollektive Wille einer Gesellschaft sich von unten nach oben bildet, dass Menschen sich wechselseitig als Personen anerkennen, dass Unterschiede der Rasse, der Sprache und des Geschlechts gegenüber der grundlegenden Gleichheit aller Menschen relativiert werden. Diese grundlegende Gleichheit aller Menschen wieder ins Bewusstsein zu heben, hat zahlreiche Religionsstifter dazu inspiriert, verkrustete Gewohnheiten und Traditionen durch die goldene Regel aufzusprengen, »dass du den anderen Menschen das zu geben hast, was du selbst von ihnen erwartest, dass sie es dir geben«. Und dass sie gleiche Rechte dir gegenüber beanspruchen dürfen, die du ihnen gegenüber beanspruchst. Demzufolge ist die Abstimmung gesellschaftlicher Handlungssequenzen ausgestaltet: allgemeine, freie, gleiche und geheime Wahlen, gleiche Mitwirkungsrechte und gleiche Stimmengewichtung, Mehrheitsregeln als zweitbeste Lösung sachgerechter und zeitnaher Entscheidungen, Minderheitenschutz durch qualifizierte Mehrheitsverhältnisse sowie Öffentlichkeit und öffentliche Meinung, die als kritisches und konstruktives Medium der Meinungs- und Willensbildung respektiert werden.

Als Korrektiv einer verfestigt wirkenden repräsentativen Demokratie sind »zivilgesellschaftliche Bewegungen« entstanden, freiwillige nicht-staatliche und nicht-ökonomische Zusammenschlüsse. In ihnen haben sich Bürger und Bürgerinnen organisiert, um sich an der öffentlichen Meinungs- und Willensbildung zu beteiligen, diese zu beeinflussen und für ihre Interessen und Erfahrungen Zustimmung zu finden. Die politische Öffentlichkeit ist das herausragende Medium, das ihnen zur Verfügung steht, um grundlegende gesellschaftliche Veränderungen herbeizuführen. Sie bauen dazu Gegenmacht auf und mobilisieren Anhänger durch kritische Analyse, moralischen Protest, sachliche Kompetenz und normative Argumentation. »Bürgerinitiativen« sind spontane, zeitlich in der Regel begrenzte, organisatorisch lockere Zusammenschlüsse, die sich zumeist aus konkretem Anlass als unmittelbar Betroffene zu Wort melden und sich in der vorparlamentarischen Arena im Weg der Selbsthilfe, der öffentlichen Werbung und Mobilisierung sowie des politischen Drucks engagieren, damit ihr Anliegen Gehör findet und erledigt wird. Derartige Bewegungen und Initiativen stellen für die Abstimmung eingespielter Handlungssequenzen in der repräsentativen Demokratie eine Herausforderung dar. Sie werden kurzfristig als Störung oder gar als Bedrohung empfunden, bis die herrschende politische Klasse in ihnen den Impuls einer erweiterten und langfristigen Abstimmungsform erkennt.

Demokratische Lebensformen sind nicht herrschaftsfrei, also nicht chaotisch. Aber jede demokratische Herrschaft, also die Befugnis, gesellschaftliche Handlungssequenzen aufeinander abzustimmen, ist daran gebunden, dass eine solche Befugnis hinsichtlich des Trägers, des Adressaten, des Gegenstands geregelt ist und dass die davon Betroffenen einer solchen Befugnis grundsätzlich zustimmen. Demokratische Herrschaft ist funktionsgebunden, nämlich Anwalt des allgemeinen Interesses zu sein, das sich gegen private, partikuläre Interessen behauptet. Sich auf dynastische Erbfolge, religiöse Sukzessionslegenden oder Standeszugehörigkeit zu berufen prallt vor einer solchen funktionalen Begründung demokratischer Herrschaft ab. Folglich steht der Zugang zu Positionen mit Entscheidungsbefugnissen allen Gesellschaftsmitgliedern ohne Rücksicht auf Alter, Geschlecht und ethnische Abstammung offen. Demokratische Herrschaft wird stellvertretend zum Wohl und im Interesse aller ausgeübt. Deshalb sind die Träger von Herrschaft an die Adressaten der Herrschaft rückgebunden und werden beständig von ihnen kontrolliert, indem sie an der Ausübung der Herrschaft beteiligt sind.

»Heilige Herrschaft« ist mit demokratischen Lebensformen unvereinbar. Sie tritt in religiösen Kontexten auf, wenn ein historisches Regime auf einen angeblich jenseitigen Ursprung zurückgeführt werden soll. Im neunzehnten Jahrhundert war Hierarchie eine Kampfformel, um die staatliche Verwaltung einschließlich ihrer monarchischen Spitze im Hinblick auf die elementaren Interessen des Volkes zu ächten. Heutzutage wird sie als organisatorischer Funktionswert beim Militär, in traditionellen Unternehmen und im Justizvollzug beschränkt zugelassen.

Jean-Jacques Rousseau verdanken wir das ideale Bild einer fairen Abstimmung gesellschaftlicher Handlungssequenzen. Er erkannte in den Menschen, wie sie aus den Händen der Natur hervorgegangen sind, nicht bloß eigeninteressierte, sondern ebenso harmonische, auf das Gute hin angelegte Wesen. Der Sündenfall ereignete sich mit der Spaltung von Natur und Gesellschaft, als ein Mensch sich mehr Land aneignete, als er mit eigenen Händen bearbeiten konnte, es einzäunte und die anderen glauben ließ, es sei sein Eigentum. Damit wurde das Recht des Stärkeren etabliert, und die fortwährende Aneignung steigerte den Reichtum der einen und erhöhte die Armut der anderen. Die Reichen schlossen mit den Armen einen Vertrag, der ihnen neue Machtmittel verschaffte, den Armen aber neue Fesseln anlegte. Sie bedienten sich des Rechts und der Gesetze, um die bestehende Ungleichheit als »freiheitliche« Ordnung erscheinen zu lassen. Im Gesellschaftsvertrag stellen die Menschen nun jene Ordnung der ursprünglichen Freiheit und Autonomie wieder her. Dieser Vertrag enthält vier Grundsätze:

- Das Volk selbst ist der Souverän.
- Das überpersönliche Gesetz soll herrschen, nicht die Willkür von Personen.

- Alle Bürger und Bürgerinnen sind an der Gesetzgebung zu beteiligen; ein Volk, das sich durch privilegierte Eliten repräsentieren lässt, verliert seine Freiheit.

- Als letzte Norm, um gesellschaftliche Handlungssequenzen aufeinander abzustimmen, gilt die Synthese des Vernünftigen und Gerechten, nämlich das allgemeine Interesse einer mündig werdenden politischen Gemeinschaft.

An solchen normativen Leitbildern verständigungsorientierter Abstimmung gesellschaftlicher Handlungssequenzen werden die Verwerfungen der politischen Sphäre gemessen – die Verfilzung staatlicher Organe mit Finanzinstituten sowie Industrie- und Handelskonzernen, der Seitenwechsel eines ehemaligen Bundeskanzlers beziehungsweise von Exministern für Arbeit, Verkehr oder Wirtschaft zu Firmen wie Gasprom, Union Investment, Deutsche Bahn oder Ruhrkohle AG, die Mutation des freiheitlichen Rechtsstaats zu einem Sicherheits- und Ordnungsstaat, die Verletzung sozialer Grundrechte, ein Bürgerkrieg der politischen Klasse gegen die Armgemachten und schließlich die Kurzatmigkeit derer, welche die Interessen des Volkes repräsentieren. Die Verdrossenheit über die Defizite des politischen Alltags, die in der Bevölkerung verbreitet ist, wird dadurch verstärkt, dass wirtschaftliche Führungskräfte im Interesse der globalen Wettbewerbsfähigkeit den demokratischen Verfahren selbst distanziert gegenüberstehen Sie werfen den Politikern vor, dass sie anders als die Unternehmer, deren Entscheidungsprozesse schnell, effizient und kostenbewusst ablaufen, wie gelähmt wirken, zu langsam entscheiden und immer weniger in der Lage sind, das Volk zur Einsicht in das sachlich Notwendige zu bringen und zu motivieren. Zudem würde das Parteiengezänk einschneidende Reformen verhindern; es dient ja wohl nur dazu zu verschleiern, wie wenig unterscheidbar die Parteiprogramme sind.

Dass derartig massive Widerstände gegen eine verständigungsorientierte Abstimmung gesellschaftlicher Handlungssequenzen kollektive Resignation oder im Gegenteil kollektive Atemlosigkeit erzeugt, ist nicht verwunderlich. Sie decken auf, dass der gesell-

schaftliche Selbstbezug neben dem Naturbezug eine weitere Verankerung im individuellen Subjekt braucht, um gesellschaftliche
Handlungssequenzen angemessen aufeinander abzustimmen.

Subjektbezug

»Grundlage, Mitte und Ziel aller gesellschaftlichen Einrichtungen
sollen die einzelnen Menschen sein«, so lässt sich eine Kernaussage
der katholischen Sozialverkündigung kennzeichnen, wie sie im ersten Sozialrundschreiben Papst Johannes' XXIII. und in der Pastoral-
konstitution des Zweiten Vatikanischen Konzils formuliert worden
ist. Deren weniger pathetische Übersetzung in die Frage, welches
Bezugsfeld neben dem Natur- und Selbstbezug für die Abstimmung
gesellschaftlicher Handlungssequenzen noch relevant sei, lautet
entsprechend: das individuelle Subjekt, die menschliche Person.
Folglich ergeben sich zwei Anliegen und Fragestellungen: Wie und
warum behauptet sich die Autonomie individueller Subjekte gegenüber den Ansprüchen gesellschaftlicher Abstimmung, so dass diese
das Eigeninteresse der Individuen nicht völlig verdrängen können?
Und aus welchen externen und internen Ressourcen baut sich eine
solche Eigenständigkeit auf?

Organische Regelkreise

Individuelle Subjekte sind Lebewesen, hochkomplexe Organismen,
die durch die biologische und kybernetische Forschung als Regelkreise erkannt wurden, die zu rhythmischen Schwingungen mit unterschiedlich langen Perioden neigen, mit Führungs-, Regel-, Stell-
und Störungsgrößen in zahlreichen Subsystemen, die ineinander
verschachtelt und übereinander gelagert, auf die Rhythmen des Gesamtsystems zurückwirken.

Zellen, die eine Membran umgibt, sind die kleinsten lebenden
Einheiten eines Organismus. Die ungleiche Verteilung elektrischer
Ladung innerhalb und außerhalb der Zelle erzeugt eine elektrische
Spannung zwischen Zellinnerem und dem Außenmedium. Wenn
infolge von Reizwirkungen Spannungsänderungen auftreten, wer-
den sie durch elektrische Impulse entlang der Zellmembran über
Kanalmoleküle, die sich öffnen und schließen, aktivieren und deak-

tivieren lassen, weitergeleitet. Das Wechselspiel der Schwingungen elektrischer Erregung und Hemmung liefert spezifische Informationen an andere Zellen, die mit einem weitverzweigten Neuronennetzwerk verschaltet sind. Es erzeugt einen elektrisch induzierten Rhythmus in den Bewegungsmustern etwa der elementaren Motorik, der Augenbewegungen oder der Atemzüge. Viele der rhythmischen Bewegungen in Billionen winziger Zelluhren laufen ohne eine übergeordnete Kontrolle oder ohne eine Rückmeldung aus der Peripherie ab. Andere werden durch ein Bündel von Nervenzellen im Gehirn synchronisiert und permanent mit äußeren Zeitgebern abgestimmt. Der menschliche Organismus erscheint wie ein Uhrengeschäft, in dem zahlreiche Uhren gleichzeitig ticken.

Enzyme steuern den überwiegenden Teil der biochemischen Reaktionen des Organismus. Sie sind die »Zündkerzen« des Stoffwechsels. Regelkreise verarbeiten interne Störungen oder Impulse von außen häufig so, dass sie mit schnell oder langsam gedämpften Schwingungen reagieren. Solche Regelsysteme erzeugen vermutlich jene präzisen biochemischen Reaktionen des Organismus.

Zahlreiche Organismen verfügen eigens über lichtsensorische Zellen, welche die Information über den Wechsel von Tag und Nacht oder den der Jahreszeiten an eine übergeordnete Uhr weiterleiten. Bestimmte Tierarten können sich am Himmelskompass und unabhängig von der Geschwindigkeit des Sonnenwinkels, das heißt unabhängig vom tatsächlichen Sonnenstand orientieren. Menschen gelten normalerweise als tagaktive Lebewesen, ausgestattet mit einer circadianen Rhythmik. Deren Einfluss beispielsweise auf die Körpertemperatur, die Hirnstromwellen, den Herzschlag, die Hormone im Blut, die psychische Leistungsfähigkeit, die akustische und optische Reaktionsgeschwindigkeit sowie Fehlerquoten beim Ablesen von Messdaten lässt sich beobachten. Allerdings ist diese als »innere Uhr« bezeichnete Rhythmik sehr flexibel und an den jeweiligen sozialen Kontext hoch anpassungsfähig. Ein biologischer Schlaf-Wach-Rhythmus wurde 1962 an Versuchspersonen getestet, die sich ohne Uhren in einem Bunker aufhalten sollten, der vom Tageslicht abgeschirmt war. Man entdeckte einen circadianen Rhythmus von durchschnittlich 25,1 Stunden.

Wie überzeugend dieser angebliche Nachweis einer inneren biologischen Uhr ist, wird wohl dadurch relativiert, dass es bei kurzen Phasen des Schichtwechsels und bei Langstreckenflügen über mehrere Zeitzonen hinweg, vor allem gegen die Richtung der Erdumdrehung, regelmäßig zu Rhythmusstörungen des Essens und Schlafens, der Hormonausschüttung und der Körpertemperatur kommt. Die subjektiven Empfindungen wie Müdigkeit, Schwindelgefühl, Stimmungsschwankungen und verminderte Leistungsfähigkeit bei körperlichen, manuellen und kognitiven Anforderungen verschwinden bereits nach wenigen Tagen, während objektiv messbare Daten wie die Körpertemperatur und der Hormonstatus sich nur stark verzögert anpassen.

Gehirn

Das menschliche Gehirn übernimmt offenkundig eine »Brückenfunktion« für das subjektive »Zeiterleben«, das Wahrnehmen gegenwärtiger, die Erinnerung an vergangene und die Erwartung zukünftiger Ereignisse sowie für deren Integration zu einer Vorstellung, dass wir in einem kontinuierlichen Strom der Zeit leben. Allerdings gibt es im Unterschied zu anderen Sinnen kein erkennbares Organ für die »Zeit«, das akustische, taktile oder visuelle Reize aufnimmt und verarbeitet. Kann es sein, dass das Zeitempfinden indirekt aus gelungener oder misslungener Abstimmung von Handlungs- oder Ereignisfolgen abgeleitet ist, die in der natürlichen oder gesellschaftlichen Umwelt beobachtet werden?

Welche Handlungen oder Ereignisse werden im Bewusstsein als »gleichzeitig« und als »Gegenwart« erlebt? Die Schwelle, unterhalb derer Handlungssequenzen als gleichzeitig wahrgenommen werden, ist für die einzelnen Sinne unterschiedlich. Für den Hörsinn liegt sie bei zwei bis vier Millisekunden, für den Sehsinn bei dreißig, für den Tastsinn bei zehn. Die Sinnesdaten gelangen mit unterschiedlicher Geschwindigkeit zum Gehirn. Dort werden optische, akustische und olfaktorische Reize in gemeinsame neurologische Signale übersetzt. Das Gehirn schnürt die Informationen der Sinnesorgane zu Paketen von zwanzig bis vierzig Millisekunden und bündelt mehrere solcher Pakete, die der medizinische Psychologe

Ernst Pöppel »Bausteine des Bewusstseins« nennt, zu einem Intervall von zwei bis drei Sekunden. Ein solches Intervall deuten wir als Einheit. Es wird als »Gegenwart«, als »hier und jetzt« erlebt. Ein Händedruck, eine gesprochene Satzfolge, eine musikalische Periode oder ein Winken aus dem fahrenden Auto – alles, was über drei Sekunden hinausgeht, wird als Vergangenheit empfunden.

In einem korrekten Sprachspiel über Gehirn und Bewusstsein ist sowohl die wechselseitige Korrelation als auch die Differenz zwischen den neuronalen Prozessen im Gehirn und dem subjektiven Bewusstsein zu beachten. Solange der Neigung, die sich häufig beobachten lässt, nicht widerstanden wird, zwei abweichende Kategorien unzulässig miteinander zu vermischen, ist ein methodischer Fehlschluss unvermeidbar.

Ich-Identität

»Was ist der Mensch, dass du an ihn denkst und dich seiner annimmst?« So beten Juden und Christen voller Bewunderung in guten und schlechten Zeiten, die sie erleben. Ein ähnliches, ganz alltägliches Staunen mag die Biochemikerinnen, Biologen und Neurologinnen überfallen, sobald sie die Regelkreise und »Uhren« des inneren Menschen reflektieren, die sie entdeckt haben. Deshalb soll das Sprechen von elektrischen Ladungen, molekularen Informationskanälen und neuronalen Netzen sowie der Integration solcher Impulse zu Intervallen, mit denen ein subjektives Erleben korreliert, nicht zu spekulativen Debatten zwischen Neurobiologen und Neurophilosophen verführen. Es genügt aufzuzeigen, in welche Tiefenschichten eine Abstimmung gesellschaftlicher Handlungssequenzen trifft, die sich auf das individuelle Subjekt bezieht.

Individuelle Subjekte werden als Organismen, komplexe selbstorganisierte Systeme im Kontakt mit ihrer natürlichen Umwelt wahrgenommen. Sie zeichnen sich aus durch irreversible Prozesse, Entropieverlust, Gewinn an Information und Energie. Sie sind und bilden Regelkreise, die Rückkopplungen sowie ineinander verschachtelte und übereinander gelagerte Rhythmen aufweisen. Die Rhythmen haben unterschiedliche periodische Längen – Jahre, Monate, Tage, Stunden, Minuten, Sekunden, Millisekunden. Sie sind an Licht- und Gravitationswechsel sowie an zyklische Veränderungen der natürlichen Umwelt gekoppelt.

Menschliche Lebewesen lassen sich durch folgende Merkmale beschreiben: Sie sind zum einen körperlich verfasst. Der Körper bildet jenes Medium, wodurch Veränderungen der natürlichen Umwelt auf das hochsensible und für Störungen von außen anfällige System elementarer Zellen des Organismus einwirken. In einem Leben, das zwischen Geborenwerden und Sterben ausgespannt ist, treten Hormonausschüttung, Fieber, Herzinfarkte, Asthmaanfälle, Geburten und Todesfälle sowie Wachstumsschübe entlang der Tages-, Monats- oder Jahresperioden ungleich verteilt auf.

Zum anderen verfügen solche Lebewesen über ein mentales Vermögen, das einmal wahrgenommene Erlebnisse speichert, verknüpft und als Gegenwart präsentiert. Sie selbst bestimmen in eigener Regie die »Dauer« dessen, was sie als Gegenwart erleben: Je abwechslungsreicher, interessanter und erregender gegenwärtige Erfahrungen sind, umso schneller sinken sie in die Vergangenheit und werden als lang andauernd erinnert. Und umgekehrt: Je monotoner, unaufgeregter und gedehnter die Gegenwart erfahren wird, umso länger dauert es, bis die Vergangenheit sie einholt, die jedoch im Rückblick nur kurz währt.

Zudem erleben sie Handlungssequenzen als in der Gegenwart ihnen zugehörig, können sich an solche der Vergangenheit als die ihren erinnern, sie projizieren solche in die Zukunft, die sie sich selbst zuordnen. Sie zitieren in der Vergangenheit erlebte Handlungssequenzen, inszenieren sie als Drama und erzählen sie als ihre eigene Geschichte. In dem Vermögen, Handlungssequenzen zu sortieren, aufeinander zu beziehen und zu einer Erlebniseinheit zu vernetzen, erschließt sich eine Ich-Identität, die tendenziell stetig, aber nicht ohne Schwankungen und Brüche »dauert«.

Individuelle Subjekte kommunizieren sprachlich vermittelt mit anderen Subjekten. In einer solchen Intersubjektivität drückt sich das Charakteristische selbstbewusster und selbstbestimmter Lebewesen aus: Sie lassen es zu und willigen darin ein, dass das Leben der anderen zum Bestandteil des eigenen Lebens wird. Schließlich eignen individuelle Subjekte sich die erzählten Geschichten an, stehen zu ihnen und lassen sich die beabsichtigten und absehbaren Handlungsfolgen zurechnen. Sie verknüpfen sie mit den erlebten Handlungssequenzen der Gegenwart und kümmern sich um die eigene Zukunft, so dass die vorbereiteten künftigen Projekte zu der angeeigneten Vergangenheit passen. Sie denken darüber nach, wer sie waren, wer sie sind und wer sie sein werden wollen.

Abstimmungskonflikte

Selbstbewusste, selbstbestimmte, eigenverantwortliche individuelle Subjekte, die in der erlebten Gegenwart, der erinnerten Vergangenheit und in der erwarteten Zukunft eine Ich-Identität aufbauen und behaupten, werden sich dagegen wehren, dass bei kollektiven Abstimmungen gesellschaftlicher Handlungskonsequenzen die Abstimmung ihrer eigenen Handlungssequenzen verdrängt, durchkreuzt oder gar unterdrückt wird. Sie werden als einzelne und als Gruppe darauf drängen, dass sie an den kollektiven Abstimmungen beteiligt sind. Sie werden darauf bestehen, dass neben den kollektiven Abstimmungen für sie als einzelne und als Gruppe genügend Spielraum bleibt, um die eigenen Handlungssequenzen aufeinander abzustimmen. Und sie werden sich dagegen auflehnen, dass kollektive Abstimmungen die hochsensiblen Regelkreise des eigenen Organismus stören oder gar zerstören.

Mit einer solchen Problemanzeige sind einige Konfliktlinien vorgezeichnet, welche die Balance zwischen der kollektiven Abstimmung gesellschaftlicher Handlungssequenzen und der Abstimmung individueller Handlungssequenzen, die nicht nur nach außen, sondern auch nach innen gerichtet sind, bedrohen oder gar zerstören. Erstens kann von der Abstimmung kollektiver Handlungssequenzen ein rigider Disziplinierungsdruck ausgehen, indem beispielsweise eine starre Schul- und Berufsausbildung Kinder und Jugendliche abzurichten sucht. Zweitens besteht die Gefahr, dass individuelle Subjekte einem öffentlichen Sog nachgeben, steuerlos dahintreiben und sich nicht trauen, gegen übermächtige kollektive Abstimmungen zu rebellieren. Wenn individuellen Subjekten drittens die Korrelation ihres Erlebens mit den Signalen der »inneren Uhren« gleichgültig wird, so dass sie darin erlahmen, sich gegen Übergriffe

kollektiver Abstimmungen zu schützen, werden sie von psychosomatischen Störungen überfallen, aus denen sie sich nicht allein befreien können. Viertens kann es sein, dass individuelle Subjekte sich
blind auf ihre Gegenwart stürzen, ohne sie zu erleben – weder im
Kontext der eigenen Vergangenheit, die sie sich nicht angeeignet
haben, noch einer Zukunftsperspektive, die zu entwerfen sie sich
scheuen. Verhängnisvoll wäre es, wenn sie sich an die Vergangenheit klammern, bis diese zur Mumie erstarrt und die eigene Gegenwart mit Erinnerungen überschwemmt. Und wenn sie in jene Falle
stolpern, dass die Sorge um die Zukunft sie restlos verzehrt und sie
darüber versäumen, im gegenwärtigen Augenblick zu leben.

Resümee

So oft wir über »die Zeit« reden, riskieren wir, in eine der offen oder
versteckt ausgelegten Fallen unserer Sprache zu stolpern. Die Suche nach einer Definition der Zeit, die uns deren Wesen erschließt,
scheitert. Wenn stattdessen die Frage im Vordergrund steht, in welchen Handlungskontexten zeitliche Ausdrücke verwendet werden
oder welche Instrumente gewonnen werden können, um die Frage
nach dem »Wann« zu bestimmen oder die nach dem »Wie lange« zu
messen, lässt sich die empfundene Lücke, dass für das Zeitempfinden anders als für das Sehen und Hören kein eigenes Sinnesorgan
vorhanden ist, schließen. Wir könnten Sprachspiele ohne zeitliche
Ausdrücke entwerfen, indem wir Bilder oder Handlungsketten des
alltäglichen Lebens auf eine bestimmte Position von Himmelskör-
pern oder auf von Menschen geschaffene Konstrukte beziehen oder
gar abweichende Handlungsketten durch gesellschaftliche Verständigung aufeinander abstimmen.

Wenngleich die vorherige Reflexion um den Brennpunkt der Abstimmung gesellschaftlicher Handlungssequenzen kreist, war der
Ausblick auf andere zeitliche Sprachspiele nützlich, um die am gesellschaftlichen Handeln orientierte Vorgehensweise zu profilieren.
Die Vorstellung von »Zeit« als einem Container, in dem wir uns aufhalten, trifft offenkundig nicht zu. Die »Zeit« ist etwas Relatives,

aber relativ wozu? Relativ zur Wahrnehmung derer, die etwas, das sich verändert oder bewegt, beobachten. Durch die Erkenntnisse der speziellen Relativitätstheorie ist die Vorstellung einer Gleichzeitigkeit und einer Dauer, die unabhängig von einem Bezugspunkt beobachtet werden könnte, verlorengegangen. Die Pluralität und Relativität der Sprachspiele, die sich auf die Zeit beziehen, wird in dem Unterschied einer »Zeit der Physik« und einem alltäglichen Zeitbewusstsein deutlich erkennbar. Die Erinnerung an eine Vergangenheit, die Wahrnehmung einer Gegenwart und die Erwartung einer Zukunft haben kein Gegenstück in den Grundgleichungen der Physik. Die Annahme eines Zeitpfeils, der im subjektiven Bewusstsein, in den Anfangsbedingungen der kosmischen Expansion und in der Ungleichgewichtsthermodynamik zu beobachten sei, ist wohl eher eine berührende sprachliche Metapher, in der die Unähnlichkeit des sachlichen Inhalts größer ist als dessen Ähnlichkeit.

Die Subjektivität und Relativität des individuellen Zeitempfindens gestattet eine gesellschaftlich erweiterte Perspektive. »Zeit« wird als ein gesellschaftliches Konstrukt verstanden, das der geordneten Abstimmung bestimmter Handlungssequenzen auf andere Handlungs- oder Ereignissequenzen dient, die als maßgebliche Bezugsgrößen für die Information, Orientierung und Normierung angesehen werden. In einer konsequent handlungszentrierten Perspektive verbirgt sich hinter dem Konstrukt »Zeit« ein intersubjektives Handeln und Entscheiden, ein gesellschaftlich autonomer Verständigungsprozess. Die maßgeblichen Bezugsgrößen gesellschaftlicher Handlungssequenzen waren in den früheren Epochen die Ereignissequenzen der natürlichen Umwelt, vor allem die Positionen der Himmelskörper und der Wechsel der Jahreszeiten, dann entsprechend der Ausdifferenzierung der Gesellschaften die Gesellschaft selbst und seit der kopernikanischen Wende in der Neuzeit das individuelle Subjekt. Die Gesellschaft entscheidet autonom darüber, an welchen Bezugsgrößen sie Maß nimmt, um ihre Handlungssequenzen aufeinander abzustimmen. Die maßgeblichen Bezugsgrößen (die »Bestimmer« oder »Zeitgeber«) der Abstimmungen sind regional und geschichtlich vielfältig geblieben. Näherungsweise sind es die Veränderungen der erdnahen Himmelskörper, die jedoch von Kalendern, mechanischen Uhren, der Marktsteuerung, sozioökonomischen Machtverhältnissen und egalitärer Verständigung an die jeweiligen gesellschaftlichen Optionen angepasst worden sind.

Gesellschaftliche Abstimmungskonflikte verschärfen sich aus zwei Gründen: Zum einen versuchen Machtansprüche feudaler, wirtschaftlicher und politischer Eliten ihre Interessen gegen elementare Bedürfnisse breiter Bevölkerungsschichten durchzusetzen. Diese rebellieren zunehmend gegen derartige Abstimmungsregime, indem sie gegen diese eine Gegenöffentlichkeit und Gegenmacht mobilisieren. Zum anderen entdecken individuelle Subjekte sich selbst als ein sensibles psychosomatisches und mentales System, das sich in vielfältigen inneren und äußeren Abstimmungen selbst herstellt. Sie erheben den Anspruch, eine eigene Ich-Identität gegen Übergriffe kollektiver Abstimmungen zu behaupten. Wie solche Abstimmungskonflikte die einander widerstreitenden Interessen ausgleichen und zugleich den normativen Überzeugungen der Gerechtigkeit als Gleichheitsvermutung und der Solidarität unterstellt werden können, soll im folgenden Kapitel reflektiert werden.

4 Gleiche Gerechtigkeit und Solidarität

71 Prozent der Deutschen haben 2010 erklärt, dass die Gerechtigkeit in den vergangenen vier Jahren abgenommen habe. 58 Prozent der Befragten meinten, die Verteilung der Einkommen und Vermögen sei ungerecht. Sind die Deutschen »gleichheitskrank«? Dem Bedauern der befragten Personen und der rhetorischen Frage würde Friedrich A. von Hayek entgegnen, dass das Wort »soziale Gerechtigkeit« für eine Gesellschaft freier Menschen überhaupt keinen Sinn mache; es sei »nichts anderes als eine völlig nichtssagende Formel«. Mit dieser Behauptung schloss er sich der Meinung eines US-amerikanischen Moraltheologen an, der meinte, dass die Wendung »soziale Gerechtigkeit« nichts weiter sei als ein »semantischer Betrug aus demselben Stall wie die Volksdemokratie«. Gilt diese Skepsis auch für die Gerechtigkeit, von der Aristoteles überzeugt war, dass ihr unter den moralischen Normen der erste Rang gebühre, weil sie nicht nur eine persönliche Tugend, sondern zugleich die Grundnorm einer politischen Gemeinschaft ist?

»Solidarität« gehört zu den Zauberformeln, die unverändert die politische Öffentlichkeit beherrschen. Sie wird in zwei Richtungen innerhalb föderaler Staaten und innerhalb des Euro-Raums eingefordert. Hochverschuldete periphere Länder sollen ihre Haushalte konsolidieren, die Schuldenbremsen strikt erfüllen und so ihren solidarischen Beitrag leisten, um das Land wettbewerbsfähig zu machen oder die gemeinsame Währung zu festigen. Die Länder, deren wirtschaftliche Leistungskraft überdurchschnittlich ist, sollen dagegen den schwächeren Ländern mit finanziellen Hilfen beistehen. Das Wort »Solidarität« fehlt in keiner Grundwerteliste, in keinem christlichen, sozialistischen oder liberalen Parteiprogramm und auch in keiner kirchlichen Stellungnahme zur sozialen Lage. Inzwischen ist das Wort derart verschlissen, dass es als Kampfbegriff eingesetzt werden kann, um sowohl die Interessen der Starken und Mächtigen als auch die der Schwachen und Benachteiligten offensiv abzusichern.

Taugen normative Überzeugungen überhaupt dazu, die Abstimmung gesellschaftlicher Handlungssequenzen zusätzlich zu den natürlichen, gesellschaftlich selbstreferentiellen und subjektiven Bezugsgrößen zu orientieren? Ja, wenn sie einen naturalistischen Fehlschluss vermeiden und aus den natürlichen Bewegungen keinen automatischen Imperativ herauslesen, wenn sie den politischen und subjektiven Widerstand gegen wirtschaftliche und politische Machtansprüche und Übergriffe mit dem egalitären Verfahren der wechselseitigen Verständigung und des Respekts vor dem individuellen Subjekt »beseelen«. Das vierte Kapitel gliedert sich in zwei Abschnitte. Zuerst sollen eine parteipolitische Debatte nachgezeichnet sowie die Vorstellung der Gerechtigkeit als Gleichheitsvermutung erläutert werden. Die Option moralischer Gleichheit hat sich in der Proklamation politischer Beteiligungsrechte, wirtschaftlich-sozialer Anspruchsrechte und bürgerlicher Freiheitsrechte verkörpert. Darin könnte ein Grundrecht auf eigene »Zeit«, das heißt auf eine relativ autonome Verfügung über eigenwillige Handlungssequenzen eingeschlossen sein. In einem zweiten Schritt wird zunächst das Steuerungsmedium der Solidarität erläutert. Anschließend wird eine normative Antwort darauf gesucht, wie den lebensweltlichen, öffentlichen und politischen Bruchlinien sowie der zugelassenen Individualisierung und wachsenden Zerfaserung nationaler und planetarischer Solidarität begegnet werden kann.

Rückkehr der Gerechtigkeitsfrage

»Die Gerechtigkeitsfrage ist in die Gesellschaft zurückgekehrt«, hatte Wolfgang Thierse zu Beginn der ersten Dekade des neuen Jahrhunderts festgestellt. Namhafte Vertreter der Großparteien versuchten damals, in der Bevölkerung ein neues Gerechtigkeitskonzept zu verankern.

Parteipolitische Debatte

Wer sich bemüht, programmatische Stellungnahmen, die von Spitzenvertretern der sogenannten Großparteien, beispielsweise von Gerhard Schröder, Wolfgang Clement, Olaf Scholz, Angela Merkel, Dieter Althaus und Friedrich Merz vorgetragen worden waren, zu sichten, kann etwa sechs wiederkehrende Profile ihrer Positionen zur Gerechtigkeit erkennen. Erstens seien die herkömmlichen Begriffe der Gerechtigkeit den großen Herausforderungen der Globalisierung, des demographischen Wandels und der technischen Veränderungen nicht mehr gewachsen. Deshalb sollte die »neue« Gerechtigkeit modern und zeitgemäß sowie an die Bedingungen des 21. Jahrhunderts angepasst sein. Zweitens sollten sich die Deutschen von der Verteilungsgerechtigkeit verabschieden. Diese sei nämlich auf die Umverteilung materieller Güter oder finanzieller Mittel sowie die Gleichheit der Ergebnisse fixiert. Materielle Güter würden angesichts des wachsenden Wohlstands in Deutschland nicht mehr so stark nachgefragt. Außerdem seien die öffentlichen Haushalte überfordert, um alle sozialen Leistungsansprüche, mit denen sie konfrontiert sind, zu bedienen. Schließlich könne der Sozialstaat gerade jene persönliche Zuwendung nicht bieten, die von den Benachteiligten in erster Linie erwünscht wird. Drittens laute der neue Name für Gerechtigkeit: »Chancengleichheit« – ein allgemeiner und gleicher Zugang zu Bildungsgütern und zur Beteiligung an der gesellschaftlichen Arbeit. Für die geringqualifizierten Langzeitarbeitslosen erweise sich eine qualifizierte Bildung als Hauptschlüssel gesellschaftlicher Integration. Zudem sei irgendeine Arbeit besser als keine. Was Arbeit schafft, sei sozial.

Viertens dürfe Gerechtigkeit nicht mit Gleichheit verwechselt werden. Mehr Ungleichheit könne durchaus gerecht sein. Da die individuellen Bedürfnisse der Menschen, insbesondere ihr Verlangen nach Freiheit, stärker zu gewichten seien, sei es ein Gebot der Gerechtigkeit, die unterschiedlichen Talente und Leistungen gebührend anzuerkennen und zu fördern. Für die globale Wettbewerbsfähigkeit einer Wirtschaft komme es entscheidend darauf an, dass die vorhandenen Talente mobilisiert und der Leistungswille der Bevölkerung angeregt werden. Eine ungleiche Verteilung der Einkommen und Vermögen sei gerecht, weil sie persönlich verdient und gesellschaftlich verdienstvoll ist. Denn je gespreizter die Einkommens- und Vermögensverteilung, umso größer seien auch das Leistungsniveau und Leistungspotential der Wirtschaft, so dass es am Ende für alle mehr zu verteilen gibt. Die Gerechtigkeit, die unterschiedliche Begabungen und Leistungen honoriert, heiße Leistungsgerechtigkeit. Deren Steuerungsform sei der Markt. Wie die Demokratie als politische Ordnung der Freiheit angesehen wird, so könne die Marktwirtschaft als eine Ordnung der Freiheit gelten. Die primäre Verteilung der Einkommen und Vermögen am Markt gemäß dem Grundsatz der Äquivalenz belohne die Eigeninitiative und Übernahme von Eigenverantwortung. Die Markt- oder Tauschgerechtigkeit sollte demnach vorrangig vor der Bedarfs- und Verteilungsgerechtigkeit respektiert werden.

Fünftens richte sich die Kritik an der Verteilungsgerechtigkeit auch und vor allem gegen den Sozialstaat. Dieser sei überzogenen Erwartungen ausgeliefert, als könne er gesellschaftliche Risiken erschöpfend absichern. Ein bürokratisch überwucherter Sozialstaat habe die Hilfebedürftigen mehr und mehr entmündigt und ihrer Eigeninitiative beraubt. Er habe zivilgesellschaftliche und familiäre Formen der Solidarität ausgehöhlt und verdrängt. Deshalb sollte ein »aktivierender Staat« auf seine Kernaufgaben reduziert werden. Dieser könne den zivilgesellschaftlichen Kräften mehr Raum geben, sich selbst zu organisieren und die eigenen Talente zu entfalten.

Sechstens hätten die demografische Entwicklung und die hohe offene beziehungsweise verdeckte Staatsverschuldung den Generationenvertrag außer Kraft gesetzt und einen dramatischen Konflikt zwischen den Generationen heraufbeschworen. Indem die wirtschaftlich aktive Generation zu »Zechprellern an den eigenen Kindern« geworden sei, werde die Generationengerechtigkeit verletzt.

Sozialphilosophischer Diskurs

Die parteipolitische Debatte ist verständlicherweise von einem Gerechtigkeitsdiskurs begleitet, der von Sozialphilosophen vorweg und gleichzeitig geführt wird. Otfried Höffe beispielsweise kritisiert das beherrschende Dogma des Gerechtigkeitsdiskurses, das die Verteilungsgerechtigkeit zum Kern der Gerechtigkeit erklärt. Er sieht im Tausch das vorrangige Muster sozialer Beziehungen, weil die Menschen nicht nur knappe Güter, sondern auch Geschichten, Erkenntnisse und selbst (in Heiratsverträgen) Personen tauschten. Darüber hinaus gebe es für das Maß des gerechten Tausches, nämlich die strenge Äquivalenz des Gebens und Nehmens oder den wechselseitigen Vorteil, einen Konsens, während über das Maß der Verteilungsgerechtigkeit heftig gekämpft wird. Da heutzutage der Staat über das, was zu verteilen ist, verfüge und es austeile, entstamme das Verteilungskonzept einer paternalistischen oder maternalistischen Fürsorgementalität, während einer geschwisterlichen Wechselseitigkeit in der Demokratie der gleichrangige Tausch angemessen sei. So lasse sich die Verpflichtung der Kinder, die Eltern zu ehren, tauschtheoretisch durch einen Familienvertrag begründen. Sowohl die hilflosen Kinder als auch die gebrechlichen Eltern hätten ein Interesse daran, dass ihre Schwäche nicht ausgenutzt, sondern ihnen geholfen wird. Für die mittlere Generation sei es deshalb vorteilhaft, sich für einen Gewaltverzicht aus Gründen der Tauschgerechtigkeit zu entscheiden. Indem nun ein kollektiver Generationenvertrag an die Stelle des Familienvertrags getreten ist, habe der Staat die Eigenständigkeit der Familie als primärer Gruppe beschnitten und diese entmachtet. Dafür müsse er den Bürgern und Bürgerinnen eine Entschädigung leisten. Auch die Arbeitslosenversicherung könne tauschtheoretisch begründet werden. Die Daseinsvorsorge habe früher bei den Kommunen gelegen. Diese seien durch die politische Zentralisierung entmachtet worden, wofür sie nun entschädigt werden müssten. Auch die Entwicklungshilfe sei als eine Entschädigung für jenes Unrecht zu betrachten, das die Kolonialmächte den Staaten der südlichen Hemisphäre zugefügt hätten. Und schließlich seien die Benachteiligung der Frauen beziehungsweise die Ausbeutung der Arbeiter durch äquivalente Entschädigungen der Männer beziehungsweise der Unternehmen wiedergutzumachen.

Sozialethische Schlussfolgerungen

Die Debatten der Parteien atmen stark den Pulverdampf ihres Ringens um ein plakatives Profil. Sie müssen sozialethisch ergänzt, differenziert und korrigiert werden, damit die schrillen Wahlkampftöne abklingen, die eine Abstimmung gesellschaftlicher Handlungssequenzen im Interesse der Parteien anstreben. Beispielsweise beziehen sich gesellschaftliche Verteilungsregeln nie bloß auf materielle Güter, sondern in verschiedenen gesellschaftlichen Sphären auf Lebenschancen, Machtmittel, soziale Anerkennung und wirtschaftliche Verfügungsrechte. Gerade deshalb bilden Schieflagen der Verteilung weiterhin den Kern der Gerechtigkeitsfrage. Die Vorliebe, die derzeit dem Begriff der Chancengleichheit beim Zugang zu Bildungsgütern gilt, ist schwach begründet, solange etwa den Frauen, obwohl sie meist höherwertige Bildungsabschlüsse vorweisen können, gleichrangige Chancen verwehrt sind, wie Männer eine komfortabel entlohnte, gesellschaftlich anerkannte. sinnvolle und sichere Erwerbsarbeit zu finden. Einkommens- und Vermögensunterschiede sind neidlos anzuerkennen, soweit sie durch persönliche Talente und Anstrengungen erworben wurden. Die tatsächliche Verteilung der Einkommen und Vermögen in Deutschland ist jedoch vorrangig durch den sozialen Status der Eltern, sexistische Rollenmuster, gesellschaftliche Beziehungen und wirtschaftliche Machtverhältnisse begründet. Die Grundsätze der Tausch- und Marktgerechtigkeit, die dem Maßstab strenger Äquivalenz folgen, sind dem Grundsatz der Verteilungsgerechtigkeit faktisch nachgeordnet. Denn bei jedem Tausch von Gütern wird unterstellt, dass die Marktpartner berechtigt sind, über die getauschten Güter zu verfügen. Gegen dieses Argument wird häufig eingewendet, dass die rechtmäßige Verteilung der Güter vor dem Tauschvorgang aus früheren Tauschakten resultiere. Wenn jedoch die Kette der Marktbeziehungen immer weiter zurückverfolgt wird, endet die Reihe bei einer als gerecht unterstellten Ausgangsverteilung. Also liegt die Verteilungsgerechtigkeit der Tauschgerechtigkeit auch logisch voraus.

Die Zivilgesellschaft taugt nicht dazu, das sozialpolitische Vakuum, das ein Wettbewerbstaat hinterlässt, zu füllen. Zivilgesellschaftliche Initiativen bilden den Klassencharakter der Gesellschaft ab. Sie setzen sichere Arbeitsplätze, Einkommen und Partnerbeziehungen voraus. Sie orientieren sich milieuabhängig und interessenbezogen an sportlichen und kulturellen Vorlieben. Unternehmen als zivilgesellschaftliche Akteure verfolgen zu Recht in erster Linie betriebliche und wirtschaftliche Interessen. Sie sind keine Adressaten von Grundrechtsansprüchen. Der Begriff der Generationengerechtigkeit bleibt bezüglich seiner Bestandteile »Gerechtigkeit« und »Generation« ziemlich vage. Der Grundsatz der Gerechtigkeit regelt Rechte und Pflichten real existierender Personen und Personengruppen. Als solche Rechtsträger können zukünftige Generationen nicht identifiziert werden. Das Wort »Generation« lässt in einer Großfamilie, in Bildungseinrichtungen, bei gemeinsamen Erlebniswelten und in der Sozialversicherung sehr unterschiedliche Sinnhorizonte anklingen. Die familiäre Geschlechterfolge von Urahne, Großmutter, Mutter und Kind kann nicht auf die moderne Arbeitsgesellschaft übertragen werden. So ist in einer Erwerbsarbeitsgesellschaft die biologische Zusammensetzung der Bevölkerung nicht die Schlüsselgröße wirtschaftlicher Leistungskraft. Die Altersstruktur spielt gegenüber den Wachstumserwartungen, dem Beschäftigungsgrad und der Produktivität eine nur nachrangige Rolle. Denn unabhängig vom Lebensalter hat die Gruppe der Erwerbstätigen ein Volkseinkommen zu erwirtschaften, das für den eigenen Lebensunterhalt wie auch für den der nicht Erwerbstätigen ausreicht.

Höffes Argumente für eine Deutung der »Gerechtigkeit als Tausch« sind wohl nur überzeugend, wenn ethische, anthropologische und sozialgeschichtliche Reflexionen kombiniert werden und ein »sozialgeschichtlich sensibler Tauschbegriff« unterstellt ist. Dabei ist eine geschwisterliche Wechselseitigkeit in zahlreichen gesellschaftlichen Sphären erst durch die staatlich sanktionierte Rechtsordnung hergestellt worden. Das Szenario unfreiwilliger Tauschakte zwischen Partnern, die gewalttätig vorgehen (Raub) oder übervorteilt werden (Betrug), so dass Ansprüche auf Wiedergutmachung entstehen, umfasst nur ein Segment der Tauschgerechtigkeit. Es bleibt auch diffus, welcher Akteur nun welche Ansprüche auf Schadensersatz gegenüber welchem Adressaten durchsetzen soll. Die sozialgeschichtliche Rekonstruktion ursprünglicher Familien, Gemeinden oder Arbeitswelten, die nachträglich durch die Gesellschaft, den Staat oder den Kapitalismus »enteignet« worden seien, so dass sie dafür entschädigt werden müssten, erscheint arg konstruiert. Und schließlich ist in einer arbeitsteiligen und marktwirt-schaftlich organisierten Wirtschaft das Kriterium der strengen Äquivalenz nicht präziser abgrenzbar als das des Bedarfs.

Zweifellos verdienen die parteipolitische Suche nach der »neuen« Gerechtigkeit und der sozialphilosophische Gerechtigkeitsdiskurs eine kontroverse inhaltliche Auseinandersetzung. Aber unabhängig davon decken sie drei formale Voraussetzungen auf, unter denen in modernen, weltanschaulich pluralen Gesellschaften allgemein ver-bindliche Normen formuliert werden. Erstens wird nämlich die For-mulierung dessen, was in der heutigen Gesellschaft als gerecht gilt, durch eine gesellschaftliche Verständigung erreicht. In traditionel-len Gesellschaften waren die Sphären der Wissenschaft und Wirt-schaft, des Rechts und der Politik von einer einzigen, allgemein ver-bindlichen Religion beziehungsweise Moral zusammengehalten. Galilei unterwarf sein Wissen noch der päpstlichen Doktrin. Kaiser Heinrich IV. trat noch den Gang nach Canossa an, um im Amt zu bleiben. Und dem König Heinrich IV. von Navarra war Paris noch eine Messe wert. Der gleiche Glaube und die gemeinsame Moral umklammerten die Gesellschaft, orientierten das individuelle Han-deln, stifteten kollektive Identität und verpflichteten alle auf das so-genannte Gemeinwohl. In modernen Gesellschaften ist ein solcher Bezug auf inhaltlich vorgegebene, einheitliche Wertmuster, dem allgemein verbindliche Normen entnommen werden, nicht mehr möglich. Es gibt keinen außenstehenden Beobachter und neutralen Schiedsrichter, dem das Urteil über das, was gut und gerecht ist, überlassen werden kann. Es können auch nicht die Angehörigen ei-ner Teilgruppe der Gesellschaft die eigenen Vorstellungen des gu-ten Lebens, die ihrer Gruppenidentität entsprechen, den Angehöri-gen anderer Gruppen verpflichtend vorschreiben. Vielmehr sind die Mitglieder moderner Gesellschaften gehalten, sich über die gemein-samen normativen Überzeugungen zu verständigen – über das, was sie einander schulden, wenn sie sich als Gleiche achten. Dies geht in der Regel nicht ohne ernsthafte Abstimmungskonflikte, bevor diese in einen Kompromiss einmünden.

Normative Grundsätze sind zweitens keine Naturgesetze. Sie fal-len nicht fertig vom Himmel, »lassen sich nicht melken«. Sie werden kollektiv entworfen, situativ ausgelegt und kreativ angewendet. Das gilt auch für die Grundnorm jeder politischen Ordnung: die Gerechtigkeit. Auf den Spuren der Gerechtigkeit bei Platon, Aristoteles, Thomas von Aquin, in den Stürmen der Französischen Revolution, in der Auflehnung der Arbeiterbewegung sowie in der demokratischen Theorie der Gerechtigkeit als Fairness schält sich die Einsicht heraus, dass normative Grundsätze eine Antwort auf die gesellschaftliche Situation, die das kollektive Handeln herausfordert, enthalten. Die Güterverteilung in der antiken Stadt, die geordnete Verfügung der Christen über die knappen Güter im Einklang mit der göttlichen Weltordnung, die Empörung der Bürger über die Freiheitsberaubung durch absolute Monarchen, der Protest notleidender Arbeiter gegen die Übermacht kapitalistischer Unternehmer und schließlich die Spannung zwischen gleichen Freiheitsrechten und berechtigten sozioökonomischen Ungleichheiten sind in jeweils unterschiedlichen gesellschaftlichen Situationen geschichtlich variante Antworten auf die Frage: Was ist gerecht?

Das Aufspüren normativer Grundsätze ist drittens kein bewusstlos und ohnmächtig ausgelöster, automatischer Reflex auf biologische, ökonomische oder technische Mega-Trends, als gäbe es zu einer solchen Reaktion keine Alternative. Es könnte auch ein kreativer, innovativer Gegenentwurf zum Trend einer durch frühere politische Entscheidungen verursachten wachsenden Ungleichheit, Polarisierung und Spaltung der Gesellschaft sein. Eine solche Reaktion ist möglich, wenn es zu einem abwägenden Quasidialog zwischen situativer Herausforderung und normativer Option kommt. Wer beispielsweise die Hauptströmung eines Flusses, die er beobachtet, zum unabweisbaren Trend erklärt, dem die normativen Grundsätze lediglich anzupassen sind, verzichtet auf politische Gestaltungsmacht und kreativen Gestaltungswillen. Er gleicht einem Menschen, der zuerst das Wehr hochzieht und sich anschließend wundert, dass er in der Hauptströmung den Halt verliert. Der innovative Gegenentwurf liegt in der Behauptung, Gerechtigkeit sei eine Gleichheitsvermutung. Diese Behauptung soll im Folgenden erläutert und begründet werden.

Gerechtigkeit – eine Gleichheitsvermutung

Gegen die Aussage, dass der Gerechtigkeitsbegriff im Kern eine Gleichheitsvermutung enthalte, werden starke Einwände erhoben. Darauf soll zunächst eingegangen werden. Anschließend wird der Gleichheitsgrundsatz im Sinn einer verhältnismäßigen und einer moralischen Gleichheit ausgelegt.

Einwände und Vorbehalte

Die Gleichheitsforderung erwachse zum einen aus einem Neidgefühl heraus, das sich mit einem Irrtum derer verbinde, denen lebenswichtige Güter fehlen, heißt es. Denn der eigene Mangel, nicht das bessere Leben der anderen sei der Grund ihres Unbehagens. Zum anderen würden diejenigen, die in den Grundsatz der Gerechtigkeit die Idee der Gleichheit eintragen, übersehen, dass das moralische Subjekt, das normative Regeln als handlungsleitend bejaht, nie der generalisierte Andere, sondern immer das empirisch konkrete individuelle Subjekt ist. Dessen elementare Bedürfnisse an denen anderer zu messen sei jedoch nicht gestattet. Denn jedes Subjekt verfüge über Kompetenzen und Interessen, die einzigartig und ihm zu eigen sind. Folglich sei es berechtigt, differenzierte gesellschaftliche Positionen zu beanspruchen, die auf Grund eigener Talente und Anstrengungen erworben wurden. Die Gesellschaft sei nicht die Eigentümerin eines verborgenen Reservoirs, aus dem sie alle individuellen Kompetenzen schöpfen könne. Außerdem würden die Verfechter des Gleichheitsgrundsatzes darauf vertrauen, dass eine aufwendige sozialstaatliche Bürokratie die Gleichheit der Bürgerinnen und Bürger herstellen könne. Folglich stürzten sie die weniger Talentierten während des Rennens um gesellschaftliche Positionen in eine aussichtslose Aufholjagd, die auf einen Ausgleich zielt, der nie erreicht wird. Zudem habe die Gesellschaft keinerlei Mandat, das ihr gestatte, das den Individuen zufällig auferlegte Schicksal oder die beabsichtigte Mannigfaltigkeit der Schöpfung zu korrigieren.

Derartige Einwände können zunächst formal durch eine Präzisierung der Begriffe der Gerechtigkeit und der Gleichheit entschärft werden: Der Begriff der Gerechtigkeit enthält immer den Bezug zu anderen, folglich lässt er auch den Vergleich mit anderen zu, schließt ihn sogar ein. Weil die Gerechtigkeit sich auf andere bezieht und der Inbegriff moralischer Vollkommenheit ist, räumt Aristoteles ihr eine überragende Stellung ein:»Weder der Abendstern noch der Morgenstern sind so wunderschön.« Außerdem meint der empirische Begriff der Gleichheit nicht Identität: Selbst Zwillinge sind gleich, aber nicht identisch. Gleichheit ist die qualitative Übereinstimmung von Subjekten oder Sachverhalten in einem Merkmal, während andere Merkmale verschieden sind. Individuelle Subjekte sind beispielsweise hinsichtlich musischer Talente oder technischer Begabung, hinsichtlich der Herkunft aus einer Region oder hinsichtlich ihrer Kleidung einander gleich. Sachverhalte sind etwa hinsichtlich der Form, Eigenschaft oder Wirkung einander gleich. Auch Gleichheit und Ungleichheit sind Verhältnisbegriffe. Sie werden hinsichtlich einer anderen Person oder eines anderen Sachverhalts wahrgenommen. Den Mangel an Gütern stellt eine Person nicht an sich, sondern im Vergleich mit anderen fest. Es ist indessen möglich, dass sie die Differenz lediglich registriert, ohne sie als eine Frage der Gerechtigkeit zu empfinden. Dies ist erst dann der Fall, wenn sie den Eindruck hat, dass bestimmte Güter ihr ungerechtfertigt vorenthalten werden.

Verhältnismäßige Gleichheit

Die in der Rechtsphilosophie bekannte Formel»Gleiches soll gleich, Ungleiches soll ungleich behandelt werden« sowie das für die Ermittlung eines gerechten Lohns bestimmende Maß»Gleicher Lohn für gleiche Arbeit« drücken das Gespür für den Grundsatz verhältnismäßiger Gleichheit prägnant aus. Aber was ist der Bezugspunkt der Gleichheit? Im geschichtlichen Strom politischer Philosophie werden verschiedene Bezugspunkte markiert.

Für Platon besteht die Gerechtigkeit darin, das»Seinige zu tun«, dass»jeder das Seinige und ihm Zukommende hat und tut«. Diese Formel stamme, so Platon, vom Dichter Simonides, »jedem das zu geben, was ihm geschuldet ist«, beziehungsweise »was ihm zukommt«. Der römische Rechtsphilosoph Ulpian knüpft später daran an, da er die Gerechtigkeit als »beständigen und entschlossenen

Willen, jedem sein Recht zu geben« (in der Kurzform:»Jedem das Seine«) definiert. Einen ersten Bezugspunkt dessen, was einem zukommt, sieht Platon in der griechischen Stadt, der wohlgeformten Gesellschaft, in der die Stände der Krieger, der Regierenden, der Kaufleute und der Weisen genau das tun, was ihnen angemessen ist, was ihren Talenten, ihrer Aufgabe und ihren Funktionen entspricht. Als zweiten Bezugspunkt nennt Platon die harmonische Ordnung der Seelenkräfte, nämlich der vernünftigen Einsicht, des Mutes und der klugen Überlegung. Wie eine Stadt in guter Verfassung und gerecht ist, wenn die Stände funktionsgerecht operieren, so ist der Mensch gut, glücklich und gerecht, wenn er seine Seelenkräfte in der Balance hält.

Aristoteles präzisiert die bei Platon unterschwellige Unterscheidung zwischen einer allgemeinen Gerechtigkeit, die den Sammelnamen für alle Formen moralisch richtigen Handelns, für den vollständigen Gehorsam gegenüber dem geschriebenen (und ungeschriebenen) Gesetz darstellt, und einer speziellen Gerechtigkeit. Beide verhalten sich wie das Ganze zum Teil. Die spezielle oder partikuläre Gerechtigkeit tritt in zwei Varianten auf, als Verteilungsgerechtigkeit und als ausgleichende Gerechtigkeit. Die Verteilungsgerechtigkeit regelt die angemessene Zuteilung von Gütern, Ämtern, Ehren und Vorteilen in einer Gesellschaft. Als Zuteilungskriterium gilt ein geometrisches Verhältnis zwischen den verteilten Gütermengen und den Verdiensten der Personen. Beispielsweise ist das Verhältnis der Gütermengen x und y dem Verhältnis der Würde der Personen A und B gleich. Dagegen gilt für die ausgleichende Gerechtigkeit im freiwilligen oder unfreiwilligen Tausch (Diebstahl und Raub) das streng arithmetische Verhältnis von Leistung und Gegenleistung ohne Ansehen der Person.

Thomas von Aquin hat zum einen die Präzisierungen des Aristoteles in Bezug auf den Begriff der Gerechtigkeit übernommen. Zum andern bezieht er die irdische Gerechtigkeit auf die Vorstellung, die ein christlicher Gott von einer wohlgeordneten Welt hat. Er projiziert damit das antike Naturgesetz in die Person eines göttlichen Gesetzgebers. Die von Gott gedachte und vorgestellte Weltordnung spiegelt sich in der irdischen Gesetzgebung eines verantwortlichen, gläubigen Monarchen, der weise Gesetze erlässt. Die gehorsame Orientierung des gläubigen Christen an einem solchen Gesetz nannte Thomas, an Aristoteles angelehnt, »allgemeine Gerechtigkeit« oder »Gesetzesgerechtigkeit«. Sowohl in der mittelalterlichen, feudalen Gesellschaft wie auch in der antiken Stadt ist der Bezugspunkt »des Gleichen«, das den Individuen zukommt beziehungsweise zugeteilt wird, in einem religiösen beziehungsweise natürlichen Makro- oder Mikrokosmos verankert.

Moderne Gesellschaften haben sich zunehmend aus der religiös-kirchlichen Verankerung gelöst und in funktionale Teilsysteme ausdifferenziert. Folglich zerbrach die in einer religiös gebundenen Welt plausible Vorstellung, dass die irdische Gerechtigkeit im schöpferischen Willen eines göttlichen Gesetzgebers verankert werden könne. Politisch wurde das absolutistische Regime von Gottes Gnaden durch die Französische Revolution der Bürger entmachtet, die ihre Rechtlosigkeit nicht als gottgewollte gerechte Ordnung akzeptierten. Im Zuge der industriellen Revolution, als die Masse der Arbeiter in beispielloses wirtschaftliches und soziales Elend getrieben wurde, brach die Idee einer wohlgefügten Gesellschaftsordnung und eines inhaltlich vorgegebenen Gemeinwohls vollständig zusammen. Die normative Antwort politischer und sozialer Bewegungen auf die niederdrückenden Erfahrungen politischer Entrechtung und wirtschaftlicher Ausbeutung bestand in dem Ruf nach »sozialer Gerechtigkeit«, die überhaupt erst hergestellt werden müsse. Folglich verbindet sich mit diesem Begriff der Gerechtigkeit vorrangig ein kritischer Maßstab gesellschaftlicher Verhältnisse.

Moralische Gleichheit

In der neuzeitlichen Moderne ist eine kopernikanische Wende der Bestimmung verhältnismäßiger Gleichheit vollzogen worden. Die Entdeckung der subjektiven, instrumentellen und moralisch autonomen Vernunft, um die herum sich die Gesellschaft beobachtet und rekonstruiert, hat den Bezugspunkt verhältnismäßiger Gleichheit radikal verändert. »Das Gleiche« wird nun im Verhältnis zu sich selbst bestimmt – zum selbstbewussten, sich selbst bestimmenden individuellen Subjekt und zu seiner Absicht, sich als Person selbst zu verwirklichen und darin die eigene Identität zu finden. Der Grundsatz der Gerechtigkeit als Gleichheitsvermutung legt sich in den Grundsatz moralischer Gleichheit aus. Moralische Gleichheit besagt, dass die Mitglieder einer Gesellschaft sich wechselseitig das Recht zuerkennen, dass sie als individuelle Subjekte einen moralischen Anspruch darauf haben, mit der gleichen Rücksicht und Achtung behandelt zu werden wie jedes andere. Individuelle Subjekte sind von einem Standpunkt der Unparteilichkeit und der Allgemeinheit als autonome Lebewesen zu achten und als Gleiche – nicht gleich – zu behandeln sowie mit einem doppelten Respekt zu würdigen, als generalisierte andere und als unvertretbar einzelne.

Der Grundsatz moralischer Gleichheit ist zugleich eine Verfahrensregel, um die real existierenden gesellschaftlichen Verhältnisse daraufhin zu überprüfen, ob sie vom moralischen Gesichtspunkt aus, also vom Standpunkt der Unparteilichkeit und Allgemeinheit, mit angemessenen Gründen gerechtfertigt werden können. Eine solche Rechtfertigung gesellschaftlicher Verhältnisse kann nämlich als die erste und grundlegende Frage der Gerechtigkeit angesehen werden. Gemäß diesem Rechtfertigungsgrundsatz ist die Gerechtigkeit einer Gesellschaft daran zu messen, dass ihre Gerechtigkeitsnormen gegenüber jedem Mitglied der Gesellschaft und insbesondere gegenüber den schlechtestgestellten Mitgliedern, die von ihrer Geltung betroffen sind, angemessen begründet und gerechtfertigt werden können. Damit identifiziert der Rechtfertigungsgrundsatz die Mitglieder einer Gesellschaft als moralische Subjekte einer Gerechtigkeit ohne Grenzen, als Gesetzgeber in eigener Sache, als »Reich der Zwecke«.

Aus den Grundsätzen der moralischen Gleichheit und der Rechtfertigung lässt sich nicht direkt und unmittelbar eine Gleichheitsvermutung für die Ansprüche auf die Verteilung wirtschaftlicher Grundgüter, Verfügungsrechte, Zugangschancen und Machtpositionen ableiten. Wer dies versuchen wollte, stolpert in eine politische Moralfalle. Deshalb soll ein Umweg beschritten werden, indem verdeutlicht wird, wie sehr der Grundsatz moralischer Gleichheit in einer demokratischen Auslegung gleicher Menschenrechte verkörpert ist.

Demokratische Auslegung der Menschenrechte

Die Proklamation gleicher Menschenrechte dient als methodische Brücke, um die Korrespondenz des moralischen Gleichheitsgrundsatzes als erster Gerechtigkeitsnorm und der moralischen Rechtfertigung gesellschaftlicher Verhältnisse, wie sie in positiven Rechtsnormen ausgedrückt sind, plausibel zu machen. Nach dem Zusammenbruch der Kommandowirtschaften des real existierenden Sozialismus und der ausschließlich um eine Partei zentrierten Staaten sind die Menschenrechte zur Grundlage der Verfassungen in den meisten Staaten der Welt geworden. Diese haben 1993 in Wien der »International Bill of Rights« zugestimmt. Das Dokument enthält die Allgemeine Erklärung der Menschenrechte von 1948, den Zivilpakt über bürgerliche und politische Rechte sowie die Vereinbarung über ökonomische, soziale und kulturelle Rechte von 1966.

Die Menschenrechte sind kein weltanschaulich geschlossenes Programm. Sie sind in geschichtlichen Situationen, die als politische Unterdrückung und wirtschaftliche Ausbeutung empfunden wurden, proklamiert worden. Gruppen von Menschen haben sich wiederholt dem akuten Leidensdruck, der von einer übermächtigen und exklusiv reichen gesellschaftlichen Klasse ausging, widersetzt, dagegen rebelliert und eine andere Abstimmung gesellschaftlicher Handlungssequenzen durchgesetzt. Die Proklamation gleicher Menschenrechte hat eine geschichtliche Abfolge: Zuerst wurden die bürgerlichen Freiheitsrechte formuliert. Das Recht der körperlichen Unversehrtheit, der freien Entfaltung der Persönlichkeit, der Glaubens- und Bekenntnisfreiheit, der freien Meinungsäußerung sowie das Eigentumsrecht sind individuelle und institutionelle Abwehrrechte gegen mögliche Ein- und Übergriffe staatlicher Entscheidungsträger. Lange Zeit konnten Menschenrechte auf Männer, Bürger und Menschen mit bestimmter Hautfarbe begrenzt bleiben, bis feministische, soziale und ethnische Befreiungsbewegungen derartige Diskriminierungen beseitigten. In der Folge sind dann wirtschaftliche, soziale und kulturelle Leistungsansprüche auf eine Grundausstattung von Gütern, die zu einem menschenwürdigen Leben erforderlich sind, proklamiert worden.

Bereits in der Französischen Revolution wurde ein gleiches Recht auf Unterhalt für alle hilfsbedürftigen Bürger eingeklagt und gleichzeitig das herkömmliche System der freiwilligen Almosen und der kirchlichen Armenpflege aufgekündigt. In der Revolution von 1848 und in der Arbeiterbewegung wurde die Trennlinie zwischen sozialen Grundrechten und der Tugend feudaler Mildtätigkeit noch schärfer gezogen. In Not geratene Mitbürger pochten auf ihre verbrieften Rechte, statt sich mit barmherzigen Gaben abspeisen zu lassen. Aus den Konflikten der Arbeiterbewegung mit den damaligen Herrschaftseliten sind gleiche wirtschaftliche und soziale Anspruchsrechte als Staatsziele formuliert oder indirekt als Sozialklauseln verfassungsfest gemacht worden. Eine weitere Dimension gleicher Menschenrechte wurde eingefordert, als die repräsentativen Demokratien Westeuropas in Parteien-, Verbände- und Verwaltungsdemokratien abzugleiten drohten. Mit den Verfahren einer direkten Demokratie klagten zivilgesellschaftliche Bewegungen politische Beteiligungsrechte ein.

Die geschichtliche Abfolge des Auftretens sozialer Bewegungen mag erklären, dass zuerst bürgerliche Freiheitsrechte, dann soziale Grundrechte und schließlich politische Beteiligungsrechte aufgezählt werden. Folgt man dagegen einer logischen Rangfolge, wie sie die Option für die Demokratie als Lebensform nahelegt, dann steht den politischen Beteiligungsrechten der erste Rang zu. »Beteiligung« als neuzeitliche politische Dimension gleicher Gerechtigkeit meint das gleiche Recht einer jeden Bürgerin und eines jeden Bürgers, sich an den Prozessen der gesellschaftlichen, wirtschaftlichen und politischen Meinungsbildung und Entscheidungsfindung aktiv zu beteiligen und darin selbst zu vertreten. Beteiligungsgerechtigkeit ist in einer polarisierten, gespaltenen Gesellschaft eine ausdrückliche Suchbewegung auf diejenigen hin, denen die Mitwirkung an politischen Entscheidungen versagt ist, eine Parteinahme zugunsten der Schlechtestgestellten – am Rand der Gesellschaft.

Um dieses Beteiligungsrecht zu sichern, ist ein gleicher Mindestanteil am Volkseinkommen und Volksvermögen, also das soziokulturelle Existenzminimum einschließlich des Zugangs zu Bildungs- und Gesundheitsgütern zu garantieren, und zwar unabhängig davon, ob Menschen in der Lage oder bereit sind, sich an der gesellschaftlich organisierten Arbeit zu beteiligen. Denn der Wert eines Menschen gründet nicht in seiner Arbeitsleistung, sondern in seiner Würde als Mensch, die keinen Preis hat. Das wirtschaftlich-soziale Recht einer Grundsicherung auf dem Niveau des soziokulturellen Existenzminimums soll dem Ausschluss der Menschen von denjenigen wirtschaftlichen und kulturellen Gütern vorbeugen, die für eine Gesellschaft als unverzichtbar gelten – gemäß dem Grundsatz der Bedarfsgerechtigkeit.

An dieses Recht auf ein soziokulturelles Existenzminimum schließt das gleiche Recht auf Beteiligung an der gesellschaftlich organisierten Erwerbsarbeit an, die auf absehbare Zeit gesellschaftliche Anerkennung, materiellen Wohlstand und persönliche Identität vermittelt. Es ist ein gleiches Recht auf sinnvolle Arbeit und ein sicheres Einkommen für alle, die arbeiten können und wollen – gemäß dem Maßstab der Leistungsgerechtigkeit, die in kapitalistischen Marktwirtschaften jedoch nicht material, sondern formal durch das Ergebnis kollektiver Vereinbarungen bestimmt wird, die zwischen Verhandlungspartnern auf gleicher Augenhöhe getroffen werden.

Erweiterte Solidarität

Eine Gesellschaft, die nun seit dreißig Jahren die Abstimmung gesellschaftlicher Handlungssequenzen über den Wettstreit individueller Leistungen bereits in der Schule, in der beruflichen Ausbildung und auf den Arbeitsmärkten propagiert, hat eine junge Generation heranwachsen lassen, die in erster Linie auf das eigene Vermögen vertraut, um sich gegen Widerstände durchzusetzen, andere als potentielle Konkurrenten misstrauisch betrachtet und den Ellenbogen zum leitenden Symbol solcher Abstimmung erklärt. Die Bereitschaft, mit entfernt Lebenden oder gar Fremden solidarisch zu sein, scheint wie im Sturzflug gesunken zu sein.

Anderseits belegen alltägliche Erfahrungen ebenso wie statistische Umfragen, dass immerhin sehr viele Bürgerinnen und Bürger sich bereitwillig für Menschen engagieren, die sie kennen und die ihnen sympathisch sind. Beispielsweise haben Jugendliche eine sehr vertraute Beziehung zu ihren Großeltern, kümmern sich um behinderte Mitschüler und engagieren sich für den Umweltschutz oder den Frieden. Belegschaften haben Lohnkürzungen zugestimmt, damit die Arbeitsplätze ihrer Kollegen gesichert bleiben. In den Gemeinden sind zahlreiche Tafeln und soziale Kaufhäuser entstanden, um für arme Familien jene finanziellen Lücken zu schließen, die durch staatliche Spardiktate und Schuldenbremsen verursacht worden sind. Die große Elbeflut im Sommer 2002 hatte eine unerwartete Welle der Solidarität in der deutschen Bevölkerung ausgelöst. Aber auch selbst weit entfernte Überschwemmungen, Erdbeben und Tsunamis haben die Bereitschaft zu weltweiter Solidarität geweckt. Der Grundsatz der Solidarität ist offenkundig als eine Richtschnur wirksam geblieben, um gesellschaftliche Handlungssequenzen aufeinander abzustimmen.

Allerdings ist Solidarität ein Schmetterlingswort. Es zirkuliert in unterschiedlichen sozialen Milieus. Die Reden der Politiker zur deutschen Einheit in München 2012 waren trunken vom Bekenntnis zur europäischen Solidarität. Allerdings werden abweichende moralische Leitbilder mit diesem Begriff verbunden. Wem an einer Präzisierung liegt, verheddert sich unweigerlich in einem Labyrinth diffuser und inflationärer Bedeutungen.

Begriffliche Klärung

Um dem semantischen Labyrinth zu entkommen, werden zwei Bedeutungen der Solidarität als Tugend und als Steuerungsform voneinander abgegrenzt.

Tugend der Solidarität

Im alltagsweltlichen Sprachgebrauch wie in der öffentlichen Wertedebatte geht es meistens um persönliche Einstellungen und Verhaltensmuster des Mitleids und der Barmherzigkeit. Verständlicherweise erhält diese Dimension im religiös-kirchlichen Milieu ein starkes Gewicht. Dem biblischen Bild des barmherzigen Samariters kommt dabei eine Leitbildfunktion für die Hilfe des Starken zu, die er dem Schwachen erweist. Ein Papst appelliert an einflussreiche Personen, sie sollten »sich verantwortlich für die Schwächeren fühlen und bereit sein, Anteil an ihrem Besitz zu geben«. Das Gemeinsame Wort der Kirchen von 1997 zur wirtschaftlichen und sozialen Lage in Deutschland kennzeichnet die Tugenden der Barmherzigkeit und der Fürsorge, des wirksamen Eintretens für Arme, Schwache und Benachteiligte als solidarisches Handeln. Das Verhältnis der Solidarität als Tugend zur Grundnorm der Gerechtigkeit wird schillernd umschrieben. Das Gemeinsame Wort der Kirchen trägt die Überschrift: »Für eine Zukunft in Solidarität und Gerechtigkeit«. In einem römischen Sozialrundschreiben wird die Solidarität als der entschlossene Wille definiert, sich für das allgemeine Interesse einzusetzen. Der polnische Papst schreibt gar die Parole, die einer seiner Vorgänger geprägt hatte – »Das Werk der Gerechtigkeit ist der Frieden« –, auf die Solidarität um: »Das Werk der Solidarität ist der Frieden.« Zudem unterscheidet er zwischen einer »Pro«-Solidarität, nämlich dem Eintreten der Starken für die Schwachen, und einer »Kon«-Solidarität, nämlich der Selbstorganisation der Benachteiligten. In sozialphilosophischen Diskursen und in der feministischen Bewegung wird die Solidarität als »das Andere« der Gerechtigkeit gekennzeichnet. Worin besteht das Andere? Die Tugend der Gerechtigkeit beziehe sich auf das, was wir als gleichberechtigte und gleichrangige Mitglieder der Gesellschaft einander schulden, nämlich uns gegenseitig als Gleiche anzuerkennen und zu behandeln. Die Tugend der Solidarität dagegen sei auf die anderen als unvertretbar Einzelne gerichtet. Die Gerechtigkeit umschreibe Rechtsansprüche und Rechtspflichten, während die Solidarität Mitleid, einfühlsame Fürsorge und Barmherzigkeit umschreibt, heißt es.

Wenn ein Wegschmelzen der Solidarität beklagt wird, ist nicht die Tugend der Solidarität gemeint, etwa das mitfühlende Interesse der Hausbewohner am Wohl der alleinerziehenden Nachbarin, die sympathische Zuwendung der Eltern zu ihren erwachsenen Söhnen und Töchtern und auch nicht die Bereitschaft zur Hilfe für die Opfer von Naturkatastrophen, Kriegen und Eruptionen kollektiver Gewalt.

Solidarität als Steuerungsform

Als »gesellschaftliche Steuerungsform« bezeichnet man eine Regel, welche die Handlungssequenzen von Individuen oder Gruppen aufeinander abstimmt. In der Partnerschaft ist es die Liebe beziehungsweise Leidenschaft, in der Wirtschaft das Geld, in der politischen Sphäre die Macht und in der Wissenschaft die Wahrheit. Die typischen Kennzeichen der Solidarität als Steuerungsform sind erstens eine gemeinsame Grundlage, für die es zwar objektive Anhaltspunkte gibt, die aber ein gesellschaftliches Konstrukt ist und in erster Linie gefühlt, empfunden sowie absichtlich anerkannt wird. Diejenigen, die sich solidarisieren, sehen sich einander als Gleiche an. Eine solche Grundlage können die Klasse oder das Geschlecht, die gemeinsame Abstammung, Sprache, Kultur, Religion, ein kollektiv erlittenes Schicksal oder eine gleiche Interessenlage sein. Trotz der gemeinsamen Grundlage sind zweitens die großen Lebensrisiken etwa der Altersarmut, Krankheit und Pflegebedürftigkeit ungleich verteilt. Drittens werden gegenseitige Rechte und Pflichten für den Interessenausgleich (rechts)verbindlich festgelegt. Und viertens folgt aus der gemeinsamen Grundlage und den unterschiedlichen Risiken eine asymmetrische Gegenseitigkeit: Beiträge werden gemäß der Leistungsfähigkeit entrichtet, Ansprüche auf Hilfe gemäß der akuten Notlage angemeldet.

Das Besondere der Solidarität lässt sich leicht verdeutlichen, indem sie der Marktsteuerung gegenübergestellt wird. Der Markt ist eine entgrenzte, anonyme Form des Interessenausgleichs. Auf ihm herrscht strenge Gegenseitigkeit von Leistung und Gegenleistung – und zwar sofort oder zumindest in einer überschaubaren Periode. Die Solidarität dagegen regelt zum einen den Interessenausgleich innerhalb einer abgegrenzten Gruppe. Sie ist exklusiv; oft profiliert sie sich in der Abgrenzung zu einem Gegner. Die Gegenseitigkeit von Beitrag und Hilfeanspruch ist durch einen Erwartungswert verknüpft, der weit in die Zukunft hineinreicht. Zum andern unterliegt das Urteil über diesen »langen Schatten der Zukunft« einer stark subjektiven Einschätzung über das gesellschaftliche Risiko, von dem die Individuen betroffen sind. Das »Geheimnis« der Solidarität besteht also darin, dass die weniger Schwachen für die Schwächeren, die weniger Armen für die Ärmeren und die seltener Kranken für die häufiger Kranken einstehen. Eine solche asymmetrische Gegenseitigkeit kennt der Markt nicht, weil er ausschließlich auf Signale der individuellen Kaufkraft und des Leistungsvermögens reagiert.

Eine »ursprüngliche« Deutung der Solidarität ist in den sozialrevolutionären Bewegungen der letzten drei Jahrhunderte beheimatet. Die Französische Revolution hatte 1793 mit der Kampfformel »Freiheit, Gleichheit, Brüderlichkeit« das Recht auf Unterhalt für alle hilfebedürftigen französischen Bürger proklamiert und das herkömmliche System der Mildtätigkeit und Armenpflege aufgekündigt. Der französische Sozialist Pierre Leroux hat »Solidarität« zum Schlüsselbegriff sozialer Reformen unter Einschluss symmetrischer Rechte und Pflichten gemacht. In der Revolution von 1848 wurde zur Solidarität der Arbeiter verschiedener Berufsgruppen und zu ihrer Verbrüderung über Ländergrenzen hinweg aufgerufen. Ferdinand Lassalle formte das Konzept der Solidarität, das gemeinsame Interessen und Gegenseitigkeit einschloss, zum zentralen Bestandteil der Selbstdeutung der Arbeiterbewegung in Deutschland. Das Pathos der Arbeiterbewegung hat der Trennungslinie zwischen einer Solidarität als individueller Tugend und gesellschaftlicher Steuerungsform eine scharfe Kontur verliehen.

Armut und soziales Elend wurden nicht mehr als unentrinnbare Schicksalsschläge hingenommen, sondern als Folgen politischer Entscheidungen begriffen. Da die neu entstandenen Wirtschaftsformen die vorindustriellen Hilfsquellen, nämlich die Netzwerke der Familien, Nachbarschaften und Dorfgemeinschaften, zerstört hatten, verlangten die in Not geratenen Mitbürgerinnen und Mitbürger die politische Korrektur der gesellschaftlich verursachten Schäden. Die Arbeiter griffen zunächst zur Selbsthilfe. Doch mit der Zeit wurden die freiwillig und privat organisierten Unterstützungskassen in öffentlich-rechtliche Vertragsformen, Grundrechtsansprüche und Verfassungsnormen überführt. Gleichzeitig wurden sie mit sozialstaatlichem Zwang bewehrt, der in der Lage war, die kollektiven Risiken etwa der Arbeitslosigkeit, des Alters und der Krankheit rechtswirksam abzufedern.

Erosion der Steuerungsform

Warum erodiert die Steuerungsform einer erwerbswirtschaftlichen Solidarität? Ihre lebensweltlichen Grundlagen sind brüchig geworden, Sie sind zudem öffentlich entwertet und politisch deformiert worden.

Lebensweltliche Bruchlinien

Die solidarischen Sicherungssysteme der deutschen Erwerbsarbeitsgesellschaft gründeten auf drei gesellschaftlichen Normalitätsvorstellungen: der kontinuierlichen Erwerbsbiographie von Männern, der lebenslangen Partnerbindung von nicht erwerbstätigen Frauen und der Existenz von Kindern in Paarhaushalten. Diese drei Merkmale können nicht mehr als selbstverständlich unterstellt werden.

Die erste Grundlage der solidarischen Sicherung war eine kontinuierliche Erwerbsbiographie von 45 Jahren. Sie ist nicht mehr der Regelfall. Das solidarische Sicherungssystem war bereits lückenhaft für diejenigen, die nie erwerbstätig waren, nämlich Frauen in lebenslanger Hausarbeit, oder für Frauen, die nach der beruflichen Ausbildung nicht oder nur befristet in ein Beschäftigungsverhältnis übernommen wurden. Wenn Frühinvaliden vorzeitig aus dem Erwerbsverhältnis ausschieden oder wenn Frauen vor und nach der Familienphase unterbrochen erwerbstätig oder als Teilzeit- und geringfügig Beschäftigte erwerbstätig waren, war die Altersarmut vorprogrammiert. Bei häufig unterbrochener Beschäftigung und flexibler Unterbeschäftigung reißt das an die Erwerbsarbeit geknüpfte Netz solidarischer Sicherung.

Eine zweite Grundlage der solidarischen Sicherung war die sexistische Arbeitsteilung, der gemäß den Männern die Erwerbsarbeit, den Frauen dagegen die materielle Hausarbeit, Beziehungs- und Erziehungsarbeit zugewiesen wurde, die privat und unentgeltlich zu leisten war. Die Frauen waren so lange (zumindest abgeleitet) sozial gesichert, als sie mit einem erwerbstätigen Mann verbunden waren. Aber seitdem sich die Lebensformen differenziert und pluralisiert haben, ist auch die Unterstellung, eine solche Lebensform sei ein Regelfall ohne Ausnahmen, brüchig geworden. Die Mehrzahl der Frauen hat eine solche Dienstverpflichtung aufgekündigt und zu Recht Ansprüche auf eine Beteiligung an der Erwerbsarbeit, ein eigenes Einkommen und eine eigenständige soziale Sicherung angemeldet.

Eine dritte Grundlage der solidarischen Sicherung waren die Familienhaushalte mit mehreren Kindern, die ein Gleichgewicht zwischen der erwerbstätigen, der noch nicht erwerbstätigen und nicht mehr erwerbstätigen Generation gewährleisteten und dafür sorgten, dass in einer vollbeschäftigten Erwerbswirtschaft genug Beitragszahlende vorhanden waren, die den Jugendlichen die Ausbildung und den Älteren die Renten finanzierten. Solche Haushalte können derzeit nicht mehr als Normalfall unterstellt werden. Folglich sind Haushalte mit Kindern gegenüber Haushalten ohne Kinder in Bezug auf das Pro-Kopf-Einkommen, die Vermögensbildung und die Altersversorgung strukturell benachteiligt.

Öffentliche Entwertung

Seit dreißig Jahren – und nicht einmal durch die beispiellose Finanzkrise unterbrochen – ist eine sozioökonomische Legende mehrheitsfähig geblieben, dass solidarische Sicherungssysteme angesichts der explodierenden Ausgaben nicht mehr finanzierbar seien. Die Veränderung der Altersstruktur der deutschen Bevölkerung, eine vorwiegend biologische Kategorie, wurde als Argument bemüht, um die Zukunftsfähigkeit der gesetzlichen Alterssicherung in Frage zu stellen. Solidarische umlagefinanzierte Sicherungssysteme würden den Grundsatz der Äquivalenz ausschalten, individuelle Leistungsanreize beseitigen, die innovative Dynamik einschnüren und den Ideenhaushalt einer Bevölkerung deckeln. Sie seien wachstumsfeindlich, würden die globale Wettbewerbsfähigkeit der deutschen Wirtschaft gefährden. Sie seien nicht einmal rentabel, wenn man sie mit einer kapitalgedeckten privaten Altersvorsorge vergleiche.

Solche Vergleiche sind jedoch fehlerhaft, weil die Chancen und Risiken verschiedener Sicherungssysteme in einer idealen und realen Situation miteinander verglichen werden, ohne beispielsweise die Phasen hoher Arbeitslosigkeit, geringen Wirtschaftswachstums, hoher Kapitalmarktzinsen und stabiler Finanzmärkte einerseits und die Phasen hoher Wachstumsraten mit Vollbeschäftigung, niedrigen Zinsen und geringen Vermögenserträgen, hohen Gewinnerwartungen der Unternehmer und der Massenkaufkraft der Verbraucher anderseits zu berücksichtigen. Zudem klingt die monetäre Parallelentwicklung von individuellem Sparen und dem Aufbau eines Kapitalstocks in der Gegenwart und dem individuellen Entsparen und dem Verbrauch im Alter nur scheinbar überzeugend, denn sie setzt makroökonomisch und international das realwirtschaftliche Zusammenspiel eines global stetigen Wirtschaftswachstums, zeitversetzter Leistungsbilanzüberschüsse und -defizite sowie kollektiver Spar- und Konsumveränderungen voraus. Realwirtschaftlich bleibt es immer bei der Umlage, unabhängig davon, ob die Finanzierung national oder international, kapitalgedeckt oder solidarisch organisiert wird.

Die Entwertung der solidarischen Sicherungssysteme erfolgt in erster Linie auf der virtuellen Ebene. Dabei folgen die realen sozioökonomischen Verhältnisse dieser Debatte nur bedingt. Dennoch werden die individuellen Handlungssequenzen von dem öffentlichen Klagegeschrei massiv beeinflusst. Selbst wenn sich die dramatisch aufgeladenen Behauptungen über die Standortschwäche, die unerträgliche Kostenbelastung deutscher Unternehmen oder die mangelnde Finanzierbarkeit der solidarischen Sicherungssysteme und umgekehrt die überdurchschnittliche Rendite der privaten kapitalmarktgedeckten Absicherung als legendäre Erzählung erweisen, verändern sie das individuelle Bewusstsein. Ob die mediale Entwertung die Funktionsfähigkeit der solidarischen Sicherung authentisch abbildet oder nicht, ist belanglos. Sie ist die Realität.

Politische Demontage

Die politische Demontage der solidarischen Sicherungssysteme – der gesetzlichen Rentenversicherung, der gesetzlichen Krankenversicherung und der Arbeitslosenversicherung – ist der öffentlichen Entwertungsdebatte gefolgt. Die Entregelung der Arbeitsverhältnisse, das Anwachsen prekärer Beschäftigungsverhältnisse und vor allem des Niedriglohnsektors bluten die Sicherungssysteme jenseits konjunktureller Erholungsphasen finanziell aus. Verschlankte öffentliche Haushalte, die sich weiter öffnende Schere der Einkommens- und Vermögensverteilung, die öffentlichen Schuldenbremsen und Sparbeschlüsse, die ein Akt zweifacher Umverteilung von den unteren Einkommensgruppen nach oben und vom öffentlichen Sektor in den privaten Sektor sind, haben die erstrangige Finanzierungsgrundlage der solidarischen Sicherungssysteme ausgehöhlt. Mit den gegenwärtigen politischen Optionen wird die Demontage der solidarischen Sicherungssysteme fortgesetzt. Die miserablen Folgen der Agenda 2010 und der Hartz-Gesetze werden verdrängt. Die Absenkung des Rentenniveaus bleibt in Kraft, das Projekt der Rente mit 67 wird nur indirekt durchlöchert. In den sozialpolitischen Randzonen eines Bildungspakets und einer Zuschussrente werden die Kollateralschäden einer politischen Demontage solidarischer Sicherung abgemildert, nicht jedoch beseitigt. Das arbeitsmarktpolitische Ziel, die gesetzlichen Sozialbeiträge stabil zu halten und die paritätische Finanzierung aufzugeben, klingt vordergründig so, als würden die Arbeitgeber entlastet, tatsächlich handelt es sich um eine Lohnkürzung mit der Folge einer weiteren Rentenabsenkung für diejenigen, deren Einkommen eine private Vorsorge nicht zulässt. An der wieder aufgeflackerten Rentendebatte ist abzulesen, was einer scheinbaren Gesundheits- und Pflegereform bevorsteht. Durch die Deformation der solidarischen Sicherung und die Appelle zur privaten Vorsorge sind gerade diejenigen, die bisher den Segen einer begrenzten Umverteilung innerhalb der solidarischen Systeme empfangen haben, den individuellen Risiken ihrer Gesundheit und ihrer individuellen Lebenserwartung ausgeliefert, ohne dass gewährleistet ist, dass sie diese Risiken aus eigener Kraft tragen können. Kann dieser ruinöse gesellschaftliche Trend, ohne dass die ohnehin schon Belasteten noch zusätzlich leiden müssen, umgekehrt und die solidarische Abstimmung gesellschaftlicher Handlungssequenzen wiederhergestellt werden?

Dimensionen der Solidarität

Die spekulativen Attacken von Finanzinvestoren gegen periphere Staaten und Währungsräume haben die öffentlichen Haushalte in eine Armutsfalle hineingetrieben. Um den negativen realwirtschaftlichen Folgen der metastasierenden Finanzkrise auszuweichen, haben nationale Regierungen sich zu umfassenden Korrekturmaßnahmen entschlossen. Die wirtschaftliche Belebung hat die solidarischen Sicherungssysteme überraschenderweise finanziell gefestigt. Eine aktive Wachstums- und Beschäftigungspolitik scheint also eine vorzugswürdige Alternative zum rigorosen Sparen, zu Schuldenbremsen und zur Knebelung öffentlicher Haushalte zu sein. Und die öffentlichen Unkenrufe sind als haltlos oder zumindest als übertrieben desavouiert worden. Parallel zu dieser kollektiven Erfahrung könnte sich die politische Abstimmung gesellschaftlicher Handlungssequenzen zu einer erweiterten Solidarität in mehreren Dimensionen verdichten, deren Tauglichkeit allerdings im einzelnen geprüft werden sollte.

Zivilgesellschaftliche Dimension

Der finanzielle Druck auf die öffentlichen Haushalte hat die Regierenden dazu verleitet, auf die privaten Haushalte jene Aufgaben abzuwälzen, die bisher vom Sozialstaat übernommen wurden, um private Partnerschaften und Familien zu entlasten. Die Finanzkrise scheint diese Reaktionen öffentlicher Haushalte auf Grund ihrer finanziellen Notlage nicht umzukehren. Es wird wieder verstärkt das hohe Lied der elterlichen oder gar großelterlichen Kinderbetreuung, der häuslichen Krankendienste und der familiären Altenpflege gesungen. Da jedoch die Grenzen einer kernfamiliären Betreuung eng gezogen sind, werden großfamiliäre Wohnformen oder solche propagiert, in denen Personen eine Wohn- und Lebensgemeinschaft bilden, die unterschiedlichen Generationen in einem stabilen oder labilen gesundheitlichen Zustand angehören.

Die Erwartungen, die an solche zivilgesellschaftliche Projekte als den sogenannten dritten Sektor der Solidarität neben Markt und Staat gerichtet werden, sind häufig überdehnt. In der Euphorie über eine diffuse zivilgesellschaftliche Solidarität wird häufig übersehen, dass die Zivilgesellschaft ihren Klassencharakter beziehungsweise ihre asymmetrische Machtpositionen nicht abstreift. Zivilgesellschaftliche Akteure gehören zu den Bevölkerungsgruppen, die am wachsenden wirtschaftlichen Wohlstand teilnehmen. Sie schöpfen die Möglichkeiten politischer Beteiligung aus und wissen ihre bürgerlichen Freiheitsrechte einzuklagen. Sie sind sozial abgesichert, so dass ihnen das Risiko von Armut und prekärem Wohlstand unbekannt ist. Arbeitslose, Arme, Haushalte mit Kindern kommen in der Zivilgesellschaft nur am Rande vor. Kommunale Beamte und Lehrerinnen sind offensichtlich eher in der Lage und bereit, sich zivilgesellschaftlich zu engagieren und eine private Kindertagesstätte oder eine Privatschule zu errichten, als beispielsweise Kassiererinnen im Supermarkt und Lagerarbeiter.

Republikanische Dimension

Die politischen Entscheidungsträger haben versucht, die solidarische umlagefinanzierte Absicherung gesellschaftlicher Risiken einem »Sozialmarkt« zu übertragen, auf dem beispielsweise private, gewinnorientierte Krankenhäuser Gesundheitsdienste anbieten, die von »mündigen Patienten« nachgefragt werden. Dies mag Wohlhabenden und exklusiv Reichen keine Probleme verursachen, wohl aber einer breiten Bevölkerungsmehrheit. Falls die politische Klasse sich einer aktiven, umweltverträglichen Beschäftigungs- und Wachstumspolitik verweigert und falls der Anteil der Arbeitseinkommen am gesamten Volkseinkommen tendenziell abnimmt, während der Anteil der Einkommen aus Unternehmertätigkeit und Vermögen tendenziell wächst, dann könnten die solidarischen Sicherungssysteme, die bisher an die Erwerbsarbeit gekoppelt waren, auf eine erweiterte Grundlage, nämlich auf die der Verfassung gestellt werden.

Sie würden alle Personen, die im Geltungsbereich der Verfassung ihren Lebensmittelpunkt haben, in die Solidargemeinschaft einbeziehen. Zudem würden alle Einkommen, die im Geltungsbereich der Verfassung entstehen, beitragspflichtig. Damit würde das feudale Erbe, das sich in zahllosen ständischen Sicherungssystemen durch alle bisherigen Kriegs- und Friedensturbulenzen hindurch gerettet hat, beseitigt. Die Einkommensgrenzen der Beitragsbemessung und auch der Versicherungspflicht würden aufgehoben. Privatversicherungen würden künftig lediglich als Zusatzeinrichtungen zugelassen. Die solidarischen Leistungen würden sich in einem Korridor bewegen, der von unten her gesockelt und von oben her gedeckelt ist. Die Sockelung bewirkt, dass alle im Geltungsbereich der Verfassung Lebenden, auch diejenigen, die über kein eigenes Einkommen verfügen, zur Solidargemeinschaft dazugehören. Die Deckelung bietet den Wohlhabenden und exklusiv Reichen die Möglichkeit, sich zusätzlich privat abzusichern, wenn die Standardleistungen ihren Ansprüchen nicht entsprechen. Die Solidarität der gesundheitlich Starken mit den Schwachen und die Solidarität der Wohlhabenden mit den Armen wären in ein einziges System integriert, da bestimmte Krankheitsbilder mit der Einkommenslage und der gesellschaftlichen Stellung relativ streng korreliert sind. Außerdem sollte die Selbstverwaltung solidarischer Sicherungssysteme vor einem unmittelbaren staatlichen Zugriff geschützt sein.

Föderale Dimension

Die Bundesrepublik ist gemäß Artikel 20, Absatz 1 Grundgesetz ein demokratischer und sozialer Bundesstaat. Die staatlichen Funktionen sind auf die Länder und den Bund verteilt. Eine solche Arbeitsteilung entschärft das Spannungsverhältnis zwischen regional-kultureller Vielfalt und territorialer Einheit. Die Gliederung des Bundes in Länder ist sogar durch die »Ewigkeitsklausel« in Artikel 79 Grundgesetz geschützt. Dabei wird dem Bund gemäß Artikel 72, Absatz 2 Grundgesetz in bestimmten Bereichen eine Gesetzgebungskompetenz zugewiesen, »wenn und soweit die Herstellung gleichwertiger Lebensverhältnisse im Bundesgebiet oder die Wahrung der Rechts- oder Wirtschaftseinheit im gesamtstaatlichen Interesse eine bundesgesetzliche Regelung erforderlich macht«.

Gleichwertige Lebensverhältnisse im Bundesgebiet herzustellen, markiert die räumliche Dimension nationaler Solidarität. Die Lebenschancen in den Teilräumen sollen in Bezug auf die Daseinsvorsorge, auf die wirtschaftliche Einbindung durch Erwerbsarbeit und gesellschaftliche Beteiligung sowie auf einen angemessenen Lebensstandard konvergieren statt auseinanderzudriften. Föderale Solidarität ist ein strukturelles Gegengewicht gegen zentripetale Tendenzen und die Entleerung peripherer Regionen.

Gemäß Artikel 106, Absatz 3, Nummer 2 sind die Deckungsbedürfnisse des Bundes und der Länder »so aufeinander abzustimmen, dass ein billiger Ausgleich erzielt, eine Überbelastung der Steuerpflichtigen vermieden und die Einheitlichkeit der Lebensverhältnisse im Bundesgebiet gewahrt wird«. Und gemäß Artikel 107, Absatz 2 soll gesetzlich sichergestellt werden, »dass die unterschiedliche Finanzkraft der Länder angemessen ausgeglichen wird«. In einem solchen Gesetz sind die Voraussetzungen für die Ausgleichsansprüche und Ausgleichsverbindlichkeiten der finanzschwächeren und finanzstärkeren Länder sowie die Maßstäbe für die Höhe der Ausgleichsleistungen zu bestimmen. Neben diesem horizontalen Finanzausgleich können auch ergänzende Zuweisungen des Bundes geleistet werden, indem dieser aus seinen Mitteln leistungsschwachen Ländern Zuschüsse zur ergänzenden Deckung ihres allgemeinen Finanzbedarfs gewährt.

Grundsätze der Raumordnung werden in Paragraph 2, Absatz 2 Raumordnungsgesetz genannt: »In den jeweiligen Teilräumen sind ausgeglichene wirtschaftliche, infrastrukturelle, soziale, ökologische und kulturelle Verhältnisse anzustreben.« Die Existenz einer Transferunion ist in einem föderalen Bundesstaat unstrittig und durch das Grundgesetz garantiert.

Leider ist inzwischen auch das Grundgesetz von jenem marktradikalen wirtschaftsliberalen Dogma kontaminiert worden, dass sich nämlich die Steuerungsform des Marktes auf alle gesellschaftlichen Einrichtungen, staatlichen Verwaltungen und auch Bundesländer vorteilhaft übertragen lasse. Indem der Sozialstaat zum Wettbewerbsstaat mutiert, soll ein Wettbewerbsföderalismus den solidarischen Föderalismus ablösen. Deutliche Signale dieser Kontamination und einer erodierenden föderalen Solidarität sind zum einen die Klage eines der wirtschaftlich leistungsfähigen Länder, nämlich Bayerns beim Bundesverfassungsgericht gegen die derzeitige Form des Finanzausgleichs. Zum andern dient die Verankerung einer Schuldenbremse im Grundgesetz den finanzstarken Bundesländern als Druckmittel, das sie gegen die finanzschwachen Länder einsetzen.

Europäische Dimension

Die europäischen Regierungen suchen die weiter schwelende Bankenkrise unter dem Vorbehalt zu bewältigen, dass ihre Entscheidungen von den Finanzmärkten wohlwollend aufgenommen werden. Sie starren auf die Börsenkurse und horchen auf die dadurch vermittelte Stimme der Finanzmärkte. Die Sprache der Finanzmärkte lautet an der Oberfläche: Konkurrenz, im Untergrund: Übermacht des Stärkeren und Abhängigkeit des Schwächeren. Dieses Spiel hat das Krisenmanagement bisher bestimmt. Sieger sind die Investoren und vermeintlich auch die wirtschaftlich leistungsfähigen Länder, die Karte der Verlierer wird den peripheren Staaten zugespielt. Dies zeigt sich an dem öffentlichen Sprachspiel, das auf der einen Seite »Defizitsünder« anprangert und auf der anderen Seite »Musterknaben« auszeichnet. Als wären die regionalen Ungleichgewichte der Leistungsbilanzdefizite und Leistungsbilanzüberschüsse nicht zwei Seiten einer Münze. Es zeigt sich auch daran, dass die Regierenden das Spielfeld akzeptieren, das ihnen von den Finanzakteuren bestimmt ist. Gleichzeitig nehmen Finanzakteure die Definitions- und Abstimmungsmacht in Anspruch, wer als Schuldner und wer als Gläubiger zu bezeichnen ist. Folglich treffen in der monetären und fiskalischen Sphäre private Gläubiger und öffentliche Schuldner aufeinander. In einem solchen Heimspiel bestimmen die Gläubiger über die Schuldner und diktieren ihnen, unter welchen Bedingungen die Krise bewältigt werden kann. Solange die Marktsteuerung gilt, um die Handlungssequenzen privater Kapitalmacht und demokratisch legitimierter Staatsmacht aufeinander abzustimmen, hat die Sprache der Solidarität keine Chance.

Eine europäische Solidarität, die alle, finanziell starke und finanziell schwächere, Länder umschließt, kann dadurch belebt werden, dass die Europäerinnen und Europäer sich der gemeinsamen verbindlichen Grundlage bewusst werden und zu ihr stehen. Was könnte die große Erzählung für ein Europa im Werden sein? Ein Europa vom Atlantik bis zur Wolga als politisches Projekt, nicht als ein bloßes finanztechnisches Zahlungsversprechen. Zur europäischen Architektur gehört das Bekenntnis »Nie wieder Krieg, nie wieder Faschismus, nie wieder Kapitalismus«, das nach den Millionen Kriegstoten unmittelbar in der Nachkriegszeit alle Weltanschauungen, Parteien und Völker geeint hat. Ferner gehören dazu der Marshallplan, die Römischen Verträge, die friedliche Revolution in Osteuropa 1989, der gemeinsame Binnenmarkt, die Erweiterung der Gemeinschaft nach Süden, Norden und Osten sowie der Maastrichter Vertrag und die Währungsunion. Auf jüngere Zeitgenossen mögen solche verbindlichen Markierungen verständlicherweise wie die verklärende Nostalgie einer Nachkriegsgeneration wirken. Aber dann sollten sie versuchen, die Rolle zu definieren, die in einem geopolitischen Vieleck das kulturell bunte, regional und weltanschaulich gefächerte, den freiheitlichen, wirtschaftlich-sozialen und partizipativen Grundrechten verpflichtete Europa spielen soll. Es könnte ein Europa werden, das nicht einen militärisch aufgerüsteten, sondern einen ökologisch und sozial aufgeladenen Dialog mit den sich entwickelnden Ländern in der Welt führen wird.

Eine solidarische Bewältigung der gegenwärtigen Turbulenzen und der spürbaren Entfremdung zwischen starken und schwächeren Staaten der Euro-Zone würde sich zudem darin zeigen, dass das Krisenmanagement aus der monetären und fiskalischen Arena in die der Realwirtschaft umsteigt. An die Stelle von Spardiktaten, Schuldenbremsen und Haushaltskürzungen, welche die Vermögen einer Minderheit erhöhen und die breite Bevölkerungsschicht belasten, sollten öffentliche und private Investitionen treten, Arbeitsplätze geschaffen und vor allem den Jugendlichen eine reale Lebensperspektive geboten werden.

Und nicht zuletzt sollte sich die Europäische Union auf die vertraglichen Grundlagen einer »europäischen Solidarität im Werden« besinnen. Gemäß Artikel 158 EG-Vertrag verfolgt die Gemeinschaft weiterhin eine »Politik zur Stärkung ihres wirtschaftlichen und sozialen Zusammenhalts, um eine harmonische Entwicklung der Gemeinschaft als Ganzes zu fördern«. Sie setzt sich insbesondere das Ziel, »die Unterschiede im Entwicklungsstand der verschiedenen Regionen und den Rückstand der am stärksten benachteiligten Gebiete oder Inseln einschließlich der ländlichen Gebiete zu verringern«. Der »Kohäsionsfonds«, der die Aufgabe hat, die regionale Entwicklung in Europa zu fördern, soll gemäß Artikel 160 EG-Vertrag zum Ausgleich der wichtigsten regionalen Ungleichgewichte in der Gemeinschaft beitragen. Ihm ist die Aufgabe zugewiesen, rückständige Gebiete strukturell anzupassen und an der allgemeinen Entwicklung zu beteiligen. Das derzeit in Deutschland verbreitete Jammern über eine europäische Transferunion, die in winzigen Ansätzen und auf einem erst unscheinbaren Fundament ruht, ist mit der Anerkennung einer europäischen Solidarität, die wachsen soll, schwer vereinbar.

Planetarische Dimension

Ernst Ulrich von Weizsäcker hat bereits vor mehr als zehn Jahren erklärt, dass die Umweltfrage die soziale Frage des 21. Jahrhunderts sei. Ist sie auch eine Frage planetarischer Solidarität?

Die Umweltfrage hat inzwischen eine globale Dimension angenommen. Die Erregung über den Smog in den Städten, den sauren Regen und das Waldsterben, über die Luftverschmutzung oder die Verunreinigung der Flüsse, Seen und Strände ist auf globaler Ebene ein Problem geworden. Der Klimawandel und die Erderwärmung, die globale Bodenerosion und die Konkurrenz um die Bodennutzung für den Anbau von Nahrungsmitteln oder Pflanzen für die Energiegewinnung sowie die Erhaltung der Arten sind die bewegenden Themen. Auf den Umweltkonferenzen wird erbittert um das politische Ziel gerungen, die zusätzliche Erwärmung der Erde bis zum Jahr 2050 auf zwei Grad zu begrenzen.

Gleichzeitig ist ein Abstimmungskonflikt zwischen den Industrieländern und den Ländern des weltwirtschaftlichen Südens sichtbar geworden. Die Entwicklungsländer haben 1972 in Rio de Janeiro der ökologischen Zielsetzung das Ziel der Entwicklung des ganzen und eines jeden Menschen hinzugefügt. Wenn die wirtschaftlich fortgeschrittenen Länder von den Entwicklungsländern den Schutz der Umwelt einklagen, zu deren Zerstörung sie am meisten beitragen, antworten die Entwicklungsländer mit der Forderung an die entwickelten Länder, finanzielle und technische Hilfen bereitzustellen, um ihnen eine Entwicklung ohne Umweltschäden zu ermöglichen. Wird sich das global allgemeine Interesse bei der neuen Abstimmung der internationalen Handlungssequenzen durchsetzen, oder werden sich die reichen und mächtigen Staaten an ihren Einzelinteressen festklammern?

Der Umweltberater der britischen Regierung, Tim Jackson, hat das Umwelt- und Entwicklungsdilemma und damit den Abstimmungskonflikt zwischen den Industrie- und Entwicklungsländern so skizziert: Unter der Annahme, das nominelle Bruttoinlandsprodukt (BIP) würde weltweit im Durchschnitt um zwei Prozent jährlich wachsen, das Pro-Kopf-Einkommen der Entwicklungsländer gliche sich dem der reifen Industrieländer an und die formulierten Klimaziele ließen sich erreichen, müsste der CO_2-Ausstoß pro US-Dollar um das 130-Fache sinken. Ein solcher Zielwert kann jedoch selbst dann, wenn die Energieeffizienz um 33 Prozent und das wirtschaftliche Wachstum um vierzig Prozent sinken würden, nicht erreicht werden. Erst recht nicht, wenn das CO_2-Ziel um den Materialverbrauch und den »ökologischen Rucksack« erweitert würde. Kann das Regime der Marktsteuerung – dem bisher noch zugetraut wird, über das Instrument der Knappheitspreise dafür zu sorgen, dass die Kohleförderung eingestellt wird, die erneuerbaren Energien sich ausbreiten und die Energieeffizienz ansteigt – diesen Abstimmungskonflikt lösen? Oder ist dazu ein Umsteigen auf die Steuerung der Solidarität nötig?

Die Klimaveränderung, die wissenschaftlich als durch menschliche Einwirkung verursacht nachgewiesen ist, wird zunehmend als eine planetarische Herausforderung gedeutet. Es gibt nur diesen einen »blauen« Planeten, welcher allen Menschen verfügbar ist. Die Menschheit belebt und bewohnt das einzige verfügbare Raumschiff Erde. Niemand kann auf einen anderen Planeten auswandern, niemand kann um seinen Grund und Boden einen Zaun ziehen. Alle Menschen befinden sich wie in einem Boot. Sie sind planetarisch aneinander gekettet, füreinander verantwortlich und haften kollektiv. Als Antwort auf diese Herausforderung hat Hans Jonas das »Prinzip Verantwortung« dem »Prinzip Hoffnung« von Ernst Bloch entgegengestellt, um die Wirkungen und Nebenfolgen der technischen Zivilisation ins gesellschaftliche Bewusstsein zu rücken. Er hat diesen Grundsatz in Anlehnung an Immanuel Kant als ökologischen Imperativ formuliert: »Handle so, dass die Folgen deines

Handelns das echte Überleben der Menschheit auf Erden gewähr-leisten.« Damit ist das Postulat verbunden, dass die gegenwärtigen wirtschaftlichen, politischen und technischen Entscheidungen den Charakter des im Ganzen und auf Dauer Vernünftigen annehmen. Entscheidungen der wirtschaftlichen und politischen Eliten, die in diesem Sinn vernünftig sind, entsprechen dem moralisch Gebote-nen, dem »moral point of view«, dem Standpunkt der Allgemeinheit und der Unparteilichkeit.

Der Grundsatz einer planetarischen Verantwortung ist an die ökonomische Theorie der öffentlichen Güter anschlussfähig. Öf-fentliche Güter unterscheiden sich von privaten Gütern dadurch, dass sie nicht dem Ausschließungs- und Rivalitätsprinzip unterlie-gen. Sie werden gemeinsam genutzt und durch eine öffentliche Ent-scheidung bereitgestellt. In der christlichen Sozialethik wird der Grundsatz vertreten, dass die Güter der Erde allen auf ihr lebenden Menschen gehören, so dass jeder und jede sich ihrer bedienen dür-fen, damit sie über das, was zum Leben notwendig ist, verfügen. Die von der F.D.P. 1971 formulierten Freiburger Thesen enthielten die Proklamation eines allgemeinen Grundrechts auf eine unversehrte natürliche Umwelt sowie die Forderung, ein solches Grundrecht dem Grundgesetz einzufügen. Mit dem Artikel 20a GG ist 1994 der Schutz der natürlichen Lebensgrundlagen, 2002 unter Einschluss der Tiere, als Staatsziel im Verfassungsrang formuliert worden.

Das normative Konzept des ökologischen Fußabdrucks ist von ei-ner solchen Proklamation des Menschenrechts auf eine intakte Um-welt inspiriert. Diejenigen, die sich zu einer planetarischen Solidari-tät bekennen, aber darum wissen, dass die konkreten Umweltrisiken extrem ungleich verteilt sind, stimmen einem asymmetrischen Aus-gleich ökologischer Ansprüche zu: Die finanziellen Beiträge zum Um-weltschutz sind gemäß der wirtschaftlichen Leistungsfähigkeit zu entrichten, während der Anspruch auf umweltsichernde Transfers gemäß dem Hilfebedarf erfüllt wird. Die im Brundtland-Bericht 1987 formulierte relative »Nachhaltigkeit« tendiert zu einem tendenziell egalitären Ausgleich, dass nämlich die Umweltansprüche der leben-den Generation die Bedürfnisbefriedigung der nachwachsenden Ge-neration nicht beeinträchtigen.

Die Grundlage einer planetarischen Solidarität ist die Einsicht in einen gemeinsamen Lebenszusammenhang, der ohne einen ökologisch geschützten Planeten keine Zukunftschance hat. Sie ist dreifach ausgezeichnet: Erstens wird sie dem unbedingten Anspruch gerecht, das Interesse des verallgemeinerten und des konkreten Anderen zu achten. Sie hat zweitens eine Weltgesellschaft im Blick, die dabei ist, sich als die eine Menschheit wahrzunehmen und zu respektieren. Und drittens nähert sie sich dem »langen Schatten der Zukunft«, nämlich einer strengen globalen Nachhaltigkeit.

Resümee

Dass in einer Gesellschaft, in der Gruppen aus unterschiedlichen sozialen und weltanschaulichen Milieus leben, über die Formulierung moralischer Überzeugungen gestritten wird, die für alle bei der Abstimmung gesellschaftlicher Handlungssequenzen und deren Orientierung verbindlich gelten sollen, ist unvermeidlich und überhaupt nicht anfechtbar. Keine Teilgruppe könnte allen Gesellschaftsmitgliedern auferlegen, was sie selbst als moralisch vorzugswürdig betrachtet. Aber auch kein außenstehender, wohlwollender Beobachter könnte mit seinem Schiedsspruch eine solche Aufgabe leisten. Was als allgemeinverbindlich gelten soll, was die Mitglieder der Gesellschaft einander schulden, darüber können diese sich nur selbst verständigen. Dies gelingt umso eher, als die normativen Überzeugungen situationsbezogen formuliert werden. Zudem sollte eine gesellschaftliche Verständigung die Balance wahren zwischen einer Bestätigung der Verhältnisse und einem kreativen Gegenentwurf zu dem, was der Fall ist. Aus der wechselseitigen Anerkennung moralischer Gleichheit eines jeden individuellen Subjekts folgt nicht ein Anspruch auf gleiche Güterausstattung oder gesellschaftliche Rangstellung, wohl aber ein solcher darauf, dass gesellschaftliche Verhältnisse vor denen gerechtfertigt werden können, die am meisten davon betroffen und am wenigsten begünstigt sind.

Die dargestellte parteipolitische und sozialphilosophische Kontroverse zu Beginn dieses Jahrhunderts, ob die Marktsteuerung oder der Grundsatz einer gerechten Güterverteilung die normative Richtschnur sein soll, um wirtschaftliche und gesellschaftliche Handlungssequenzen aufeinander abzustimmen, lässt im Nachhinein die unterschiedlichen Argumentationsmuster erkennen. Die Verfechter der Marktsteuerung sehen in dieser ein Instrument, das wirtschaftliche Macht verteilt oder gar beseitigt. Damit seien faire Verhandlungspositionen der Tauschpartner gewährleistet. Allerdings unterstellen sie einen idealtypischen Markt, nicht jedoch die real existierenden kapitalistischen Marktwirtschaften. In diesen werden ungleiche Marktkontrakte immer mehr zum Normalfall. Ungleiche Verträge stehen jedoch unter dem Verdacht, ungerechte Verträge zu sein. Eine Abstimmung von Handlungssequenzen unter diesem Vorzeichen ist nicht gerecht. Folglich müssen gerechte Tauschbedingungen überhaupt erst hergestellt werden, und zwar durch einen fairen Wettbewerb, dessen Rahmen rechtlich und politisch gesichert ist.

Dass die Solidarität als persönliche Tugend gegenüber den Zeiten der Entbehrung weggeschmolzen sei, beklagen nur notorische Kulturkritiker. Auch die Solidarität als gesellschaftliche Steuerungsform scheint im öffentlichen Diskurs nicht in Verruf gekommen zu sein. Die Reden der politischen Entscheidungsträger erlauben keine Zweifel an ihr. Ein ganz anderes Bild zeigen die politischen Umbauten, die insbesondere an solidarischen Sicherungssystemen vorgenommen wurden. Vier Beobachtungen fügen sich zu einem Mosaik zusammen:

- Die solidarische Gesundheitsversorgung gerät tendenziell unter Kommerzialisierungsdruck und wird stellenweise durch eine propagierte Marktsteuerung auf »Sozialmärkte« verdrängt. Private Krankenhäuser bedienen »mündige Patienten« mit attraktiven Gesundheitsdiensten, sofern diese über eine komfortable Kaufkraft verfügen. Tauschverhältnisse treten an die Stelle von Grundrechtsansprüchen.
- Der politische Alarm, den die drohende Altersarmut in Deutschland auslöst, erzeugt keine Rückkehr zum solidarisch verankerten Tarif-, Renten- und Gesundheitssystem, sondern intensiviert

eher die Suche nach einer privaten und betrieblichen Vorsorge, von der kontrafaktisch erwartet wird, dass sie weniger von den Turbulenzen und Verlusten riskanter Finanzprodukte betroffen ist.

- Der Sozialstaat, der für die solidarische Absicherung gesellschaftlicher Risiken bürgen sollte, zu denen zunehmend das Pflegerisiko gehört, schleicht sich aus der Verantwortung und überlässt den Umgang mit gesellschaftlichen Risiken den einzelnen oder den Familien. Eine sublime und perfide Form, die Solidarität als Steuerungsform auszuhöhlen, besteht darin, dass sie in allen erwerbswirtschaftlichen, föderalen, europäischen und planetarischen Dimensionen ausschließlich von oben her, aus dem Blickwinkel der leistungsstarken Personen, Länder oder Staaten gedeutet wird. Die gemeinsam gefühlte Grundlage einer elementaren Verbundenheit wird ebenso ausgeblendet wie das Erfahrungswissen, dass gesellschaftliche, regionale und planetarische Risiken nicht individuell zugerechnet werden können. Dass aus dem Gefühl und aus der Erkenntnis ungleicher Risikoverteilung die Einsicht einer asymmetrischen Gegenseitigkeit folgt, wird mutwillig verdrängt.

- Stattdessen werden Leistungsschwäche, Armut und Ausschluss den davon betroffenen Individuen, Ländern und Staaten als Versagen vorgeworfen. Die höheren Beitragszahlungen der Starken und Wohlhabenden werden nicht als Gegenleistung für zahlreiche Privilegien und Startvorteile gesehen, die sie genießen, sondern als eine Belastung, die jene verursacht haben, die sich als weniger leistungsfähig zeigen und selbst arm gemacht oder ausgeschlossen haben.

5 Eigene Zeiten

Die bisherigen Kapitel wirken in der Rückschau wie Bausteine: die persönlichen Erfahrungen alltäglicher Hetze und wachsenden Zeitdrucks; die Gründe: eine Kaskade der Beschleunigung, die von den Finanzmärkten ausgeht und bei den privaten Haushalten endet; das Rätsel der »Zeit«, das sich in ein koordiniertes Handeln auflöst, wie gesellschaftliche Handlungssequenzen aufeinander abgestimmt werden, ob durch Machtverhältnisse oder wechselseitige Verständigung und ob sie an gesellschaftlichen Vorentscheidungen, an den inneren Rhythmen individueller Subjekte oder an den Veränderungen der Himmelskörper orientiert werden. Und schließlich: ob diese Orientierungen sich von den Grundsätzen der Gerechtigkeit und Solidarität normieren lassen. Was noch fehlt: Wie werden diese Bausteine zu einer belastbaren Architektur gelingenden Lebens zusammengefügt?

Dass an diesen Bausteinen eine unzählige Menge von Abstimmungskonflikten haftet, ist wohl deutlich geworden. Sie werden sichtbar, wenn Unternehmensleitungen sich den Vorgaben der Investoren unterordnen und ihnen die Interessen der Belegschaften opfern und gleichzeitig von ihrer gesellschaftlichen Verantwortung faseln. Oder wenn politische Entscheidungsträger gegenüber der Stimme der Finanzmärkte hörig werden und die Rettung der Banken und Gläubiger mit der Abwärtsspirale breiter Bevölkerungsschichten erkaufen, wenn sie um eines kurzfristigen Machterhalts willen den Verlust der ökologischen Nachhaltigkeit in Kauf nehmen. Abstimmungskonflikte werden sichtbar, wenn in den Betrieben eine höhere Arbeitsproduktivität mit Hilfe einer gespaltenen Belegschaft, mit Leiharbeit, befristeter Beschäftigung und niedrigen Löhnen bezahlt wird, wenn die Seele abhängig Beschäftigter auf Grund der gleichzeitigen Anhänglichkeit an die Arbeit und die Familie zerreißt. Am brutalsten wirken Abstimmungskonflikte sich dort aus, wo private Haushalte sich der übergriffigen Kaskaden der Finanzmärkte, der Unternehmen und des Staates nicht erwehren können. Es war bereits zu sehen, wie eine sexistische Konfliktlinie einschließlich der daraus abgeleiteten Arbeitsteilung als ein roter Faden die Metastasen der Finanzmärkte durchzieht, die in allen vier Sphären wuchern. In welche Richtung können die aufgedeckten Abstimmungskonflikte bewältigt werden? Der Kompass weist auf ein persönlich wie politisch gutes und richtiges Leben, auf eigene und gemeinsame Autonomie.

Politisch in der ersten Person

Gesellschaftlich abgestimmte Handlungssequenzen treffen auf individuelle Subjekte, die davon aufgerichtet oder niedergedrückt werden. Allzu häufig trifft der ungünstige Fall ein: Paarhaushalte ohne oder mit Kindern werden von den gesellschaftlichen Abstimmungen wie von einem reißenden Strom überflutet, der sich kaskadenartig von den Finanzmärkten über die Unternehmen, den Staat und die Erwerbsarbeit in das Sammelbecken der Privatsphäre ergießt. Sind individuelle Subjekte solchen Übergriffen restlos ausgeliefert? Oder können sie ihnen gegenüber ihre persönliche Autonomie behaupten? Überraschenderweise scheint ihnen dies eingeschränkt zu gelingen: Sie bemühen sich um ein vernünftiges Zeitmanagement, versuchen entschleunigt zu leben, entdecken den Wert der Muße oder weigern sich, jederzeit erreichbar zu sein.

Zeitmanagement
Eine erste Reaktion gegen die belastende Fremdsteuerung der eigenen Handlungssequenzen ist das Zeitmanagement. Die Verfechter des Zeitmanagements erläutern dessen Nutzen wie folgt: Zahlreiche Abstimmungskonflikte könnten vermieden werden, wenn die Handlungssequenzen, die der Erwerbsarbeit, der privaten Hausarbeit und der persönlichen Entspannung gewidmet sind, konsequent

voneinander geschieden werden und die Individuen nicht zulassen, dass sie spontan ineinanderfließen. Auch der private lebensweltliche Alltag sollte nicht völlig spontan verlaufen; vielmehr sollte man den Tag strukturieren, einen Terminplan anlegen und die eigenen Handlungssequenzen korrekt darin einfügen. Außerdem sei es hilfreich, eine Rangliste des Notwendigen, des Nützlichen sowie des Wünschenswerten und Angenehmen zu erstellen. Pausen, Pufferzonen des Wartens oder des Nachspürens könnten verhindern, dass jemand von einer Tätigkeit unüberlegt in eine andere hineinstolpert. Wechselnde Aufgaben könnten das Müdewerden und die Ineffizienz des Arbeitens verringern. Komplexe Arbeiten sollten in Einzelschritte zerlegt und isoliert, nicht gleichzeitig mit anderen Tätigkeiten abgearbeitet werden.

Ein weiterer Vorteil bestehe darin, dass Freiräume der Privatsphäre, die schon als verloren angesehen wurden, den gesellschaftlichen Ansprüchen wieder entrissen werden. Inzwischen sei auch der Wert eines ungestörten Schlafens sowie kurzer, tagsüber eingeschobener Ruhepausen erkannt, durch die solche Tätigkeiten unterbrochen werden, die eine hohe Konzentration erfordern.

Lassen sich durch ein striktes Zeitmanagement die gesellschaftlichen Abstimmungskonflikte ausräumen, unter denen private Haushalte leiden? Für viele Menschen kann ein derartiges Zeitmanagement heilsam sein, jedoch nicht für alle. Die akribische Selbstdisziplin, die sich einzelne auferlegen, kann zu einer versteckten Form der Fremddisziplin entarten, welche die eigenen Lebensrhythmen durchkreuzt, die von den inneren Uhren angezeigt werden. Bedenklich wäre ein Zeitmanagement, das nicht den eigenen Bedürfnissen nachgebildet ist, sondern sich ausschließlich der ökonomischen Logik ausliefert. Dies wäre der Fall, wenn die erworbene höhere Planungskompetenz benutzt wird, um das Arbeitsvermögen im Dienst fremder Mächte rentabler verwerten zu können. Das Zeitmanagement wäre ein bloßes Mittel zu dem Zweck, die Effizienz der Arbeitsleistung zu steigern oder die eh überzogenen Vorgaben einer Zielvereinbarung zu erfüllen. Es wäre kein Ausdruck der Autonomie des individuellen Subjekts mehr, sondern ein Rückfall in den Status der Heteronomie. Für die Beurteilung des

Zeitmanagements ist also entscheidend, ob selbstbestimmte Handlungssequenzen als ein »Reich der Zwecke« betrachtet oder ob diese als bloße Instrumente und knappe Ressourcen eingestuft werden, deren Wert aus der Höhe des Geldeinkommens und des Konsums herzuleiten ist, die Frauen und Männer durch eine gestiegene Effizienz ihrer Erwerbsarbeit gewinnen.

Entschleunigt leben

Im unmittelbaren Freundes- und Bekanntenkreis lassen sich erstaunliche Initiativen erkennen, wie einzelne Personen, Familien und Wohngemeinschaften versuchen, sich dem – wie sie meinen – wachsenden Lebenstempo zu entziehen.

Um den verschwenderischen Verbrauch natürlicher Ressourcen zu entschleunigen, verändern manche ihre herkömmlichen Mobilitätsgewohnheiten. Sie fahren mit dem Fahrrad zum Betrieb, so oft es möglich ist, ziehen die Bahn dem Flugzeug vor und wählen den öffentlichen Personennahverkehr an Stelle des Privatautos. Andere fühlen sich in einer veränderten Praxis des Einkaufens bestätigt, nachdem tiefgefrorene Erdbeeren aus China im Herbst auf den Tischen ostdeutscher Kantinen gelandet sind und mehr als 11 000 Schülerinnen und Schüler infiziert haben, während in der Region sich die Zweige der Bäume mit reifen Äpfeln, Birnen und Zwetschgen biegen. Sie entscheiden sich für Obst- und Gemüsesorten aus der Region entsprechend der Jahreszeit, fragen an der Theke in der Metzgerei nach, woher das Fleisch kommt, und im Supermarkt, von welchem Bauernhof die Eier stammen. Sie weigern sich, in der Hansestadt Hamburg Mineralwasser aus Südtirol zu trinken.

Bewundernswert ist das Bemühen von Eltern, ihre Kinder dafür zu gewinnen, mit Faltbooten die Mecklenburger Seenplatte zu erkunden oder im Gebirge zu wandern oder an der Küste zu zelten und naturnah zu leben – ohne den Komfort, den sie während des Jahres gewohnt sind.

Eine Pfälzer Familie lässt sich eine persönliche und familiäre Klimabilanz aufstellen. Sie fahren ein komfortables Auto und erreichen ihre Urlaubsorte mit dem Flugzeug. Aber für jeden CO_2-Ausstoß, der über den jährlichen Ausstoß von 2,3 Tonnen CO_2 hinausgeht, der den einzelnen Europäern als ökologischer Fußabdruck zugestanden wird, zahlen die Familienangehörigen eine Kompensation. Der ermittelte Geldbetrag wird an eine Stiftung überwiesen, die in Afrika Trinkwasseranlagen oder Solaröfen installiert. Andere prüfen Banken und Investmentfonds, ob sie sich an Rüstungsfirmen, umweltschädlichen Projekten oder an der Spekulation mit Nahrungsmitteln beteiligen, bevor sie über eine Vermögensanlage entscheiden.

Ein Testfall der Entschleunigung sind die Essgewohnheiten in Familien und Gruppen, wenn an besonderen Tagen oder zu besonderen Zeiten gemeinsam gegessen und der Tisch gedeckt wird, wenn Blumen aufgestellt und Kerzen entzündet werden. Oder wenn die einzelnen Mitglieder essen, ohne gleichzeitig Zeitung zu lesen, Radio zu hören und fernzusehen. Eine hochsensible Weise, entschleunigt zu leben, ist daran erkennbar, dass Menschen auf die Signale des eigenen Körpers aufmerksam achten – auf den Herzschlag, den Atem, die Nerven, den Magen und das Rückgrat, vor allem jedoch auf genügend Schlaf.

Selbst Jugendliche trauen sich, in Boutiquen nachzufragen, unter welchen Bedingungen Modeartikel hergestellt und bearbeitet werden, ob sie gewährleisten können, dass Kinderarbeit ausgeschlossen ist, und ob die Wertschöpfungskette tatsächlich den Angaben in den Werbeanzeigen entspricht. Andere erkundigen sich im Supermarkt, ob ein Betriebsrat gewählt worden ist, ob die Zahl der Gewerkschaftsmitglieder extrem niedrig ist oder dem Durchschnitt entspricht.

Sich entschleunigen kann auch bedeuten, dass er oder sie sich freiwillig dazu entschließen, geduldig zu warten, wenn sich – wie in der ehemaligen DDR üblich – am Postschalter oder an der Kasse des Supermarkts eine Schlange bildet, die eine Folge des Personalabbaus und der Arbeitsverdichtung ist.

Nischen der Entschleunigung, die ich in meinem persönlichen Leben entdeckt habe, sind beispielsweise der frühe Morgen, wenn ich auf der Terrasse für ein paar Minuten die Sternbilder, die Planeten und den Mond bestaune, oder der Sonntagmorgen, wenn ich Musik höre, einen persönlichen Brief schreibe und für diesen Tag möglichst alles von mir fernhalte, was mich während der Woche bewegt. Ziemlich regelmäßig spaziere ich mittags durch ein Wiesenfeld, das zu einem von Autobahnen umkreisten Landschaftsschutzgebiet gehört, das sich im Wechsel der Jahreszeiten in ein Biotop voller Insekten, seltener Vögel, bunter Blumen und schattiger Bäume verwandelt. Nach Auftritten in der Öffentlichkeit und wenn ich befreundete Familien besucht habe, versuche ich eine Zeitlang, den Eindrücken und Gesprächen »nachzuspüren«; den Freunden schreibe ich gern, welche Gedanken und Empfindungen mich nach der Begegnung mit ihnen bewegen. Der Jahresurlaub, den ich seit Jahren in Tirol verbringe, ist für mich eine Phase kreativen Durchatmens, weil drei Wochen lang alle Gedanken und Empfindungen gegenüber jenen Menschen und Orten abgetaucht sind, die mich während des übrigen Jahres berühren und bewegen.

Sten Nadolny hat in seinem Roman *Die Entdeckung der Langsamkeit* die Biographie des englischen Seeoffiziers und Polarforschers John Franklin nachgezeichnet, der als Junge unter einer verzögerten Wahrnehmungs- und Reaktionsfähigkeit litt. John war schon zehn Jahre alt und immer noch so langsam, dass er keinen Ball fangen konnte. Er sah nicht genau, wann beispielsweise ein Ball die Erde berührte. Wenn einer seiner Freunde den Ball längst nicht mehr hatte, ahnte John: Das Entscheidende habe ich wieder nicht gesehen. Aber er hielt für seine spielenden Freunde die Schnur wie ein Baum. Es gab in England keinen, der eine Stunde und länger nur stehen und völlig regungslos eine Schnur halten konnte. Diese Langsamkeit der Beobachtung hat später ihm und seiner Expeditionsgruppe in der Arktis das Leben gerettet. Sie hatten das Forschungsschiff verlassen, um die vorgezeichnete Route auf dem Landweg fortzusetzen. Das Festland war allerdings mit einer dicken Eis- und Schneeschicht überzogen. Sie stellten ihre Messgeräte ein und marschierten los, während sie sich dabei am Kompass orientierten. Das Wetter schlug um, es begann zu schneien, und nach einigen Tagen entdeckten sie, dass sie exakt wieder an der Stelle angekommen waren, von der sie aufgebrochen waren. Wie konnte dies geschehen, da die Messgeräte und der Kompass intakt waren und funktionierten?

Unter der Mannschaft breitete sich Panik aus, alle stürzten in verschiedene Richtungen auseinander, jeder war davon überzeugt, auf diesem Weg direkt und schnell das rettende Schiff zu erreichen. John Franklin befahl seinen Leuten, sich nicht von der Stelle zu rühren. Er selbst unternahm nichts, sondern suchte einen Platz zum Sitzen und durchwachte die ganze Nacht. Am andern Morgen hatte er die Erklärung gefunden, die er den andern mitteilte. Sie hatten nicht das Festland, sondern eine riesige Eisscholle betreten, die sich drehte. So waren sie, obwohl sie sich am Kompass orientiert hatten, im Kreis gelaufen. Das Beste wäre also, nicht weiterzulaufen, sondern zu warten, bis jene Stelle, an der sie das vermeintliche Festland betreten hatten, sich dem Schiff wieder näherte. Franklins Botschaft für das Zusammenleben der Menschen lautet: »Frieden kommt überall da zustande, wo man nicht schnell, sondern langsam aufeinander zugeht«.

Muße

Individuelle Subjekte werden durch eine Vielzahl innerer Uhren auf ein psychosomatisches Gleichgewicht hingesteuert, das ein einzigartiges Profil hat und nach Geschlecht, Alter, Temperament und Situation variiert. Es scheint überhaupt nicht leicht zu sein, diesem »Schlag der eigenen Trommel«, wie Robert Levine es beschreibt, die gehörige Aufmerksamkeit zu widmen und ihn gegen die Ansprüche der nächsten Angehörigen und vor allem gegen den Druck der öffentlichen Ansprüche zu behaupten. Victor von Bülow (Loriot) hat diesem Abstimmungskonflikt eine unvergessliche Szene gewidmet. Ein Ehegatte macht es sich nach dem Abendessen in einem Sessel bequem und sinniert vor sich hin. Die besorgte Gattin fragt ihn aus der Küche, was er mache. Seine Antwort: »Nichts.« Auf die dann bohrend nervenden Fragen, wieso er nichts, überhaupt nichts mache, nicht spazieren gehe, nicht etwas lese, nicht seinen nächsten Auftritt vorbereite, sagt er ungerührt und stereotyp: »Ich tue nichts.«

Einfach nichts tun – den Körper ruhen lassen, schweigen und warten, bis der Informationsmüll versinkt und der innere Kern unseres Selbst leer wird. Wer sich zutraut, einen Ausflug in die Stille der Meditation zu machen, unterbricht die intellektuellen und emotionalen Erregungsketten, spürt dem Atem nach, schwingt ein in die Rhythmen des Körpers und in die Tiefenschicht der Seele. Neben dem Still-sitzen gibt es ebenso schöne motorische Weisen des Meditierens: das Wandern auf Höhenwegen, das Schauen über unzählige Berggipfel hinweg, das Schmecken der Wälder, Wiesen und bunten Blumen, das Radeln entlang den Flussläufen von der Mündung bis zur Quelle, das Tanzen und Musizieren, das Singen und Malen. Um ihrer selbst und ihrer Schönheit willen wird die Meditation geschätzt, wegen der intensiven Erfahrung des Lebenszusammenhangs, an dem wir mit allen Lebewesen und allem, was existiert, teilhaben. Wir spüren den Geschmack des Lebens und der Liebe, tauchen ein in den Klang von Freundschaft, Gerechtigkeit und Solidarität, stimmen ein in die Freude und das Lachen darüber, dass wir da sind und leben.

Nichts tun und die Meditation ausschließlich um ihrer selbst und ihrer Schönheit willen schätzen – und nicht deshalb, weil Hirnfor-scher entdeckt haben, dass die Auszeiten bewegender Gedanken und feuriger Gefühle dem Gehirn die Chance bieten, bei sich selbst aufzuräumen. Auch nicht deshalb, weil nach regelmäßigem Medi-tieren die Hirnrinde und die Blutgefäße sich weiten oder weil Sol-daten nach traumatischen Kriegserfahrungen schneller geheilt wer-den, wenn sie meditieren. Und erst recht nicht nur deshalb, weil bedeutende Entdeckungen, wie etwa die Röntgenstrahlung, das Penicillin und die Droge LDS, eher zufällig und nach Phasen der Muße gemacht wurden. Eine solche Werbung würde die Identität individueller Subjekte einem fremden Abstimmungszweck unter-werfen und deren Autonomie beeinträchtigen.

Religiös musikalische Menschen erinnern sich an das Gedicht über die Zeit im Buch Kohelet der Bibel:

»Für alles gibt es eine Stunde,
und eine Zeit gibt es für alles Geschehen unter dem Himmel:
eine Zeit zum Gebären und eine Zeit zum Sterben,
eine Zeit zum Pflanzen und eine Zeit zum Ausreißen des Gepflanz-ten,
eine Zeit zum Töten und eine Zeit zum Heilen,
eine Zeit zum Einreißen und eine Zeit zum Aufbauen
…«

Wie lässt sich die Kernaussage der vierzehn Verse des Gedichts und des angehängten Kommentars beschreiben? Wir leben nicht in einem Reich unbegrenzter Möglichkeiten und sind nicht absolute Herren oder Frauen unserer Zeit. Die real existierende Welt erschließt uns Handlungsmöglichkeiten und begrenzt sie. Aber Gott hat alles schön gemacht zu seiner Zeit. In die Zeit der Menschen hat er seine Ewigkeit hineingelegt. Das Glück des Menschen, eine Gabe Gottes, liegt in der Freude an der Gegenwart, nicht in der Jagd nach dem, was war, oder nach dem, was kommen mag.

Nicht jederzeit erreichbar

Im sogenannten digitalen Zeitalter sind Information und Kommunikation miniaturisiert worden. Der Internetzugang und die Verbreitung des Mobiltelefons bieten den einzelnen einerseits außerordentliche Möglichkeiten, die Abstimmung gesellschaftlicher Handlungssequenzen zu beeinflussen. Eine nachwachsende Generation erschließt sich durch ein perfektes »Leben im Online« neue Spielräume kommunikativer Verständigung. Durch die digitale Kommunikation wird ihr die Scheu genommen, unmittelbar miteinander Kontakt aufzunehmen. Aus der Einsamkeit herauszutreten und sich behutsam auf Abenteuer einer Begegnung einzulassen werden für junge Menschen erleichtert. Je mehr digitale Kontakte sie aufzuweisen haben, umso intensiver haben sie den Eindruck, mit vielen vertraut und für viele wichtig zu sein.

Inzwischen ist deutlich geworden, dass ein Leben im Online nicht zum Nulltarif zu haben ist. Das Angebot, jederzeit erreichbar zu sein, mag einem mangelnden Selbstvertrauen entspringen, einer übertriebenen Angst, vom virtuellen Netz der Clique abgehängt zu werden, was als sozialer Tod empfunden wird. Je mehr Informationen hereinströmen, umso knapper wird die Zeit, sie zu verarbeiten, Wichtiges und Unwichtiges zu sortieren und sich ein abwägendes Urteil zu bilden. Offensichtlich hängt das eigene Selbstwertgefühl nicht von der Zahl der Anrufenden ab, und die Menge der oft nebensächlichen Informationen gaukelt eine hohe Wertschätzung bloß vor. Die Spontaneität, welche die digitale Kommunikation gestattet, macht eine Zeit des Wartens und der Vorfreude auf eine Begegnung überflüssig. So bleibt, wie Martin Heidegger meint, nichts mehr offen von dem, worauf wir warten. Der kleine Prinz von Antoine de Saint-Exupéry lässt sich vom Fuchs belehren, es sei besser, zur selben Stunde zu kommen, weil er dann bereits eine Stunde vorher anfangen könne, glücklich zu sein. »Wenn du aber irgendwann kommst, kann ich nie wissen wann mein Herz da sein soll. « Wer zusagt, jederzeit erreichbar zu sein, muss damit rechnen, dass dies als eine Einladung verstanden wird, auch jederzeit verfügbar zu sein.

Wie kann der persönliche Schutzraum gegen das Trommelfeuer der Dauerkommunikation wiedergewonnen werden? Im Regelfall sollte die ungeteilte Aufmerksamkeit für den unmittelbaren Gesprächspartner in der vereinbarten Begegnung Vorrang haben vor der digitalen Unterbrechung. Zudem sollte die Zeit des ausgehandelten oder verabredeten Nicht-erreichbar-Seins als glückliche Zeit geschätzt werden. Und zwar aus folgenden Gründen:

- Das absichtliche »Off«, die Auszeit von Internet, Telefon und Mobilfunk, das Abschalten sind notwendig, um die Informationsflut zu verarbeiten und den Informationsmüll zu entsorgen, Ballast abzuwerfen sowie Wichtiges von Unwichtigem zu trennen.
- Es ist heilsam, damit Leib und Seele ruhig werden wie ein Kind in den Armen der Mutter oder des Vaters, damit Jugendliche wie Erwachsene den Bezug zur Kommunikation mit sich selbst gewinnen, die innere Uhr und den Pendelschlag der Eigenzeit spüren und wieder Herr und Herrin einer nicht entfremdeten, nicht enteigneten Zeit werden.
- Das absichtliche »Off« ist ein Zweck an sich, Ausdruck der Kontrolle und relativen Autonomie unserer selbst und jener Menschen, die das Recht auf unsere Zeit haben und für die es gut ist, dass wir sie ihnen gewähren.

Experten, denen eine alltagspraktische Info-Hygiene zu gelingen scheint, geben folgende Empfehlungen für ein entspanntes Leben im Online: die private und berufliche Kommunikation strikt trennen, digitale Nachrichten zu festen Zeiten abrufen, elektronische Informationen und Kommunikation nur einmal berühren und Zeiten des geschlossenen elektronischen Postfachs einhalten.

Adressenwechsel

Sind individuelle Subjekte und private Haushalte überhaupt die geeigneten Adressaten, an die sich die Aufforderung richtet, gegen das Regime der Beschleunigung Widerstand zu leisten? Sie sind nicht die Ursache asymmetrischer Abstimmungsprozesse in der Gesellschaft und können diese als isolierte einzelne auch nicht umkehren. Deshalb ist vor der Gefahr zu warnen, die Freiheit und dynamische Energie der menschlichen Person aus einem Bündel theologischer, religionsphilosophischer, anthropologischer und existentialistischer Sichtweisen des Menschen zu überschätzen. Folglich überzeugt eine religionsphilosophisch-christliche Erklärung der Beschleunigung, die sich lose an Max Weber anlehnt, nur beschränkt. Max Weber hatte »Wahlverwandtschaften« zwischen einer radikalen Spielart des calvinischen Protestantismus und dem Geist des modernen Kapitalismus angenommen; der wirtschaftliche Erfolg im irdischen Leben sei ein sicheres Zeichen göttlicher Erwählung.

Vergleichsweise werden heute mehrere religiöse und existenzphilosophische Motive zusammengefügt, um das erhöhte Lebenstempo des modernen Menschen zu erklären. Zum einen sei die ursprüngliche Naherwartung der Christen wiederholt enttäuscht worden. Zum anderen schließe die wissenschaftlich belegte Expansion des Weltalls eine eschatologische Katastrophe und den Anbruch einer jenseitigen Welt in absehbarer Zukunft aus. Und schließlich werde ein Leben nach dem Tod in der säkularen Welt nur noch von einer Minderheit erwartet. Somit rücke das Ende des individuellen Lebens als eine letzte Frist möglicher Erlebnisse unmittelbar und drängend ins Bewusstsein der Individuen. Die Aussicht eines kurzen und befristeten Lebens erzeuge im individuellen Subjekt einen Beschleunigungsdruck, den der Theologe und Religionsphilosoph Hans-Joachim Höhn »kinetischen Imperativ« nennt, eine brennende Unruhe und Eile, die mit dem Alter wächst, möglichst keine sich bietende Gelegenheit neuer Erlebnisse zu verpassen, sondern möglichst schnell möglichst viele davon auszuschöpfen.

Aber überzeugt eine solche Argumentation? Innerhalb einer unausweichlichen Frist möglichst viel möglichst schnell zu erleben treibt das individuelle Subjekt, das sich dem kinetischen Imperativ unterwirft, in ein Leben des inneren Widerspruchs. Dabei ist die behutsame Auswahl dessen, was das Leben an Schönem und Gutem bietet, und dies gelassen zu schmecken und zu verkosten, eine gleichwertige oder gar vorzugswürdige Alternative. So fragwürdig die Diagnose eines beschleunigten Lebens als Antwort auf die Tatsache eines kurzen und befristeten Lebens vor dem eigenen Tod ist, so fragwürdig ist die therapeutische Schlussfolgerung. Denn ein Appell, der ausschließlich an die individuellen Subjekte und privaten Haushalte gerichtet ist, das schnelle Leben zugunsten eines langsamen Lebensstils aufzugeben – der nicht wahllos alle Neuigkeiten zu ergattern sucht, sondern sich ebenso an das bindet, was langsam gewachsen ist, und der die ereignisreiche Gegenwart entdeckt –, wird die Individuen in eine Erschöpfung und Enttäuschung treiben, solange ein mächtiger gesellschaftlicher Kontext derartige Widerstandsformen durchkreuzt. Es gibt kein richtiges Leben im falschen. Ein Widerstand gegen das Regime der Beschleunigung kann nur politisch geleistet werden oder gar nicht. Also geht es zuerst um Abstimmungsverhältnisse in der Finanzsphäre, in den Unternehmen, im Staat und in der Arbeitswelt.

Globale Finanzarchitektur

Die Dominanz der globalen Finanzmärkte wurde als der treibende Motor des Beschleunigungsschubs erkannt, der seit Beginn des neuen Jahrhunderts wahrgenommen wird. Folglich sollte deren Bändigung die erstrangige politische Aufgabe sein. Die Abstimmungsverhältnisse zwischen den Finanzakteuren und den demokratisch legitimierten Staaten müssen vom Kopf auf die Füße gestellt werden. Diese Umkehrung ist aus drei Gründen drängend. Drei Jahre nach dem Zusammenbruch der Lehman-Brothers-Bank erklärte die Bank für Internationalen Zahlungsausgleich, dass selbst nach den bisherigen Gipfelkonferenzen der G 20 in London (2009), Pittsburgh (2009), Toronto (2010) und Seoul (2010) gravierende monetäre Probleme noch nicht bewältigt seien, dass etwa ein schrumpfender Finanzsektor eine realwirtschaftliche Stagnation verursache, systemrelevante Banken die Handlungsspielräume der Staaten einengen und die Zentralbanken nicht zügig genug ihrer Aufgabe nachkommen würden, um das Güterpreisniveau, die Bewegung der Vermögenspreise, die einzelnen Finanzinstitute und das gesamte Finanzsystem zu kontrollieren. Gleichzeitig zeigten sich finanzpolitische Experten darüber besorgt, dass die Bereitschaft, in der Krise zu lernen, sowie der politische Reformwille nachgelassen hätten. Sie befürchteten, dass das Fenster, eine tragfähige, beteiligungsgerechte Finanzarchitektur zu etablieren, bereits wieder zugeschlagen sei. Und während der Jahrestagung des Internationalen Währungsfonds 2012 erinnerte die geschäftsführende Direktorin, Christine Lagarde, daran, dass das Finanzsystem nicht viel sicherer sei als im Herbst 2008.

Immerhin ist zu begrüßen, dass sich die Gruppe der zwanzig wirtschaftlich führenden Staaten als Gremium etabliert hat, um die Handlungssequenzen der globalen Finanz- und Weltwirtschaft aufeinander abzustimmen. Damit hat sie formell die Nachkriegsepisode der Hegemonie der USA und des US-Dollar abgelöst, die aus dem Wettlauf der Systeme nach 1989 als siegreiches Regime übriggeblieben war. Sie sprengt damit den verengten Klubansatz der G 7 bis 10 und verkörpert in einem zaghaften Schritt den Grundsatz, dass diejenigen, die von globalen Entscheidungen betroffen sind, an ebendiesen Entscheidungen beteiligt werden sollen. Zugleich ist abzusehen, dass die Schwellenländer die globale Finanzkrise nicht ohne Fortschritte in der Entwicklung ihrer Länder zu bewältigen suchen.

»Eine globale Krise verlangt nach einer globalen Lösung«, haben die Teilnehmer der Gipfeltreffen der G 20 wiederholt erklärt. In London haben sie die gemeinsame Absicht formuliert, ein globales Netzwerk schärferer Aufsicht und Regulierung zu knüpfen, in dem alle systemisch relevanten Finanzinstitute, alle Finanzgeschäfte und alle Finanzplätze erfasst sind. Rating-Agenturen sollen sich ebenso wie gewichtige hochspekulative Fonds und Steueroasen, die sich bisher als kooperationsunwillig erwiesen haben, registrieren lassen. Ein internationaler Stabilitätsrat soll als Frühwarnanlage eingerichtet werden, um systemische Ungleichgewichte und Risiken frühzeitig zu entdecken. Der Internationale Währungsfonds soll die Kreditgewährung ausweiten, um den armen Ländern den Ausweg aus der Krise zu erleichtern. Während die europäischen Länder ein politisches und argumentatives Gewicht auf die Stabilisierung des monetären Sektors gelegt hatten, galt den Schwellenländern und den USA, wie regelmäßig zu beobachten ist, die realwirtschaftliche Belebung als vorzugswürdig.

In Pittsburgh wurden Absichtserklärungen konkretisiert und einige mikrowirtschaftliche Stellschrauben der Finanztechnik aufgelistet. Sie sollen die Stabilität der Finanzinstitute gewährleisten und verhindern, dass sich derartige Finanzkrisen wiederholen. Den Banken wird die Verpflichtung auferlegt, mehr Eigenkapital als Risikopuffer vorzuhalten und das Ausmaß der Kreditgewährung zu begrenzen. Spekulative Fonds sollen nicht jenseits der öffentlichen Aufsicht operieren und abgeleitete Finanzgeschäfte (Derivate) nicht mehr außerhalb der Bankbilanzen in sogenannten Zweckgesellschaften abgewickelt werden. Die Gipfelteilnehmer legten Wert darauf, dass international einheitliche Bilanzierungsregeln beschleunigt ausgearbeitet werden. Und an den Entscheidungen über eine neue und gerechte Finanzarchitektur sollen Schwellenländer in Zukunft stärker beteiligt sein. Inwieweit diese Absichtserklärungen in nationale Gesetze übertragen worden sind, die international abgestimmt wurden, und welche Lücken weiterhin bestehen, die Abstimmungsverhältnisse zwischen den Staaten und den Finanzakteuren umzukehren, soll nun auf den verschiedenen Ebenen dargelegt werden.

Mikromonetäre Ebene

Aus den Absichtserklärungen der G 20 sind mittlerweile nationalstaatliche Beschlüsse hervorgegangen, vorwiegend isoliert und wenig aufeinander abgestimmt. Die USA haben ein Gesetzespaket verabschiedet, den Dodd-Frank Act (Juli 2010), in dem unter anderem der Eigenhandel der Banken verboten wird. Unter dem Schirm der Bank für Internationalen Zahlungsausgleich sind Vorschläge (Basel III) ausgearbeitet worden, die den Banken vorschreiben, ihre Eigenkapitalquoten zu erhöhen und besondere Kapitalpuffer für risikogewichtete Aktiva zu bilden. Systemrelevante Banken sollen eine zusätzliche Kernkapitalquote aufweisen. Ungedeckte Leerverkäufe mit Aktien sind zeitweilig in den USA, in Deutschland und in einigen anderen europäischen Staaten untersagt worden. In Deutschland wurde ein Restrukturierungsgesetz beschlossen, das Banken verpflichtet, Schieflagen eigenständig zu bewältigen, ohne die Krisenfolgen auf den Staat abzuwälzen. Systemrelevante Banken sollen eine Bankenabgabe in einen Restrukturierungsfonds einzahlen. Die Diskussion um eine Transaktionssteuer hat inzwischen zu einer politischen Initiative von Euro-Ländern geführt. Und in Deutschland ist eine kritische Debatte über den Hochfrequenzhandel bei den politischen Entscheidungsträgern angekommen. Im übrigen wurde der Deckelung von Managergehältern eine überdehnte Aufmerksamkeit gewidmet. Sie kam zwar der aufgeheizten Empörung in der Öffentlichkeit entgegen, blieb jedoch auf Krisensymptome fixiert.

Den zaghaften Versuchen, die Abstimmungshoheit der Staaten als Vertreter des allgemeinen Interesses gegenüber der privaten Kapitalmacht wiederherzustellen, fehlen noch zahlreiche Bausteine einer stabilen Finanzarchitektur. Innovative Finanzprodukte sollten einem öffentlichen »Finanz-TÜV« unterworfen und in eine Art »Positivliste« aufgenommen werden, bevor sie in die Finanzströme einmünden. Die geplante Verschuldungsgrenze, welche die Bilanzsumme auf etwa das 33-Fache des Eigenkapitals begrenzt, wird nur erst empfohlen, ebenso wie der Vorschlag, dass Verkäufer verbriefter Wertpapiere künftig fünf Prozent dieser Papiere in den eigenen Büchern behalten. Verschärfte Eigenkapitalquoten und Haftungsregeln müssten gemäß der Verwendungsweise differenziert werden, je nachdem, ob die Kredite der Finanzierung von (spekulativen) Finanzanlagen dienen oder vergeben werden, um Realinvestitionen zu finanzieren. Und die Bilanzierung gemäß dem Marktwertprinzip müsste zugunsten einer vorsichtigen Rechnungslegung gemäß dem Anschaffungswert aufgegeben werden, weil sie eine höhere Mikrostabilität gewährleistet.

Makromonetäre Ebene

Die Europäische Union scheint mit einiger Verzögerung dem US-amerikanischen Beispiel der Regulierung der Finanzmärkte zu folgen. Es sollen drei Aufsichtsbehörden für die Banken, die Versicherungen und die Wertpapiermärkte sowie ein europäischer Rat für Systemrisiken errichtet werden. Rating-Agenturen, in denen die Dienste der Beratung und Benotung getrennt werden, will man der Aufsicht für die Wertpapiermärkte unterstellen. Derzeit stehen indessen die Projekte einer europäischen Bankenunion, einer Bankenaufsicht und einer privaten Einlagensicherung im Vordergrund, so dass sich eine staatliche Rettung systemrelevanter Banken erübrigen würde.

Gewichtige Bereiche der Regulation der Finanzmärkte, welche die G 20 angemahnt haben, sind jedoch noch unerledigt, nämlich die Regulation der Hedge-Fonds und Zweckgesellschaften, die den größten Teil des Derivatehandels betreiben. Bisher müssen sich die Manager von Hedge-Fonds lediglich registrieren lassen und Mindeststandards ihrer Geschäfte einhalten. Schattenbanken, zu denen die außerhalb der amtlichen Börsen operierenden alternativen Handelsplattformen gehören, entziehen sich bis auf weiteres einer wirksamen öffentlichen Aufsicht und Kontrolle.

Politisch tabuisiert ist die Debatte über die Wechselseitigkeit regionaler Ungleichgewichte. Die Defizitländer werden weiterhin als Sündenböcke geächtet, während sich die Überschussländer mit Lob überschütten lassen, Musterknaben zu sein. Das Problem globaler Ungleichgewichte hat 2011 den Gipfel der G 20 in Paris beschäftigt. Fünf Indikatoren – Leistungsbilanzsalden, Währungsreserven, reale Wechselkurse, öffentliche Haushalte und private Sparquoten – sollten dazu ausgearbeitet und näher geprüft werden. China verhandelte mit dem Ziel, Wechselkurse auszuschließen. Russland erhob Einwände gegen Devisenreserven. Deutschland wollte Exportüberschüsse und spezifische Zielgrößen der Indikatoren nicht zulassen. Folglich einigten sich die Gipfelteilnehmer auf einen kleinen gemeinsamen Nenner, der solche Einwände berücksichtigt.

Offensichtlich sind auch die Lücken einer überzeugenden Analyse der Krisenursachen noch längst nicht geschlossen. Eine präzise Spurensicherung könnte auch im Nachhinein noch zusätzliche Erkenntnisse bieten. Anstelle der wiederholten Bankenrettungen, die unter dem Tabu standen, dass die Gläubiger weiterhin geschont, die Steuerzahlenden belastet bleiben, sollte die Möglichkeit einer geordneten Insolvenz – sowohl von Finanzinstituten als auch von Staaten – mit einem Forderungsverzicht der Gläubiger und einem Schuldenabbau, einem Schuldenmoratorium oder gar einem Schuldenerlass erwogen werden. Systemrelevante Banken sollten nicht durch Fusionen gestärkt, sondern zerlegt werden. Ein Trennbankensystem könnte reaktiviert werden.

Oder alle privaten Finanzinstitute werden einem öffentlichen Mandat unterstellt, so dass sie zwar am privaten Gewinn orientiert bleiben, aber funktional darauf beschränkt werden, den Zahlungsverkehr zu organisieren, das Einlagengeschäft zu betreiben und die realen Investitionen der Unternehmen zu finanzieren. Zwischen den europäischen Regierungen haben sich die Abstimmungskonflikte zwar verschärft, aber kompetente und selbstbewusste Regierungschefs der südlichen Länder sind dabei, sich aus der empfundenen Dominanz der Deutschen zu lösen und als gleichberechtigte Verhandlungspartner aufzutreten. Damit werden verständigungsorientierte Abstimmungen wahrscheinlicher.

Verständlicherweise konzentriert sich die Aufmerksamkeit der politischen Klasse darauf, die Krise finanztechnisch zu bewältigen. Folglich liegt der Griff nach dem Bewährten nahe, nämlich Zentralbankgeld in das Bankensystem zu fluten, sobald die herkömmliche Zinspolitik erschöpft ist, selbst wenn das Bewährte die Krise mit verursacht hat. Gerade deshalb sind manche Einwände gegen eine solche Art der Krisenbewältigung nicht ausgeräumt. Die Notenbanken der USA und des Euro-Raums haben einen riskanten Weg beschritten, ohne gewährleisten zu können, dass die zusätzliche Liquidität, die sie den Banken gewährt haben, an die Realwirtschaft weitergegeben wird und dass sie in der Lage sein werden, die Liquidität wieder abzuschöpfen, wenn die Lage sich entspannt hat. Stattdessen ist damit zu rechnen, dass dieses Geld auf den Devisen- oder Rohstoffmärkten spekulativ zirkuliert oder dass im Derivatehandel mit Kreditausfallversicherungen (Credit Default Swaps/CDS) gegen die europäischen Staaten einschließlich der Bundesrepublik gewettet wird. Folglich bleibt das Risiko bestehen, dass die Finanzakteure »weiter so« wie bisher ihre Geschäfte betreiben und die Abstimmungsbemühungen der Regierungen unterlaufen.

Worin besteht der Eckstein einer global aufeinander abgestimmten Finanzarchitektur? Banken und andere Finanzinstitute sollten die privatwirtschaftliche Gewinnerzielung in ein öffentliches Mandat – Zahlungsverkehr, Einlagengeschäft, Investitionsfinanzierung – einbetten. Eine reibungslose Geldversorgung, das Vertrauen in die Geldwertstabilität und die Stabilität der monetären Sphäre selbst sind nämlich ein öffentliches Gut. Folglich sind die Finanzunternehmen, die Finanzakteure und die Finanzmärkte auch den gesellschaftlichen Normen der Beteiligungsgerechtigkeit und der Solidarität zu unterstellen und auf die Funktion hin auszurichten, dass der reale Wohlstand aller Menschen gemehrt und die Lebensqualität der Weltbevölkerung, vor allem der Armen in der Welt, angehoben wird.

Europäische Ebene

Das EU-Gipfeltreffen während der Nacht des 29./30. Juni 2012 in Brüssel hat in Deutschland Angehörige der politischen Klasse, die sie befeuernden Medien und zahlreiche Vertreter der Wirtschafts- und Finanzwirtschaftswissenschaft in ungewöhnliche Aufregung versetzt. Die Regierenden hatten beschlossen, dass der Europäische Stabilitätsmechanismus (ESM) in Zukunft nicht nur hochverschuldete Staaten, sondern auch Banken, die in eine Schieflage geraten, direkt unterstützen darf, ohne dass die Staaten sich über die EU-Haushaltsregeln hinaus, die inzwischen auf Grund des Fiskalpakts verschärft wurden, zusätzlichen Auflagen und Kontrollen unterwerfen müssen. Die Hilfen des ESM sollen flexibel und effizient gestaltet werden. Sie stehen jedoch erst dann zur Verfügung, wenn eine europäische Bankenaufsicht etabliert ist, die die Gemeinschaftshaftung für bedrohte europäische Banken mit einer wirksamen Kontrolle verbindet.

Die Aufregung der Deutschen galt der Lockerung der in den europäischen Verträgen festgelegten Grenzen der Schulden und Neuverschuldung. Sie steigerte sich im September 2012, als die Europäische Zentralbank den unbegrenzten Ankauf von Staatsanleihen ankündigte, falls dies notwendig werde, um die Gemeinschaftswährung zu sichern. Der deutsche Widerstand gegen die Gipfelbeschlüsse hatte drei Facetten: 172 deutschsprachige Ökonomen erklärten in einem offenen Brief vom 5. Juli die Entscheidungen des Gipfeltreffens der EU-Länder, denen die Kanzlerin zugestimmt hatte, für falsch. Diesem offenen Brief folgten zwei Stellungnahmen renommierter Wirtschafts- und Finanzwissenschaftlicher, die eine gegenteilige Ansicht vertraten. Ebenfalls am 5. Juli veröffentlichte der Sachverständigenrat zur Begutachtung der gesamtwirtschaftlichen Entwicklung ein Sondergutachten. Er tadelte die kurzfristigen und zu gering dimensionierten Rettungsaktionen der europäischen Staaten und forderte diese auf, die Zeit für langfristige Lösungen zu nutzen.

Es klingt beruhigend, dass die Anliegen der EU-Gipfelteilnehmer und die kritischen Kommentare der Finanzexperten in der Diagnose eines Staat-Banken-Komplexes übereinstimmen. Die Regierenden wollten den Teufelskreis durchbrechen, der darin besteht, dass die wirtschaftliche Rezession infolge der Finanzkrise die Banken schwächt, dass der Staat, der sie zu retten sucht, sich verschuldet und damit die Risikovermutung erhöht, er werde die Schulden nicht zurückzahlen. Daraufhin steigen die Zinsen einer Neuverschuldung sowie der Sparzwang, der auf den öffentlichen Haushalten lastet, und die Rezession verschärft sich.

Auch die Finanzexperten identifizieren eine Bankenkrise und eine Staatsschuldenkrise, die voneinander unterschieden und zugleich miteinander verflochten sind. Eine Gruppe stellt fest, dass die Schulden der Banken dreimal so hoch sind wie die Staatsschulden. Eine andere sieht die Euro-Zone durch eine Krise mit zwei Wurzeln herausgefordert, den Staatsschulden und den unterkapitalisierten Banken. Wieder eine andere Gruppe diagnostiziert die enge Verknüpfung zwischen der Verschuldung des Finanzsektors und des Nationalstaats. Da die Staatshaushalte für die Refinanzierung systemrelevanter Banken einstehen, während die Geschäftsbanken Anleihen des eigenen Staates halten, werde jede Bankenkrise zu einer Staatsschuldenkrise und umgekehrt. Eine weitere Gruppe fügt der Diagnose einer Staatsschuldenkrise und einer Bankenkrise die makroökonomische Krise hinzu, nämlich das Wegbrechen der realen Investitions- und Konsumgüternachfrage.

Dennoch bleibt der Blickwinkel, unter dem Regierende und Finanzexperten die »Schulden«-Krise deuten, beschränkt. Das Zentrum ihrer Argumentation ist fast ausschließlich auf die monetäre Dimension von Gläubigern und Schuldnern, von Forderungen und Verbindlichkeiten fixiert, so dass die realwirtschaftliche Dimension weithin ausgeblendet bleibt. Die stellt sich so dar, dass in den peripheren Ländern die Massenkaufkraft wegschmilzt, eine Armutsspirale entsteht, öffentliche Güter nicht verfügbar sind und arbeitslosen Jugendlichen die Zukunftsperspektive geraubt wird. Die Fixierung auf den Banken-Staat-Komplex erzeugt einen blinden Fleck, der eine detaillierte Analyse der Finanzströme auf den Devisen-, Derivate-, Anleihen- und Rohstoffmärkten sowie deren Ursachen- und Wirkungsketten vernachlässigt. Dabei könnte aus dem Wissen der Finanzwissenschaftler und Finanzwissenschaftlerinnen um »internationale Finanzakteure, die sich aus Furcht vor einem Auseinanderbrechen des Euro-Raums immer stärker aus der Finanzierung der Krisenländer zurückziehen«, geschlossen werden, dass Banken nicht bloß Kreditgeber sind, sondern gleichzeitig spekulativ operierende Finanzinvestoren.

Wie können die in Europa Regierenden die Deutungshoheit und die politische Macht gegenüber der privaten Kapitalmacht wiedergewinnen, so dass sie die Handlungssequenzen im allgemeinen europäischen Interesse und nicht im privaten oder nationalen Interesse aufeinander abstimmen? Ein Europa der Deutschen ist kein demokratisches Europa. Deshalb sollten die Konstruktionsfehler der Europäischen Währungsunion (EWU) beseitigt werden, die dem Finanzregime die Abstimmungsmacht zuweisen. Diese gründet auf zwei ausschließlich monetären Stellgrößen, nämlich der Stabilität des Güterpreisniveaus und eines Ausgleichs öffentlicher Haushalte. Die rigorose Inflationsbekämpfung ist der Europäischen Zentralbank aufgetragen, die Schulden- und Neuverschuldungsgrenzen sind als Stabilitätsvorschriften dem Maastricht-Vertrag eingeschrieben und durch den Fiskalpakt zusätzlich verschärft. Doch ein verschärfter Kampf gegen die Inflation und die wahnhaft rigorose, von ökonomischen Klugheitsregeln weit entfernte Haushaltsrestriktion sind für vermögende und alternde Gesellschaften sowie zu deren privater Bereicherung und öffentlicher Verarmung eine plausible Option, nicht jedoch für Gesellschaften mit jugendlicher und wachsender Bevölkerung. Das nahezu einzige Instrument, über das die EZB bisher verfügte, um nach herrschender Meinung das geldpolitische Ziel durchzusetzen, ist ein für den gesamten Euro-Raum einheitliches nominales Zinsniveau. Dieses aber erzeugt bei unterschiedlichen Wachstums-, Inflations- und Lohnsteigerungsraten unmittelbar ein unterschiedliches Realzinsniveau und hat mittelbar unvermeidbare regionale Ungleichgewichte innerhalb des Währungsraums zur Folge, nämlich Länder mit strukturellen Leistungsbilanzdefiziten und -überschüssen.

Die Europäische Zentralbank übernimmt während der Zeit, da der Stabilitätsmechanismus noch nicht funktionsfähig, zu schwerfällig oder gar überfordert ist, weil er nicht über das Finanzpotential verfügt, das spekulative Attacken ernsthaft abwehren kann, die Funktion, monetär anfällige Staaten zu schützen – zum einen durch den Ankauf von Staatsanleihen auf dem Sekundärmarkt und zum andern durch den Saldenausgleich innerhalb des Zahlungssystems der Zentralbanken der Euro-Zone. Dieses war ursprünglich dafür vorgesehen, die Forderungen der Überschussländer mit den Verbindlichkeiten der Defizitländer zu verrechnen und einen kurzfristigen Ausgleich zu gewährleisten. Inzwischen ist es praktisch zum Medium einer Transferunion mutiert, die es rechtlich nicht gibt. Von Hans-Werner Sinn wird es als »Target-Falle« gebrandmarkt, weil im Fall des Austritts eines Defizitlandes aus dem Euro-Raum das Überschussland (er hat das deutsche Geld und die deutschen Kinder im Blick) einen gigantischen Forderungs- und Geldvermögensverlust erleidet. Das geschieht erst recht, wenn das Euro-System als Ganzes scheitert.

Das Ausmalen zweier apokalyptischer Szenarien ist offensichtlich Bestandteil einer interessengeleiteten Propaganda. Falls diese beiden extrem ungünstigen Fälle vermeidbar sind und der politische Wille, sie zu vermeiden, nicht dauernd angezweifelt wird, verkörpert sich in jenem monetären Transfer durch das Zentralbanksystem eine europäische Solidarität, die unter Deutschen derzeit leider nicht hoch im Kurs steht. Dass sie jenseits der Zustimmung des politischen Souveräns stattfindet, ist unbestritten ein Makel, der jedoch den politischen Entscheidungsträgern anzulasten ist.

Grundsätzlich kann indessen das Ausmaß an Unabhängigkeit hinterfragt werden, das bisher der Europäischen Zentralbank als deutsches Erbe aufgedrängt wurde. Denn die Unabhängigkeit einer Notenbank, deren Mandat ausschließlich darin besteht, das Güterpreisniveau stabil zu halten und die Bewegung der Vermögenspreise im Blick zu behalten, ist ohne eine demokratisch legitimierte Gegeninstanz weder funktional noch politisch vertretbar. Deshalb ist eine koordinierte und kontrollierte Beschäftigungs-, Einkommens-, Sozial- und Finanzpolitik dringend notwendig, die in der Lage ist, auch regionale Ungleichgewichte zu entschärfen. Das im Stabilitäts- und Wachstumsgesetz der Bundesrepublik von 1967 genannte »magische Viereck« könnte ein Leitbild dafür sein. Es verpflichtet die staatlichen Organe dazu, bei ihren wirtschafts- und finanzpolitischen Maßnahmen die Erfordernisse des gesamtwirtschaftlichen Gleichgewichts zu beachten. Diese sollen im Rahmen der marktwirtschaftlichen Ordnung gleichzeitig zur Stabilität des Preisniveaus, zu einem hohen Beschäftigungsstand, zum außenwirtschaftlichen Gleichgewicht und zu einem stetigen und angemessenen Wirtschaftswachstum beitragen.

Europa als leistungsfähige Wirtschafts- und Währungsunion braucht in Anlehnung an das Bretton-Woods-System drei kompetente und funktional robuste monetäre Institutionen: erstens eine Europäische Zentralbank, die ein doppeltes Mandat hat, geldpolitische Instrumente einzusetzen, um ein stabiles Güterpreisniveau, die Stabilität der Vermögenspreise sowie gleichzeitig einen angemessenen Beschäftigungsgrad zu gewährleisten; zweitens – allerdings nur so lange, wie die volle finanzpolitische Souveränität der Nationalstaaten weiter besteht – einen europäischen Stabilitäts- und Währungsfonds, der zur Kreditvergabe oder zur Ausgabe von Euro-Anleihen berechtigt ist, um die monetären und realwirtschaftlichen Ungleichgewichte zwischen den Ländern auszugleichen; und drittens eine europäische Entwicklungsbank, die private Investitionen in leistungsschwächeren Ländern anstößt.

Zur institutionellen Festigung gehört eine europäische Bankenaufsicht sowie ein von den privaten und öffentlichen Banken getragener gemeinsamer Fonds zur Sicherung der Einlagen. Damit könnte die Geiselhaft des Staates durch systemrelevante Banken verhindert werden. Dies wird auch von den deutschen Finanzexperten verlangt, die den Kniefall der Regierenden vor den Finanzmärkten kritisieren. Hilfebedürftige Banken seien zielgenau zu rekapitalisieren, im ungünstigen Fall abzuwickeln – und zwar unter der Bedingung, dass die Aktionäre an Stelle der Steuerzahlenden finanziell zur Verantwortung gezogen werden. Nicht wieder die Allgemeinheit, sondern die Gläubiger sollen die Lasten tragen, weil sie das Investitionsrisiko bewusst eingegangen sind und über das ausreichende Vermögen verfügen.

Welche Gründe sprechen angesichts des Mandats, dem das Bankensystem untersteht, nämlich das öffentliche Gut einer reibungslosen Geldversorgung zu gewährleisten, dafür, dass private Banken mit der Kreditvergabe an den Staat Renditeziele verfolgen, die das staatliche Budget zusätzlich belasten? Warum können nicht alternativ dazu den Staaten unter strengen Auflagen zinslose Notenbankkredite beziehungsweise Euro-Anleihen zur Verfügung gestellt werden, um die Bereitstellung öffentlicher Güter zu finanzieren?

Ein erheblicher Störfaktor auf dem Weg, die Europäische Währungsunion in einer politischen Union zu verankern, sind die mangelnde Abstimmung, bisweilen Rivalität der bestehenden europäischen Institutionen und die fortwährende Installation zusätzlicher Entscheidungsgremien. Es konkurrieren miteinander um die wirtschafts- und währungspolitische Deutungshoheit: das Europäische Parlament mit dem Ministerrat und der Kommission, die Europäische Zentralbank mit den nationalen Regierungen, die nationalen Zentralbanken mit den demokratisch legitimierten nationalstaatlichen Organen der gesetzgebenden, ausführenden und rechtsprechenden Gewalt sowie mit der Europäischen Zentralbank wie auch die Kommission mit dem Ministerrat. Die Ressortminister der finanzstarken Länder maßregeln als selbsternannte Oberlehrer ihre Kollegen aus den finanzschwachen Ländern. Regierungen, Parlamente und Gerichte auf nationaler und europäischer Ebene stellen sich wechselseitig Stolperfallen. Und über allem schwebt der Europäische Rat als repräsentatives Politspektakel, inzwischen sogar mit einem Präsidenten, der das Dreigestirn der Präsidenten von Kommission, Parlament und Zentralbank aufrundet.

Inzwischen wird auch deutlich, dass Artikel 23 Grundgesetz nicht mehr dazu taugt, die Europäische Währungsunion politisch zu verankern. Er erweist sich in der aktuellen Fassung, da währungspolitische Detailentscheidungen mit europarechtlicher oder gar völkerrechtlicher Verbindlichkeit vor das Tribunal des Bundesverfassungsgerichts gezerrt werden und für verfassungswidrig erklärt werden können, als Stolperfalle für die jetzt fälligen Schritte einer transnationalen Abstimmung, die der Währungsunion einen politischen Anker zum Wohl aller Völker zur Verfügung stellt.

Multipolares Währungsregime

Die Erosion der wirtschafts- und währungspolitisch hegemonialen Position der USA und des US-Dollar setzt sich vermutlich fort und damit die Erosion jener bisher anerkannten Macht, die Konturen einer globalen Finanzarchitektur entscheidend zu bestimmen. Damit könnten sich Abstimmungsverhältnisse ändern und eine globale Finanzarchitektur, die den Grundsätzen der Beteiligungsgerechtigkeit und Solidarität entspricht, auf der Grundlage eines multipolaren Währungsregimes entstehen lassen. Eine Weltwährungsordnung mit einer Weltzentralbank und einem Weltgeld liegt nämlich noch unvorstellbar weit entfernt. Regionale Währungsräume könnten sich in Asien oder Lateinamerika wie in Europa bilden. Sie würden die Wechselkurse der Länder fest und anpassungsfähig aneinanderkoppeln oder eine einheitliche Währung mit einer Zentralbank und einem Stabilisierungs- und Wachstumsfonds schaffen. In jedem Fall würden sie ihre wirtschafts-, finanz- und einkommenspolitischen Entscheidungen aufeinander abstimmen. Transferleistungen würden einen Finanzausgleich zwischen den wirtschaftlich starken Zentren und den schwächeren Ländern der Peripherie herstellen. Ein relativ stabilisierendes Gleichgewicht zwischen den verschiedenen Währungsräumen wäre durch eine moderate Wechselkurspflege gesichert.

Dass die Gruppe der zwanzig wirtschaftlich einflussreichsten Staaten eine globale Finanzarchitektur zu entwerfen versucht, ist gegenüber dem Klub der G 8 oder G 10 ein Fortschritt. Aber auch der Klub der G 20 folgt nicht dem Grundsatz der Beteiligungsgerechtigkeit, demgemäß die Vertreter aller Länder an den lebenswichtigen Entscheidungen beteiligt werden sollen, deren Folgen die Menschen auf dem Planeten Erde zu tragen haben. Tatsächlich ist die Mehrheit der Weltbevölkerung weiterhin von den Beratungen und Beschlüssen der G 20 ausgeschlossen. Folglich sollte zum einen die nationale Souveränität eines jeden Staates gegen die Dominanz globaler Finanzmärkte und die Attacken internationaler Finanzjongleure garantiert sein, indem den Staaten das Recht zugestanden wird, in kritischen Situationen derartige Übergriffe mit Hilfe von Kapitalverkehrskontrollen abzuwehren. Zum andern ist der Aufbau von Mikrobanken, die landwirtschaftliche Betriebe, gewerbliche Industrien und lokale Dienstleistungsfirmen finanziell und kooperativ miteinander vernetzen, ein anerkannter Beitrag zur Entwicklung eines Landes. Erst an deren Ende stehen eine nationale Finanzwirtschaft sowie ein funktionsfähiges Bankensystem unter Einschluss einer Zentralbank, das schließlich durch eine grenzüberschreitende Öffnung der nationalen Finanzsphäre »gekrönt« würde.

Mitbestimmung im Unternehmen

Wirtschaftsunternehmen und Betriebe gelten als die letzten vordemokratischen Bastionen in einer mehr und mehr demokratisierten Gesellschaft. Damit folgt die Abstimmung wirtschaftlicher und gesellschaftlicher Handlungssequenzen dem primären Machtgefälle einer kapitalistischen Wirtschaft, es sei denn, dass es durch gegenmächtige Bewegungen und Institutionen ausgebremst wird. Durch die in Deutschland gesetzlich geregelte Betriebsverfassung und unternehmerische Mitbestimmung sind eine solche Einflussnahme und auch Beteiligung an der sozialen und wirtschaftlichen Entscheidungskompetenz erstritten worden.

Betriebsverfassung
Die Forderung einer Mitbestimmung des abhängig Beschäftigten am Arbeitsplatz, im Betrieb und im Unternehmen mag vielen als

eine jeweils aufflackernde Modeströmung erscheinen, die an den eigentlichen Interessen der Arbeitnehmer vorbeigeht. Stimmt dieser Eindruck?

Immerhin wurde schon im Revolutionsjahr 1848, in der Rätebewegung nach dem Ersten Weltkrieg und in der Umbruchsituation nach 1945 gefordert, die einseitige Bestimmung der Arbeitsverhältnisse im Betrieb durch den Arbeitgeber mit dem Hinweis auf eine Demokratisierung aller Lebensbereiche zu durchbrechen. Die Wertentscheidungen und Rechtsnormen, welche die staatliche Organisation bestimmen, sowie ein gesellschaftlicher Lebensstil, der sich an der Personenwürde und dem Recht auf Selbstbestimmung orientiert, sollten auch in den Wirtschaftsunternehmen und in den Betrieben gelten.

In einem solchen geschichtlichen Kontext ist 1920 das Betriebsrätegesetz beschlossen worden, das 1952 als Betriebsverfassungs- und Personalvertretungsgesetz auf die Situation in der Bundesrepublik übertragen und 1972 mit erheblichen und 2001 mit geringfügigen Änderungen novelliert worden ist. Die zentrale Institution, auf die sich das Gesetz bezieht, ist der Betriebsrat, der als Vertretung der Belegschaft zur vertrauensvollen Zusammenarbeit mit dem Arbeitgeber verpflichtet ist. Er hat darauf zu achten, dass die Gesetze, Tarifverträge und die Vorschriften des Arbeitsschutzes eingehalten und die Gleichstellung von Frauen und Männern, die Vereinbarkeit von Arbeit und Familie sowie die Einbindung ausländischer Arbeiter beachtet werden. In sozialen und personellen Angelegenheiten, im Arbeits- und Umweltschutz sowie bei der Gestaltung des Arbeitsplatzes und der Arbeitsabläufe hat er Rechte auf Mitbestimmung oder Beteiligung: Bei wirtschaftlichen Fragen ist der Arbeitgeber zur Information gegenüber dem Betriebsrat verpflichtet.

Betriebsräte sind die exponierten Akteure einer tendenziell verständigungsorientierten Abstimmung betrieblicher Handlungssequenzen. Nicht nur in wirtschaftlichen Krisenzeiten, sondern auch bei persönlichen und familiären Konflikten seien sie die modernen Seelsorger, heißt es. Jene Männer und Frauen, die sich zur Betriebsratswahl als Kandidaten zur Verfügung stellen, riskieren, dass kleine und mittlere Unternehmer sie kritisch beäugen. Sie selbst haben den Eindruck, dass sie als Vertreter von überholten Konfliktlinien zwischen Arbeit und Kapital eingeschätzt werden. Dabei sind ihnen das Milieu und die Kampfsprache der traditionellen Arbeiterbewegung oft ebenso fremd wie das Macho-Reservat der Metallbranche, das bis in die Arbeit der Betriebsräte hineinreicht. Inzwischen suchen sogar die Wissensarbeiterinnen und die neuen »Arbeitskraftunternehmer« ihren Rat, weil sie zwar von ihren Vorgesetzten hofiert werden, aber gleichzeitig den Griff der Firma nach ihrer Seele spüren, wenn ihnen ein komfortables Mobiltelefon angeboten wird, um die Rufbereitschaft außerhalb der Erwerbsarbeitszeit sicherzustellen. Sie würden regelmäßig vom Chef zum Mitarbeitergespräch und zur Zielvereinbarung eingeladen, entdeckten jedoch schnell, dass die zugesagte »gleiche Augenhöhe« ein mieses Spiel versteckter Macht und Abhängigkeit ist und im ungünstigen Fall die Kollegen gegeneinander ausspielt.

Betriebsrätinnen und Betriebsräte fühlen sich oft von der eigenen Belegschaft, die sie gewählt hat, im Stich gelassen, wenn sie sich für eine allgemeine Verkürzung der Arbeitszeit, den Abbau der Sonntagsarbeit oder eine faire Verteilung des Arbeitsvolumens einsetzen. Sie müssen sich auch ständig dem Vorwurf stellen, dass sie als Feigenblatt gelten und auf der Seite der Arbeitgeber stehen würden, wie vor einiger Zeit Betriebsräte bei Siemens gekauft und bei VW korrumpiert worden seien. Allzu oft steht für sie kein Rettungsschirm bereit, der sie vor kleinen und großen Niederlagen schützt, wenn sie sich gegen den Personalabbau stemmen oder eine drohende Insolvenz abzuwehren suchen, um am Ende ohnmächtig dazustehen, wenn der Betrieb geschlossen wird und die Mitarbeiterinnen und Mitarbeiter in die Arbeitslosigkeit entlassen werden. Betriebsräte stehen im Brennpunkt betrieblicher Abstimmungskonflikte.

Die andere Seite der Arbeit von Betriebsräten konnte inmitten der Finanz- und Wirtschaftskrise beobachtet und respektiert werden, als die Existenz deutscher Tochterfirmen von transnational operierenden Industriekonzernen bedroht war. In dieser Situation traten Konzernbetriebsräte – mit ihren Gewerkschaftsvertretern im

Rücken – als verlässliche Verhandlungspartner von Managern der Muttergesellschaften und staatlicher Organe auf. »Mister Opel« wurde Klaus Franz, der Konzernbetriebsratsvorsitzende der deutschen Traditionsfirma und Tochter des US-amerikanischen Autoriesen General Motors, genannt. Er hat mit der Regierung der großen Koalition einen Überbrückungskredit ausgehandelt, nachdem die Mutter in den USA die Zahlungen an das Rüsselsheimer Stammwerk eingestellt hatte. Ihm war es auch zu verdanken, dass das Unternehmen von einer GmbH wieder in eine Aktiengesellschaft umgewandelt wurde, somit die Rechte der Belegschaft und der Gewerkschaften gemäß dem deutschen Mitbestimmungsgesetz gestärkt wurden. Der Betriebsratsvorsitzende der Volkswagen AG, Bernd Osterloh, sicherte dem Wolfsburger Konzern eine Eintragung ins Handelsregister, durch die festgeschrieben wurde, dass weder künftige Mehrheitseigentümer noch zukünftige Manager in der Lage sein werden, die inländischen Standorte des Konzerns zu beeinträchtigen oder zu schließen. Der Vorstandsvorsitzende der IG Metall, Berthold Huber, hat als stellvertretender Aufsichtsratsvorsitzender der Siemens AG erreicht, dass der Unternehmensvorstand mit dem Betriebsrat und der IG Metall einen unbefristeten Vertrag zur Standort- und Beschäftigungssicherung abschloss. Demgemäß werden eine Kündigung von Mitarbeitern wegen schlechter Geschäftslage oder eines Unternehmensumbaus sowie bis 2013 eine Verlagerung oder Schließung deutscher Standorte ausgeschlossen. Hubers Kooperationsangebot bei der Sanierung der Schaeffler-Unternehmensgruppe ist von der Konzernchefin bereitwillig angenommen worden. Sie war zu einer Gegenleistung bereit, nämlich die Mitbestimmungsrechte der Belegschaft und deren Vertreter auszuweiten.

Berufliche Ausbildung

Betriebsräte und Betriebsrätinnen haben bei der Planung, Einrichtung und Durchführung der beruflichen Ausbildung als Teil der Berufsbildung eine Reihe von Beteiligungsrechten. Ein Mitbestimmungsrecht bezieht sich auf die Durchführung, ein Widerspruchsrecht auf die Person, die der Arbeitgeber für die berufliche Ausbildung bestellt. Der Arbeitgeber ist verpflichtet, mit dem Betriebsrat über die berufliche Ausbildung zu beraten; dem Betriebsrat kommt ein Initiativrecht zu, Vorschläge zu machen. Der Betriebsrat kann vom Arbeitgeber verlangen, dass der Berufsausbildungsbedarf ermittelt und darüber beraten wird. Studien haben ergeben, dass Betriebe mit Betriebsräten eher als andere Betriebe daran interessiert sind, über die berufliche Ausbildung ihren Bedarf an qualifizierten Fachkräften zu decken. In Betrieben ohne Betriebsrat soll sich die berufliche Ausbildung bereits während der Ausbildung rentieren. In der Regel besteht zwischen Betriebsrat und Geschäftsleitung kein Interessenkonflikt, wenn es um die berufliche Ausbildung geht. Vermutlich deshalb kommt das Thema der Berufsausbildung bei den Betriebsräten zu kurz, obwohl es als wichtig eingeschätzt wird. Andere Themen stehen in der alltäglichen Betriebsratsarbeit im Vordergrund.

Es gäbe hinreichend gute Gründe dafür, dass die Betriebsräte sich in den betrieblichen Teil der beruflichen Ausbildung, für die in erster Linie die Industrie- und Handelskammern, die Handwerkskammern und der Bund zuständig sind, einmischen. Die Bundeskanzlerin redet zwar gern und vollmundig von der Bildungsrepublik, aber im Nachsatz kommen dann die üblichen Herausforderungen des globalen Wettbewerbs, der technischen Veränderungen und der Wissensgesellschaft, denen durch höhere Bildungsanstrengungen zu begegnen sei – durch mehr Investitionen in die Forschung, in den Hochschulsektor und durch eine höhere Zahl der Hochschulabsolventen. Die Situation der Jugendlichen, die eine berufliche Ausbildung suchen, taucht in solchen Appellen nur am Rand auf, obwohl sie die Mehrzahl eines Jahrgangs ausmachen. Die Rede von der Bildungsrepublik sollte kleinlauter klingen angesichts der Defizite einer Gleichstellung von Jungen und Mädchen in den von ihnen besetzten Ausbildungsberufen. Sowohl 1975 wie 2011 behaupten der Kfz-Mechaniker/Mechatroniker bei den Jungen und die Verkäuferin bei den Mädchen den ersten Rang. Der Dualismus der handwerklichen Berufe für Jungen und der kauf-»männischen« Berufe für Mädchen hat sich fast vierzig Jahre lang gehalten. Immerhin haben sich die an der Spitze platzierte Verkäuferin und Kauffrau 2011 zu einem Bündel kauffraulicher Berufe auf den nachfolgenden Rängen ausdifferenziert. Die berufliche Bildung bleibt ein vermintes Gelände wenig transparenter Abstimmungskonflikte. Berufliche Bildung ist mehr als Wissen. Die Sachkompetenz, die jungen Menschen vermittelt wird, ist etwas anderes als das Sammeln und Sortieren von Daten. Junge Menschen wollen sich über das, was wichtig und unwichtig, was notwendig, nützlich und angenehm ist, ein Urteil bilden. Der gesunde Menschenverstand soll darüber entscheiden, was hilfreich und schädlich, was gut und schlecht, was recht und unrecht ist. Aber reicht es, sich in die Rolle eines neutralen, unbeteiligten Beobachters zu versetzen? Man sieht nur mit dem Herzen gut, hat Antoine de Saint-Exupéry gesagt. Ohne persönliche Anteilnahme und ein verbindliches Engagement würde das Wissen oberflächlich bleiben. Sobald verlangt wird, dass mehr Schulen ans Netz gehören und dass in den Klassenräumen mehr Computer installiert werden, sollte gleichzeitig gefordert werden, auch über die Erziehungsziele und Bildungsinhalte nachzudenken. Die Kultivierung und Veredelung des Arbeitsvermögens junger Menschen sollten nicht dem Fieber der Standortkonkurrenz und der globalen Wettbewerbsfähigkeit ausgeliefert werden. »Handlungskompetenz« in der beruflichen Bildung meint die Fähigkeit, Arbeitsprozesse kreativ zu planen und effizient zu steuern. In ihr ist die Spaltung der Kopfarbeit und Handarbeit, die Spaltung des Menschen in Geist und Körper überwunden. Wer berufliche Bildung mit einer marktwirtschaftlichen Ressource gleichsetzt, unterliegt der Gefahr, eine Kompetenz ausschließlich nach der kommerziellen Verwertbarkeit zu beurteilen. Marktpreise spiegeln jedoch nur kurzfristige Interessen und enthalten kaum Informationen, die den langen Schatten der Zukunft anzeigen.

Zudem ist kommerziell verwertbares Wissen käuflich und höhlt das gleiche Recht aller Jugendlichen auf eine berufliche Bildung aus, die ihrer Neigung und Begabung entspricht. Dagegen ist die »ökonomische Kompetenz« der Auszubildenden eine Dimension des Menschseins. Die Verfügung über knappe Mittel, um bestimmte Ziele zu erreichen, ist ein Bestandteil jeder menschlichen Entscheidung – zumindest beim Umgang mit der Zeit. Wir wählen immer zwischen Alternativen, ob wir die begrenzt verfügbare Zeit für die Freundin, die Arbeit in der Werkstatt oder für das Fußballspiel im Fernsehen freihalten. Wenn wir das wirtschaftlich Vernünftige aufs Ganze und auf Dauer einstellen, folgen wir dem moralisch Gebotenen.

Berufliche Bildung ist keine Ware. Unter dem Regime des Finanzkapitalismus soll das Leitbild des Berufs auf handgreifliche Module zurechtgeschnitten und direkt auf betriebliche Interessen hingelenkt werden. Dieser verbreitete Abstimmungsmodus sollte umgelenkt werden. Berufliche Ausbildung ist etwas unmittelbar Persönliches, nicht abtrennbar von denjenigen, die sich ein komplexes Bildungsgut aneignen. Sie bietet die Chance, ein selbstbestimmtes Leben zu führen, in gelingenden Partnerschaften sich selbst zu verwirklichen und im Einklang mit der natürlichen Umwelt zu leben. Berufliche Bildung ist in demokratischen Gesellschaften ein Grundrecht. Damit ist eine grundsätzliche Grenze der Marktsteuerung markiert. Der Markt kann lediglich auf Signale der Kaufkraft und eines Leistungsvermögens, das sich die gewünschte Kaufkraft beschafft, reagieren. In demokratischen Gesellschaften jedoch sollen weder das eigene Einkommen noch das der Eltern den Grad der Bildung oder gar den elementaren Zugang zur beruflichen Bildung vorentscheiden.

Die berufliche Bildung ist ein Schritt ins erwachsene Menschsein. Sie befreit junge Menschen aus selbst- und fremdverschuldeter Unmündigkeit, damit sie eigene Vorstellungen des guten und schönen Lebens entwickeln und sich diese Lebensentwürfe nicht vorzeitig rauben zu lassen. Ein solcher Weg zum Menschsein verkörpert sich zum einen in einer wachsenden »Selbstkompetenz«. Die Auszubildenden selbst werden zu Mit-Architekten ihrer Bildung. Wie sie von den Lehrenden lernen, so lehren sie die Lehrenden, die wiederum von den Lernenden lernen. So wird ihnen Raum gegeben, die eigene Spur zu suchen und ihr zu folgen: Wie kann ich diejenige oder derjenige werden, die oder der ich sein möchte? Wo liegen meine Talente verborgen, wo meine Interessen?

Die »Erlebniskompetenz« ist zum anderen ein charakteristisches Merkmal beruflicher Bildung, weil in ihr die Trennung von Materie und Intelligenz, von Natur und Geist überwunden wird. Junge Menschen haben ein wachsendes Gespür dafür gewonnen, dass sie Leib sind, Lebewesen. Eine wache Sinnlichkeit, das Öffnen der Augen und Ohren, das Schmecken und Riechen, das Berührtwerden und Empfinden, das Spielen, Singen, Malen und Tanzen sind in den Alltag ihres Lebens integriert. Der Körper ist kein Instrument, das nur zugerichtet und diszipliniert werden muss, sondern Medium der Welt- und Selbstwahrnehmung sowie der Wahrnehmung anderer Menschen, die erste Ausdrucksform der Seele, der Sympathie und Liebe.

Wie wird die »Erlebniskompetenz« junger Menschen in Raum und Zeit verortet?

Es ist oft faszinierend zu beobachten, mit welcher »Andacht« junge Menschen ihre zweite Haut, also ihr Outfit komponieren. Und wie sie ihre dritte Haut, das Zimmer, die Wohnung gestalten. Darin beschreiben sie sich selbst, grenzen sich von den anderen ab und inszenieren, was sie bewegt, wofür sie stehen und wozu sie sich bekennen. Erlebniskompetenz äußert sich schließlich in der Verantwortung für die Erhaltung der natürlichen Umwelt. Sie sehen sich als Hausverwalter und Hausverwalterin für das Haus des Lebens, das sie mit allen Lebewesen bewohnen. Sie sind »Leben, das leben will, inmitten von Leben, das leben will«, so hat Albert Schweitzer den kategorischen Imperativ einer Ehrfurcht vor dem Leben formuliert.

»Kommunikative Kompetenz« ist schließlich mehr als Fremdsprachenkenntnis, Teamfähigkeit und Kooperationsbereitschaft. Das Vermögen, beziehungsfähig zu werden, verschiedene soziale Rollen in unterschiedlichen gesellschaftlichen Sphären zu spielen sowie die Sphären der gesellschaftlichen Öffentlichkeit, des Privaten und der Intimität voneinander abgegrenzt zu halten, hat einen Eigenwert. Dieses Vermögen schließt eine politische Kompetenz, sich in die öffentlichen Angelegenheiten jenseits der Privatsphäre einzumischen, ebenso ein wie die Zivilcourage, kritisch das Recht anzumelden, an den wirtschaftlichen, gesellschaftlichen und politischen Prozessen der Meinungsbildung aktiv beteiligt zu werden und darin sich selbst zu vertreten. Die moralische Kompetenz ist eine Dimension des Menschseins, die sich im Querdenken, Mitempfinden und Vorausahnen äußert. Aber auch darin, dass die eigenen Interessen zurückgestellt werden zugunsten eines Standpunkts der Unparteilichkeit, der jeden Menschen als gleichrangig Anderen und unvertretbar Einzelnen respektiert.

Dass die berufliche Ausbildung junger Menschen in der alltäglichen Betriebsratsarbeit zu kurz kommt und anderen Themen hinterherhinkt, können die Betriebsräte kaum rechtfertigen. Sie stehen den auszubildenden Jugendlichen ziemlich nahe. Wer sonst könnte den jungen Frauen und Männern in dem Dickicht betrieblicher, schulischer, staatlicher und unternehmerischer Abstimmungsmacht besser beistehen, ihre Ansprüche persönlicher Autonomie zu behaupten?

Mitbestimmung

»Nie wieder Krieg, nie wieder Faschismus, nie wieder Kapitalismus.« Dieses parteiübergreifende Bekenntnis jener Politiker, die aus den Trümmern des Zweiten Weltkriegs heraus den Mut hatten, eine radikale Neu-Abstimmung von Wirtschaft und Gesellschaft zu wagen, ist wohl eine der Wurzeln des deutschen Sonderwegs eines demokratiefähigen Rheinischen Kapitalismus. Die nordrhein-westfälische CDU unter Karl Arnold arbeitete zusammen mit Kölner Dominikanern an einem antikapitalistischen, christlich-sozialistischen Gesellschaftsentwurf, der eine am Grundbedarf der Bevölkerung orientierte Produktion vorsah, ohne Privateigentum an Produktionsmitteln und mit einem Wirtschaftsparlament, das der Volksvertretung nachgeordnet war. Dieser Entwurf wurde schon bald von Ludwig Erhard und Konrad Adenauer kassiert, die sich des Beistands der US-amerikanischen Militärregierung sicher waren. Im Ahlener Programm der westfälischen CDU ist noch ein Nachklang dieser sozialkritischen Bewegung zu hören: »Das kapitalistische Wirtschaftssystem ist den staatlichen und sozialen Lebensinteressen des deutschen Volkes nicht gerecht geworden.« Und: »Inhalt und Ziel der sozialen und wirtschaftlichen Neuordnung kann nicht mehr das kapitalistische Gewinn- und Machtstreben, sondern nur das Wohlergehen unseres Volkes sein.«

Aus solchen Impulsen ist die Erklärung zur Mitbestimmung des Bochumer Katholikentags 1949 hervorgegangen: »Der Mensch steht im Mittelpunkt jeglicher wirtschaftlicher und betriebswirtschaftlicher Betrachtung. Das bisherige Wirtschaftsrecht war zu sehr den Dingen und zu wenig den Menschen zugewandt. Es muss durch ein Betriebsrecht ersetzt werden, das den Menschen in seinen Rechten und Pflichten in den Vordergrund rückt. Die katholischen Arbeiter und Unternehmer stimmen darin überein, dass das Mitbestimmungsrecht aller Mitarbeitenden bei sozialen, personalen und wirtschaftlichen Fragen ein natürliches Recht in gottgewollter Ordnung ist, dem die Mitverantwortung aller entspricht. Wir fordern seine gesetzliche Festlegung. Nach dem Vorbild fortschrittlicher Betriebe muss schon jetzt überall mit seiner Verwirklichung begonnen werden.«

Die Mitbestimmung in deutschen Unternehmen ist derzeit durch drei verschiedene Gesetze geregelt. Das Montan-Mitbestimmungsgesetz von 1951 ist die nachträgliche Ratifizierung eines Provisoriums der Siegermächte durch den deutschen Gesetzgeber. Die Alliierten hatten nämlich die Konzerne und Konglomerate der Schwerindustrie, die Hitlers Krieg wirtschaftlich unterstützten, beschlagnahmt und mit Hilfe der Gewerkschaften zerlegt. Die Aufsichtsräte in den neuen Hüttenwerken wurden paritätisch mit Arbeitnehmervertretern besetzt, und der Vorstand wurde um einen Arbeitsdirektor erweitert. Als Adenauer 1951 das alliierte Provisorium rückgängig machen wollte, drohten die Bergleute und Metallarbeiter mit einem politischen Streik. Der wurde jedoch abgesagt, weil Adenauer sich mit dem damaligen DGB-Vorsitzenden Hans Böckler auf das Montan-Mitbestimmungsgesetz geeinigt hatte. Der Aufsichtsrat wurde um ein neutrales Mitglied erweitert, um ein Patt zwischen der Seite der Arbeitnehmer und der Kapitaleigner zu verhindern. Die Montan-Mitbestimmung ist zwar eine Unternehmensform, die am weitesten auf die Interessen der abhängig Beschäftigten abgestimmt ist, hat aber an Gewicht verloren, weil die Branche bis auf eine Viertelmillion Beschäftigte geschrumpft ist und die Unternehmer sich zusätzlich dem Geltungsbereich der Montan-Mitbestimmung entziehen, indem sie die Unternehmen umbauen und deren Rechtsform ändern.

Das Mitbestimmungsgesetz von 1976, das für Unternehmen mit

mehr als 2 000 Beschäftigte gilt, aber nur etwa zehn Prozent aller Beschäftigten umfasst, hat das ursprüngliche Konzept der Mitbestimmung verwässert. Die Unternehmen haben sich häufig der Geltung des Gesetzes entzogen, indem sie Personal abbauten, das Unternehmen zerlegten, dessen Rechtsform umwandelten oder den Firmensitz verlegten. Auf der Arbeitnehmerseite im Aufsichtsrat sitzen leitende Angestellte mit einem speziellen Gruppenwahlrecht. Und in einer Pattsituation erhält die Kapitalseite bei wiederholter Abstimmung eine Zusatzstimme, so dass die Abstimmungsmacht der Kapitalseite nicht angetastet ist. Eine paritätische Mitbestimmung ist dies nicht. Die Mitbestimmung nach dem Betriebsverfassungsgesetz von 1992 ist ein Etikettenschwindel. Man sollte sie überhaupt nicht dieser Liste einreihen, weil die Arbeitnehmer im Aufsichtsrat nur über eine Drittelparität verfügen.

Wieso ist das Engagement für einen demokratieverträglichen Kapitalismus verblasst und kann selbst inmitten der Finanzkrise nicht wiedererweckt werden? Offensichtlich hat die Macht der Kapitaleigner und der Unternehmensmanager, der sich die Medien unterworfen haben, die demokratische Forderung nach einer Mitbestimmung der Arbeitnehmer unterlaufen. Zusätzlich konnten Kapitaleigner und Unternehmensmanager mit dem politischen Beistand sowohl der konservativ-liberalen Koalitionen als auch einer sozialdemokratischen Partei rechnen, die von Gerhard Schröder bis Peer Steinbrück sich auf der Suche nach der Mitte verliert, anstatt eine politische Mehrheit links vom bürgerlichen Lager einschließlich der Linken und Piraten zu sammeln. Und selbst die Spitzen der Gewerkschaften winken ab, wenn Kolleginnen und Kollegen an der Basis die paritätische Mitbestimmung fordern. Sie tragen dazu bei, dass die Autonomie der abhängig Beschäftigten am Arbeitsplatz, im Betrieb und im Unternehmen ausgehöhlt und eine entfesselte Abstimmungsmacht der Kapitaleigner gefestigt wird.

Eine zumindest paritätische Mitbestimmung im Unternehmen ist aus zwei Gründen unerlässlich, um eine demokratische Lebensform in der Wirtschaft zu verankern. Zum einen ist es widersprüchlich, wenn die Unternehmensorganisation neben der Marktsteuerung zwar in eine demokratische Gesellschaft eingebettet ist, die finanz- und realwirtschaftliche Sphäre jedoch von dieser Form der Abstimmung gesellschaftlicher Handlungssequenzen unberührt bleibt. Zum anderen sind eine tendenziell ausgewogene Verteilung der Einkommen und Vermögen sowie der Versuch, die derzeitige extrem ungleiche Verteilung zu korrigieren, aussichtslos, wenn nicht alle Ressourcen, welche die Wertschöpfung eines Unternehmens gemeinsam erwirtschaften, an deren Verteilung angemessen beteiligt werden. Denn wie anders soll eine faire Verteilung dieser Wertschöpfung gelingen, wenn sich die Schieflage der Abstimmungsverhältnisse nicht ändert?

Dazu braucht es eine zumindest paritätische Mitbestimmung der abhängig Beschäftigten im Unternehmen. Sie wäre in der Lage, jene betriebswirtschaftliche Logik, die ausschließlich den Interessen der Kapitaleigner folgt, außer Kraft zu setzen. Gemäß dieser Logik wird das Ziel des Unternehmens nicht mit der Wertschöpfung, der Summe aller Einkommen, gleichgesetzt, die den Ressourcen zufließen, die am Unternehmenserfolg beteiligt sind, sondern ausschließlich mit dem Gewinn, also jenem Teil der Wertschöpfung, der als Einkommen den Eigentümern der Ressource Geldvermögen zufließt. Dieser Gewinn soll möglichst maximal ausfallen. Die restlichen Anteile der Wertschöpfung, die als Entgelt für die Nutzung des Naturvermögens, des Arbeitsvermögens und des Gesellschaftsvermögens zur Verfügung stehen, werden dagegen als Kostenfaktoren bilanziert und folglich minimiert. Damit ist eine wachsende Schieflage der primären Einkommens- und Vermögensverteilung vorprogrammiert, die durch eine staatliche Sekundärverteilung kaum ernsthaft korrigiert werden kann. In der folgenden Tabelle ist die willkürliche betriebswirtschaftliche Logik veranschaulicht, die unter der Hegemonie des Finanzkapitalismus ins Extrem gesteigert worden ist.

Entstehung und Verteilung der unternehmerischen Wertschöpfung

Quellen	Verteilung	Empfänger	Verteilungsregel
Arbeitsvermögen	Lohn/Gehalt	Mitarbeiter/-innen	Kosten = min!
Naturvermögen	Umweltabgaben	Natürliche Umwelt	Kosten = min!
Gesellschaftsverm.	Steuern/Beiträge	Staat	Kosten = min!
Geldvermögen	Zinsen	Anteilseigner	Gewinn = max!
	Reingewinn		

In der ersten Spalte sind vier typisierte Ressourcen eingezeichnet, nämlich das Arbeits-, Natur-, Gesellschafts- und Geldvermögen. Das Arbeitsvermögen ist jene Ressource, auf die der Arbeitgeber durch den Lohnarbeitsvertrag zugreifen kann. Das Naturvermögen wird von Werner Sombart als die »Sparbüchse der Erde« beschrieben, das in Jahrmillionen angesammelte Volumen an Sonnenenergie, dessen Inanspruchnahme neben der Geldschöpfungsmacht der Banken die beispiellose Dynamik des industriellen Kapitalismus erklärt. Das Gesellschaftsvermögen sind die öffentlichen Bildungs- und Gesundheitseinrichtungen, die öffentliche Infrastruktur sowie das Potential jener gesellschaftlichen Vorleistungen, die in privaten Haushalten unentgeltlich als Betreuungsarbeit geleistet wird. Das kooperative Zusammenspiel dieser Ressourcen erzeugt die unternehmerische oder volkswirtschaftliche Wertschöpfung, die als »Faktoreinkommen« oder »bewertete Gütermenge« definiert wird.

In der zweiten Spalte wird abgebildet, wie die Nutzung der Ressourcen durch das Unternehmen entgolten wird – in der Form von Löhnen und Gehältern, von Umweltabgaben, von Steuern und Beiträgen sowie von Zinsen (auf Eigen- beziehungsweise Fremdkapital).

Die kollektiven Empfänger der Entgelte sind in der dritten Spalte aufgelistet: Mitarbeiterinnen und Mitarbeiter, die natürliche Umwelt, der Staat und die Anteilseigner beziehungsweise Gläubiger.

Gemäß der Verteilungsregel einer kapitalistischen Marktwirtschaft, die durch das primäre Machtgefälle von Kapital und abhängiger Arbeit bestimmt ist, werden drei Faktoren (einschließlich der Fremdkapitalgeber) als Kostenfaktoren definiert und mit einem möglichst niedrigen Entgelt abgefunden, während der verbleibende Überschuss (Reingewinn) als das eigentliche Unternehmensziel definiert und demzufolge den Anteilseignern zugewiesen wird. Die asymmetrischen Machtverhältnisse einer pluralen Klassengesellschaft bestimmen die relativ geringen Einkommensanteile der abhängig Beschäftigten, des Staates und der Gesellschaft sowie der natürlichen Umwelt an der wirtschaftlichen Wertschöpfung. Eine Verteilungsregel, die das Kapital des Unternehmens neutralisiert, würde dagegen den fairen Ansprüchen der vier Ressourcen, die gemeinsam die unternehmerische Wertschöpfung erwirtschaftet haben, gerecht. Eine solche Verteilungsregel kann indessen nur erreicht werden, wenn eine demokratieverträgliche Unternehmensverfassung in Kraft gesetzt wird, die den Belegschaften, den Kapitaleignern, der öffentlichen Hand und Anwälten der in Anspruch genommenen Umweltressource ein viertelparitätisches Recht auf Beteiligung an den unternehmerischen Entscheidungen garantiert.

Eigentumsschranke

Gegen das Montan-Mitbestimmungsgesetz und die paritätische Besetzung des Aufsichtsrats hatten 1951 weder die Arbeitgeber noch konservativ-liberale Abgeordnete gewagt, eine Verfassungsklage einzureichen, dass die Eigentumsgarantie des Grundgesetzes verletzt worden sei. Dies blieb den Arbeitgebern vorbehalten, die das Mitbestimmungsgesetz von 1976 durch das Bundesverfassungsgericht prüfen ließen, ob die Vertretung der Arbeitnehmer im Aufsichtsrat gegen Artikel 14 Grundgesetz verstoße und somit verfassungswidrig sei. Das Gericht entschied 1979, das Gesetz sei verfassungskonform, weil die Zweitstimme des Aufsichtsratsvorsitzenden verhindert, dass die Kapitalseite, also die Eigentümer des Unternehmens, überstimmt werden können. Das Gericht argumentierte, dass die Verfassung kein isoliertes und absolutes Eigentumsrecht garantiere, sondern nur im Zusammenhang mit anderen Grundrechten und innerhalb der gesetzlichen Schranken. Diese seien beim Eigentum an Gebrauchsgütern enger gefasst als beim Eigentum an Produktionsmitteln und auch beim Einzelunternehmer enger als bei den Anteilseignern von Publikumsgesellschaften, in denen das Vermögensrecht und die Verfügungsbefugnis auseinanderfallen. Da die Einwirkungsmöglichkeiten der Anteilseigner auf den Empfang der aus dem Vermögensrecht resultierenden Dividende beziehungsweise auf den An- und Verkauf der Anteilsscheine beschränkt sind, taste das Mitbestimmungsgesetz nicht den Vermögenswert der Anteilsrechte, sondern nur die mitgliedschaftlichen Verfügungsbefugnisse der Anteilseigner an. Diese Regelung bleibe also innerhalb des Rahmens der gesetzlichen Grundrechtsbeschränkung, wenn die Mitbestimmung der Arbeitnehmer nicht dazu führt, dass über das im Unternehmen investierte Kapital gegen den Willen der Anteilseigner entschieden wird.

In der römisch-katholischen Sozialverkündigung, wie sie Papst Johannes Paul II. 1981 in dem Rundschreiben über die Arbeit der Menschen vorgelegt hat, wird ein funktionales Verständnis der Eigentumsrechte vertreten, das über das Mitbestimmungsurteil der deutschen Verfassungsrichter merklich hinausgeht:

■ Die christliche Tradition habe das private Eigentumsrecht nie als absolut und unantastbar betrachtet.

■ Dieses Recht sei der Bestimmung der Güter der Erde für alle und der gemeinen Nutzung untergeordnet.

■ Die Naturgüter würden durch die Bearbeitung und zum Zweck weiterer Bearbeitung angeeignet. So werde Eigentum vor allem durch Arbeit erworben, und damit es der Arbeit dient. Das gelte namentlich für das Eigentum an Produktionsmitteln. Die Herrschafts- und Abhängigkeitsverhältnisse auf der Grundlage des Privateigentums an Produktionsmitteln beziehungsweise die Ausbeutung der Arbeitnehmer durch die Eigentümer der Produktionsmittel widersprächen der Hinordnung des Privateigentums auf die Arbeit und auf das gemeinsame Recht aller Menschen, die Güter dieser Erde zu nutzen.

■ Das Eigentumsrecht, das in einem harten Kapitalismus verteidigt wird, sei um der Achtung willen, die der Arbeit grundsätzlich geschuldet ist, einer konstruktiven (theoretischen und praktischen) Revision zu unterziehen. Die Anerkennung der richtig verstandenen Stellung der Arbeit und des arbeitenden Menschen im Produktionsprozess verlange verschiedene Anpassungen im Bereich der rechtlichen Ordnung des Eigentums an Produktionsmitteln, nämlich die Verbesserung alles dessen, was in der Regelung des Eigentums an den Produktionsmitteln oder in der Art und Weise, wie diese eingesetzt werden und über sie verfügt werden kann, fehlerhaft ist.

■ Im Hinblick auf die menschliche Arbeit und den gemeinsamen Zugang zu den Gütern, die den Menschen zugedacht sind, sei unter entsprechenden Bedingungen auch die Überführung von Produktionsmitteln in Gemeineigentum nicht auszuschließen.

Solche Markierungen, die sich an den normativen Grundsätzen gleicher Gerechtigkeit und Solidarität orientieren, zeigen an, wie weit der deutsche Sonderweg von einem demokratieverträglichen Kapitalismus entfernt ist. Um diesen Weg zu verlassen, ist der Verzicht auf das bürgerlich-individualistisch überdehnte private Eigentumsrecht von Kapitaleignern ein erster Schritt. Der zweite Schritt besteht darin, dass nicht allein die Kapitaleigener die Richtung bestimmen, in die Unternehmen gesteuert werden, sondern alle, welche die unternehmerische Wertschöpfung erwirtschaften.

Soziale Demokratie

Das Grundgesetz der Bundesrepublik Deutschland hat im Hinblick auf soziale Grundrechte einen »weißen Fleck«. Diese Abstimmungslücke gesellschaftlicher Handlungssequenzen ist in der Nachkriegszeit politisch geschlossen worden – durch eine unbestrittene Tarifpartnerschaft, die den abhängig Beschäftigten einen komfortablen Anteil am Wachstum der Wertschöpfung gewährte, durch eine Steuerpolitik, welche die selbständig und unselbständig Erwerbstätigen nach ihrer wirtschaftlichen Leistungsfähigkeit besteuerte, und durch den Ausbau solidarischer Sicherungssysteme, die den nicht mehr Erwerbstätigen einen Lebensstandard sicherte, der demjenigen vergleichbar war, den sie während ihrer Erwerbstätigkeit erworben hatten. Diese Nachkriegszeit (»les trente glorieuses«) endete, als das Bretton-Woods-Währungssystem aufgekündigt wurde, die OPEC-Länder mit einer drastischen Rohölpreiserhöhung den Verfall des US-Dollar kompensierten und der Club of Rome auf die Grenzen des Wachstums aufmerksam machte.

Auf den globalen Einbruch der wirtschaftlichen Leistung wurde zunächst mit herkömmlichen wirtschaftspolitischen Mitteln reagiert. Als deren Wirkung die in sie gesetzten Erwartungen enttäuschte, begann schrittweise ein Umbau des Sozialstaats, der in den 1980er Jahren in den USA und Großbritannien bekenntnishaft eingeleitet wurde und später auch Deutschland erreichte. Die fahrlässige und mutwillige Demontage des Sozialstaats durch die rotgrüne Koalition unter Gerhard Schröder hat ein gesellschaftliches

Desaster hinterlassen – verfestigte Arbeitslosigkeit, entregelte Beschäftigungsverhältnisse, Spiralen der Verarmung unter Arbeitslosen, in brüchigen Partnerschaften und in Haushalten mit Kindern, eine zunehmende Schieflage der Verteilung von Einkommen und Vermögen, wachsende gesellschaftliche Spaltung sowie eine beispiellose Finanzkrise, die zu einer Schuldenkrise peripherer Staaten der Euro-Zone metastasiert. Wie kann dieses Trümmerfeld fehlerhafter sozialpolitischer Abstimmungen geräumt und ein freies Feld für den sozialpolitischen Wiederaufbau geschaffen werden?

Räumungsarbeiten

»Hartz IV muss weg!« Der sozial- und arbeitsmarkpolitische Komplex, der den Namen des früheren Arbeitsdirektors des VW-Konzerns trägt, ist zu einer Wanderlegende geworden. 2006 war noch erkennbar, dass die wirtschaftliche Belebung in Deutschland der einsetzenden Weltkonjunktur zu verdanken war. Später wurde sie tatsachenwidrig Hartz IV zugeschrieben – bis auf den heutigen Tag.

Hartz IV ist keine Erfolgsgeschichte. Langzeitarbeitslose in reguläre Arbeitsverhältnisse wiedereinzugliedern gelingt nur zu einem Bruchteil. Die Armutsrisikoquote ist um jene Erwerbstätige im Niedriglohnbereich aufgestockt worden und hat sich auf einem Niveau von vierzehn bis sechzehn Prozent stabilisiert – und dies in einem ungewöhnlich reichen Land, da das oberste Zehntel der Haushalte über 53 Prozent des gesamten Vermögens verfügt. Es wird zwar in regelmäßigen Abständen von einer jeweils neuen Armut geredet, die unzählig viele Gesichter habe, doch die Ursachen, warum Menschen arm und von der Gesellschaft ausgeschlossen werden, sind die gleichen geblieben: Arbeitslosigkeit, brüchige Partnerbeziehungen, Haushalte mit Kindern. Das Ausmaß der tatsächlichen Ausgrenzung ist ablesbar an den fast tausend Tafeln, die im Bürgerkrieg der politischen Klasse gegen die Armgemachten eine notwendig gewordene Sanitätsarbeit verrichten. Doch der Sozialstaat hat sich der Aufgabe entledigt, den Rechtsanspruch der Bedürftigen auf ein soziokulturelles Existenzminimum einzulösen.

»Es geht nicht, bei einem Rentenniveau von 43 Prozent zu bleiben.« Mit Malu Dreyer meldet sich eine Generation von Politikerinnen zu Wort, welche die miserablen Folgen der rot-grünen Renten-reformen und der sogenannten Riester-Rente nicht mehr hinnehmen will. Die rot-grüne Koalition hatte zweimal die Rentenformel verändert. Mit dem Einbau eines Korrekturfaktors, eines privaten Altersvorsorgefaktors und eines Nachhaltigkeitsfaktors sollte das gesetzliche Rentenniveau abgesenkt werden. Aber man unterstellte gleichzeitig eine 45-jährige Erwerbsbiographie mit angemessenem Einkommen. So täuschte man sich und das Volk darüber hinweg, dass das zukünftige Rentenniveau tendenziell die Armutsgrenze streifen könnte. Die Riester-Rente ist wohl eher ein Megageschäft der Finanzbranche, als dass sie dazu taugt, die sinkende gesetzliche Rente zu kompensieren. Sie kommt gerade für diejenigen nicht in Frage, die sie am dringendsten bräuchten. Das Beitragsgeld, das für die Riester-Rente gezahlt wurde, sollte in die gesetzliche Rentenversicherung zurückgeschleust, die staatlichen Milliardengeschenke für Riester-Renten sollten eingestellt werden.

Eine vergleichbare Zumutung ist die sogenannte Zuschussrente. Wozu hat der Gesetzgeber erst einen Niedriglohnsektor eingerichtet, um später eine Rente, die unterhalb der Armutsgrenze liegt, durch staatliche Finanzhilfen aufzustocken? Die Bedingungen, die genannt werden, um den Zuschuss zur gesetzlichen Rente zu erhalten, sind von der schwarz-gelben Koalition derart eng gefasst, dass die meisten Rentnerinnen und Rentner sie nicht erfüllen. Sowohl Riester- als auch die Zuschussrente sind das genaue Gegenteil einer allgemeinen Schranke gegen Altersarmut.

»Wir werden zu Zechprellern an unsern Kindern.« Die Aussage Bernd Raffelhüschens klingt wie eine Anklage an die Generation der Erwerbstätigen und Rentner. Seit den Tiraden Meinhard Miegels gegen die gesetzliche Alterssicherung, dass sie wegen des demographischen Wandels nicht mehr finanzierbar sei, sind die Veränderungen des Altersaufbaus der Bevölkerung zum zentralen Thema einer aufgeheizten politischen Debatte geworden. Die extrem niedrige Geburtenrate und die erhöhte Lebenserwartung würden ein Missverhältnis verursachen zwischen der Zahl derjenigen, die Beiträge errichten, und der Zahl der Rentner, denen finanzielle Leistungen zukommen. Zudem seien die ausgewiesenen und versteckten Staatsschulden eine Hypothek, die zukünftigen Generationen aufgeladen werde. Ein fürsorgender Hausvater würde nie auf den Gedanken kommen, den eigenen Kindern einen solchen Schuldenberg zu hinterlassen. Durch das Umlageverfahren würden Anreize zum individuellen Sparen nicht gewürdigt, dringende Investitionen kämen wegen fehlender Finanzmittel nicht zustande und das Wachstumspotential würde künstlich gedeckt.

Schließlich belege eine Generationenbilanzierung, mit deren Hilfe die Abgaben (Steuern und Beiträge) an den Staat sowie dessen Transferleistungen einzelnen Altersjahrgängen zugeordnet und auf ein Generationenkonto verbucht werden, wie sehr die »Lebenssteuersätze« der älteren und der jüngeren Altersjahrgänge voneinander abweichen und die älteren die Gewinner, die jüngeren die Verlierer sind. Deshalb sollte die private, kapitalgedeckte Altersvorsorge entschieden ausgebaut werden.

Diese Argumentationsketten und ihre politischen Schlussfolgerungen sind zu Beginn dieses Jahrhunderts durch zwei Phasen einer stärkeren wirtschaftlichen Belebung, die auch die Arbeitsmärkte erfasst hat, erheblich relativiert worden. Aber sie sind auch in sich fehlerhaft. Denn nicht die biologische Zusammensetzung der Bevölkerung entscheidet über die wirtschaftliche Leistungsfähigkeit eines Landes, sondern erstens sind es die tatsächlich geleisteten Arbeitsstunden, zweitens die wirtschaftliche Wertschöpfung, die in dieser Zeit erarbeitet wird, und drittens deren Entwicklung in der Zeit, die Wachstums- und Produktivitätsrate. Die Staatsverschuldung berührt nicht in erster Linie das Verhältnis zwischen den Generationen. Vielmehr stehen den Schulden des Staates die Vermögen der jetzt lebenden privaten Haushalte gegenüber. Deren Geldvermögen finanziert die Verschuldung der öffentlichen Haushalte. Wenn die gegenwärtige Generation ihre Schulden an die zukünftige Generation weitergibt, gilt das Gleiche für die Vermögen, die vererbt werden. Dabei wird die vertikale Ungleichheit unter den privaten Haushalten, die in der Gegenwart zu beobachten ist, auch in Zukunft bestehen bleiben.

Das Finanzierungsmodell der privaten kapitalgedeckten Altersvorsorge mag den individuellen Subjekten vorspiegeln, sie würden durch Konsumverzicht und Sparen in der Gegenwart einen Kapitalstock aufbauen, der im Alter durch Entsparen und Konsum wieder abgeschmolzen wird. In Wirklichkeit muss dem gegenwärtigen Konsumverzicht des einen gleichzeitig ein zusätzlicher Konsum eines anderen entsprechen, und im Alter gilt dies umgekehrt. Real- und gesamtwirtschaftlich gibt es nichts anderes als das Umlageverfahren. In der Generationenbilanzierung werden staatliche Leistungen einzelnen Geburtsjahrgängen zugeordnet – ein fragwürdiges Verfahren. Es mag sein, dass sich die Abgaben der Steuerpflichtigen vollständig ermitteln und restlos individuell zurechnen lassen, nicht aber öffentliche Güter, die der Staat bereitstellt. Die Unterstellung, dass eine gleiche prozentuale Abgabenbelastung – und zwar unabhängig vom Einkommensniveau – bereits eine gerechte Belastung sei, ist normativ festgelegt, nicht steuertheoretisch.

»Gesundheit ist das höchste Gut!« Soll mit dieser eingängigen Parole behauptet werden, die Gesundheit habe einen quasireligiösen Charakter, sei ein Zweck an sich? Dass mit wachsendem Wohlstand das Gut Gesundheit höher geschätzt wird als die Ausstattung mit materiellen Gütern, ist nicht zu beanstanden, wohl aber die angebliche »Kostenexplosion im Gesundheitswesen«. Gesundheitsökonomen sehen sie dadurch verursacht, dass die quasi-öffentlichen Haushalte der Gesundheitsversorgung die reichlich vorhandenen Ressourcen verschwenden. Folglich haben sie vorgeschlagen, einen »Gesundheitsmarkt« für private Anbieter zu öffnen. Den Anfang machte Norbert Blüm mit der Zulassung privater Pflegedienste. Seitdem sollen sich alle Krankenhäuser und Gesundheitseinrichtungen ein spezifisches Profil zulegen, miteinander um mündige Kunden werben und sich einem marktwirtschaftlichen Wettbewerb stellen. Intern soll eine betriebswirtschaftliche Kostenkalkulation eingeführt werden, Der Arbeitseinsatz soll output-orientiert, also auf das angestrebte und erreichte Ergebnis hin effizient sein. Die Kostensenkung wird durch eine höhere Arbeitsintensität, durch weniger Personal, höhere Qualität und durch eine stärkere emotionale Bindung des Personals an die Einrichtung erreicht.

Das Ergebnis ist eine massive Kommerzialisierung des Angebots von Gesundheitsleistungen, die Ärzte und Ärztinnen sowie die Angehörigen der Pflege- und Therapieberufe in einen Konflikt zwischen ihrem beruflichen Ethos und der Aufforderung der Geschäftsleitung treibt, rentabel zu sein. Die Motivation des Personals ist bereits massiv beschädigt worden. Eine Qualitätsprüfung personennaher Dienste, die sich an die Produktivitätsmaße der Industrie anlehnt, hat sich von der Aufgabe entfernt, auf die personenorientierte Dienste des Heilens, Aufrichtens und Begleitens ausgerichtet sind. Inzwischen hat die schwarz-gelbe Koalition die unsinnige Praxisgebühr im Rahmen eines vergleichbar unsinnigen politischen Kuhhandels abgeschafft.

»Eine einfache Steuer ist eine gerechte Steuer.« Der Steuerrechtler und ehemalige Bundesverfassungsrichter, Paul Kirchhof, wirbt für eine »Steuerrevolution«, durch die alle Ausnahmen, Begünstigungen und Privilegien, die mächtige Lobbyisten dem Staat in den letzten Jahren abgepresst haben, abgeschafft werden. Die Bemessungsgrundlage der Besteuerung soll erweitert und für die Steuersubjekte im unteren und mittleren Einkommensbereich eine erhebliche Entlastung erreicht werden. Eine einfache Steuer mit einem hohen Freibetrag, einem begrenzten Stufentarif und anschließend einem Einheitssatz von 25 Prozent auf alle Einkommen würde das Dickicht der Besteuerung, die nur noch für kreative Steuerjongleure überschaubar bleibt, beseitigen und den Respekt des Staates vor den steuerpflichtigen Bürgerinnen und Bürgern zum Ausdruck bringen.

Aber gilt der Grundsatz der Besteuerung nach der Leistungsfähigkeit auch für die Höherverdienenden und die Vermögenden? Ist die einfache Steuer ein Beitrag dazu, die Schieflage der Einkommens- und Vermögensverteilung rückgängig zu machen, welche in den vergangenen dreißig Jahren die Einkommen aus Unternehmertätigkeit und Vermögen direkt stark entlastet, die Einkommen der breiten Bevölkerungsschicht dagegen indirekt stärker belastet hat? Wird sie auch die Steuerprivilegien rückgängig machen, welche Rot-Grün, Schwarz-Rot und Schwarz-Gelb den Kapitalbeteiligungsgesellschaften gewährt haben?

Unter dem Eindruck der metastasierenden Finanzkrise plädiert Paul Kirchhof inzwischen für eine einmalige Vermögensabgabe, die

Banken und Gläubiger an den Kosten der Krise, die sie verursacht haben, beteiligt, sowie für eine Steuer auf Finanzgeschäfte, also eine Transaktionssteuer. Eine Vermögensteuer wieder einzuführen und die Erbschaften stärker zu besteuern, entspricht den Grundsätzen der Steuergerechtigkeit, Bürgerinnen und Bürger nach ihrer Leistungsfähigkeit zur Finanzierung der öffentlichen Güter heranzuziehen. Für den US-amerikanischen Finanzwissenschaftler Richard Musgrave hat der Steuerstaat drei Aufgaben: zum einen das Angebot und die Nachfrage von Gütern zu korrigieren, wann und wo der Markt keine fairen Ergebnisse liefert, dann eine gerechte Verteilung der wirtschaftlichen Wertschöpfung herbeizuführen und schließlich die Instabilität der Privatwirtschaft zu kompensieren.

»Bildung ist der Schlüssel zur gesellschaftlichen Beteiligung.« Dieses »Plastikwort«, das aus der Beobachtung erwächst, dass geringqualifizierte eher als höherqualifizierte Arbeitnehmer von lang andauernder Arbeitslosigkeit betroffen sind, gewinnt in der politischen Öffentlichkeit an Boden. Zudem belegen die PISA-Studien und die OECD-Reports, dass in Deutschland mehr als in anderen europäischen Ländern der Zugang zu höheren Bildungsabschlüssen junger Menschen von der sozialen Herkunft der Eltern abhängt. Dies erklärt auch, warum die Inhalte der proklamierten »Bildungsrepublik Deutschland« bisher äußerst vage geblieben sind. Auch deshalb ist die proklamierte These ziemlich fragwürdig und rechtfertigt skeptische Reaktionen.

1964 wurde von dem Philosophen, Theologen und Pädagogen Georg Picht eine Bildungskatastrophe ausgerufen. Die sozialliberale Koalition, welche die Ära Adenauer/Erhard ablöste, ermöglichte durch den Bau zahlreicher Universitäten beispielsweise im Ruhrgebiet und durch verschiedene Schulreformen jungen Menschen aus Schichten unterhalb des Bildungsbürgertums den Zugang zu höheren Abschlüssen. Ab Mitte der 1970er und zu Beginn der 1980er Jahre strömten diese hochqualifizierten jungen Menschen in das Beschäftigungssystem, das sich jedoch weigerte, ihnen Arbeitsplätze anzubieten, die ihrer Qualifikation entsprachen.

Es sieht derzeit ähnlich aus: Befristete, prekäre und scheinselbständige Arbeitsplätze ohne die Perspektive eines langen Schattens der Zukunft werden selbst hochqualifizierten Mitarbeitern und Mitarbeiterinnen im öffentlichen Dienst und in der Privatwirtschaft angeboten. Was für die neuerdings erregte Debatte über die demographische Entwicklung gilt, trifft auch für die bildungseuphorische Debatte zu: Weder die Zahl der Babys noch eine qualifizierte Ausbildung von der Krippe bis zur ersten oder zweiten Beschäftigungsschwelle entscheiden darüber, ob später alle jungen Erwachsenen über einen sicheren Arbeitsplatz und ein angemessenes Einkommen verfügen.

Kann es sein, dass die Bildungsrhetorik von der Unfähigkeit der Arbeitsgesellschaft ablenken soll, jungen Frauen und Männern, die erwerbstätig sein wollen, eine sinnvolle und sichere Arbeit anzubieten, die mit einem komfortablen Einkommen verbunden ist? Und kann es sein, dass die erregte Bildungsrhetorik ein Alibi dafür ist, dass an der verkrustet dreigliedrigen, bildungsbürgerlichen Klassenbildung gar nicht gerüttelt werden soll?

Sozialpolitischer Wiederaufbau

Erst nach den Räumungsarbeiten der Hartz IV-Zumutungen, der Renteneinschnitte, des scheinbaren Generationenkonflikts, der Gesundheitsmärkte, der Steuerprivilegien und der Bildungsrhetorik wird das Feld frei für einen sozialpolitischen Wiederaufbau. Dieser sollte den grundrechtlichen Anspruch eines soziokulturellen Existenzminimums einlösen, das Recht auf Gesundheit und Bildung von Kommerzdruck befreien, die solidarischen Sicherungssysteme festigen und die Anziehungskraft personennaher Dienste erhöhen.

Bedingungsloses Grundeinkommen

»Wer nicht arbeitet, soll trotzdem essen!« So antworten die Anhänger eines bedingungslosen Grundeinkommens und eines solidarischen Bürgergelds auf die Unfähigkeit der Privatwirtschaft, einen hohen Beschäftigungsgrad wiederherzustellen, und auf die seit Jahrzehnten nicht eingelösten Zusagen der Politiker, die Massenarbeitslosigkeit zu beseitigen. Jeder Bürger und jede Bürgerin hätten eine Mindestsicherung, einen armutsfesten, bedarfsunabhängigen individuellen Rechtsanspruch, der einen Zwang zur Erwerbsarbeit

ausschließt. Sie würden so die Freiheit zurückgewinnen, eine angebotene Erwerbsarbeit auch ablehnen zu können.

Das Grundeinkommen wird damit begründet, dass eine Erwerbsarbeit, die jedem ein gelingendes Leben gestattet, nicht mehr möglich ist. Denn Experten, die das Ende der Arbeit ankündigen, malten
»menschenleere Fabriken« an die Wand, sähen einen »Kapitalismus
ohne Arbeit« auf die Gesellschaft zukommen, da »Arbeit billig wie
Dreck« wird und Vollbeschäftigung zur »sozialromantischen Uto-
pie« verkommt. Aber gleichzeitig seien alle notwendigen Güter im
Überfluss vorhanden. So sei es folgerichtig, das existenzsichernde
Einkommen von der Erwerbsarbeit abzukoppeln. Denn der Wert eines Menschen werde nicht an seiner Erwerbsfähigkeit gemessen.
Das Grundeinkommen soll alle sozialstaatlichen Transferzahlungen
ersetzen, die bisher gewährt werden. Mit einer radikalen Steuerre-
form werden alle Einkommen- und Ertragsteuern abgeschafft und
durch sozial gestaffelte Verbrauchsteuern ersetzt. So ließen sich
auch die Lohnnebenkosten drastisch senken oder ganz abschaffen,
argumentieren die Anhänger des bedingungslosen Grundeinkommens.

Gegen das Grundeinkommen sprechen gerade jene Deutungsmuster, die es plausibel machen sollen, aber bestreitbar sind: Es sei
aus ökonomischen Gründen unrealistisch, noch auf einen existenzsichernden Arbeitsplatz zu warten; das Ende der Arbeitsgesellschaft
sei gekommen. Die Erwerbsarbeit habe ihre Schlüsselrolle für die
wirtschaftliche Einbindung und gesellschaftliche Beteiligung der
Menschen eingebüßt. Das Bürgergeld spare alle oder fast alle bisher
vorhandenen Sozialleistungen ein. Der einzelne Arbeitslose könne,
losgelöst von einer kollektiven Arbeitszeitverkürzung, seine Option
verwirklichen, aus der Erwerbsarbeitsgesellschaft auszusteigen. Allein die Auszahlung des Bürgergelds treibe die Löhne im unteren
Tarifbereich nach oben. Staatliche Finanzhilfen, nämlich Steuerver-
günstigungen und Transferleistungen könnten im Einzelfall ohne
eine Prüfung der Bedürftigkeit gewährt werden.

Der Haupteinwand gegen das bedingungslose Grundeinkommen
besteht jedoch darin, dass es nur auf dem Weg einer gigantischen
Umverteilung finanzierbar wäre. Dabei braucht es die Hälfte der

Bevölkerung überhaupt nicht. Dass es im Rahmen einer progressiven Besteuerung der Einkommen wieder abgeschöpft wird, ist derzeit nicht gewährleistet. Welche Sozialleistungen könnten bei einer Umstellung kurzfristig gestrichen werden? Der Familienlastenausgleich, also Kindergeld, Erziehungsgeld, Ausbildungsförderung, Unterhaltsvorschusskasse und Kindergeldzuschlag, außerdem das Arbeitslosengeld I und II. Dadurch ließe sich ein Drittel des Sozialbudgets einsparen. Indem auf längere Sicht das Niveau der gesetzlichen Renten halbiert wird, die dann ein aufgestocktes Grundeinkommen sind, könnte zusätzlich ein Fünftel des Sozialbudgets eingespart werden. Nicht einzusparen sind das Wohngeld, die Zuschüsse bei außerordentlichem Bedarf sowie die Leistungen der Kranken- und Pflegeversicherung. Aber damit bliebe immer noch eine jährliche Finanzierungslücke von knapp der Hälfte des Sozialbudgets, die langfristig durch Steuererhöhungen aufgebracht werden müsste.

Während einer Podiumsdiskussion, als das hohe Lied des bedingungslosen Grundeinkommens gesungen wurde, antwortete ein Experte mit einer einzigen Frage:»Schon mal durchgerechnet?«

Wenn die Mehrheit der Bevölkerung in Deutschland nicht über, sondern unter ihren Verhältnissen lebt, sind die Parolen der politisch Verantwortlichen»Jede Arbeit ist besser als keine« (SPD) oder »Sozial ist, was Arbeit schafft« (CDU) ebenso kurzsichtig, wie das Plädoyer für ein bedingungsloses Grundeinkommen nicht ursachengemäß ist. Die einen stufen die Bürgerinnen und Bürger auf die Nutzfunktion von Erwerbspersonen herab, die andern reagieren nicht angemessen auf eine noch bestehende Mangellage. Denn es gibt unzählige vitale Bedürfnisse, die nicht befriedigt sind. Etwa der Wunsch nach einem eigenständigen Leben, nach gelingenden Partnerschaften auch mit Kindern, nach einer autonomen Verfügung über die Arbeits- und Lebenszeit.

Neben den privaten, nicht befriedigten vitalen Bedürfnissen gibt es eine Menge unerledigter öffentlicher Aufgaben. Derzeit verfallen öffentliche Einrichtungen, weil angeblich die Finanzmittel fehlen, sie zu unterhalten. Bibliotheken, Schwimmbäder, Straßen, die Infrastruktur der Kanalisation verrotten. Kinderfreundliche Städte bleiben ein Wunschtraum von Architekten und Stadtplanern. Die deutsche Gesellschaft verschleißt das Arbeitsvermögen, ihre kostbarste Ressource, statt es zu kultivieren und zu veredeln. Man hat ausgerechnet, dass die Deutschen infolge der Massenarbeitslosigkeit auf eine jährliche Wertschöpfung im Volumen von 200 bis 250 Milliarden verzichten.

Bedarfsdeckende Mindestsicherung

Eine vertretbare Alternative zu Hartz und zum bedingungslosen Grundeinkommen für alle ist die bedarfsdeckende Mindestsicherung. Sie besteht in einem individuellen, vom Familienstand unabhängigen Rechtsanspruch einer jeden in Deutschland lebenden Person, die über kein ausreichendes Einkommen oder Vermögen verfügt, um ihr soziokulturelles Existenzminimum zu bestreiten. Der Bedarf und die Regelsätze dieses Existenzminimums sollten von einer Kommission unter Einschluss der Betroffenen festgelegt und gemäß der Preissteigerungsrate jährlich dynamisiert werden. Der Regelsatz für Alleinstehende sollte mindestens bei 500 Euro liegen. Wohnkosten werden in Höhe der tatsächlichen Aufwendungen erstattet. Die Miete sollte dem Durchschnittswert des örtlichen Mietspiegels im sozialen Wohnungsbau entsprechen. In der Summe müsste ein Betrag erreicht werden, der die Beteiligung der Bedürftigen am sozialen und kulturellen Leben der Gesellschaft ermöglicht. Um die Höhe des Leistungsanspruchs zu ermitteln, lässt sich eine Bedarfsprüfung kaum vermeiden. Sie sollte jedoch auf ein Maß reduziert werden, die rechtlich vertretbar ist und die Würde der Betroffenen achtet. Arbeitsgelegenheiten mit Mehraufwandentschädigungen würden dann in reguläre öffentliche Beschäftigungsverhältnisse überführt und tariflich entlohnt. Die Zumutbarkeitsregeln für Arbeitsangebote sind so zu ändern, dass nur solche Arbeiten zumutbar sind, die ein existenzsicherndes Einkommen garantieren.

Diejenigen, die einen Anspruch auf eine bedarfsdeckende Mindestsicherung haben, sind grundsätzlich verpflichtet, sich um eine gesellschaftlich notwendige und nützliche Arbeit zu bemühen. Diese kann in der Form herkömmlicher Erwerbsarbeit, privater Betreuungsarbeit oder zivilgesellschaftlichen Engagements bestehen.

Eine solche bedarfsdeckende Mindestsicherung könnte besser geeignet sein, Armut in einem reichen Land zu beenden sowie wirtschaftliche Eingliederung und politische Beteiligung für jeden zu gewährleisten.

Gesundheit ohne Kommerz

Der Versuch, das Gesundheitssystem ähnlich wie das Schul- und Hochschulsystem der Marktsteuerung auszuliefern, scheitert aus vier Gründen, die beispielhaft beim Gut Gesundheit aufgewiesen werden können. Erstens ist die Vorstellung eines mündigen Patienten eine Fiktion. Menschen gehen irrational mit ihrer Gesundheit um. Solange sie gesund sind, wird dieses Gut unterbewertet. Sobald der geringste Schmerz gespürt wird, explodiert ihr Wert.

Diesen Zwiespalt deckt eine Anekdote auf: Ein Mann, durch einen Insektenstich lebensgefährlich verletzt, bittet einen Arzt dringend um Hilfe. Nach der gelungenen Heilung fragt der Mann den Arzt, was er ihm schulde. Dieser antwortet:»Geben Sie mir zehn Prozent von dem, was Sie mir, als Ihr Leben bedroht war, gegeben hätten.«

Weil die Gesundheit so sehr mit der Person verbunden und von ihr nicht zu trennen ist, kann sie zweitens nicht wie eine Ware behandelt werden. Drittens besteht zwischen dem behandelnden Arzt und dem Patienten normalerweise eine Asymmetrie der Information. Deshalb nimmt die Beziehung zwischen beiden die Züge eines Vertrauensverhältnisses an, das eines besonderen öffentlichen Schutzes bedarf. Und viertens hat das Gut Gesundheit ähnlich wie das der Bildung den Charakter eines Grundrechts, das unabhängig von der Kaufkraft des Nachfragenden jedem, der sich krank fühlt, angeboten werden sollte.

Folglich kann der Staat sich nicht aus der Bereitstellung dieses Gutes heraushalten. Die derzeitige Politik der Beitragssatzstabilisierung ist weder zielführend noch ursachengemäß. Jede offene oder versteckte Form eines kommerziellen Imperialismus im Gesundheitswesen demotiviert die kostbarste Ressource des Gesundheitswesens, nämlich die in ihm arbeitenden Menschen.

Solidarische und umlagefinanzierte Sicherung

Die Funktion solidarischer und umlagefinanzierter Sicherungssysteme besteht darin, dass sie gesellschaftliche Risiken – wie etwa die Risiken abhängiger Arbeit, schwerer Krankheit oder Pflegebedürftigkeit sowie (in einer patriarchalen Gesellschaft) der Zugehörigkeit zum weiblichen Geschlecht – abfedern, weil deren Eintreten von den Individuen weder mutwillig noch fahrlässig verursacht ist, so dass diese dafür auch nicht dafür verantwortlich gemacht werden können. Den Wohlhabenden wäre eine private Vorsorge problemlos möglich, nicht jedoch der Mehrheit der Bevölkerung. Zwar breitet sich während sozioökonomischer Krisen leicht eine öffentliche Empörung über sogenannte Trittbrettfahrer, »Sozialschmarotzer« und »Parasiten« aus. Aber gerade dann ist der Bewährungstest demokratischer Gesellschaften fällig, mit solchem Handeln am Rand nachsichtig umzugehen, anstatt fahrlässigem Ernährungsstil oder einer riskanten Freizeitgestaltung einzelner Personen aufzulauern und sie als privat verursachte Risiken der solidarischen Absicherung zu entziehen.

Dass die ursprünglich als Arbeitnehmerversicherungen angelegten solidarischen umlagefinanzierten Sicherungssysteme nicht weniger demographiefest und nicht weniger rentabel als eine kapitalgedeckte private Vorsorge sind, konnte durch die wirtschaftliche Belebung und zunehmende Beschäftigung der letzten zwei Jahre belegt werden, die der gesetzlichen Rentenversicherung und den Gesundheitskassen überraschend hohe Einnahmen zufließen ließen. Wirtschaftliches Wachstum, ein hoher Beschäftigungsgrad und hohe Arbeitsproduktivität bleiben die Bedingungen, die gewährleisten, dass solidarische Sicherungssysteme trotz demographischer Veränderungen finanzierbar bleiben. Tragende Säule der Sicherungssysteme sind aber die Einkommen aus abhängiger Erwerbsarbeit. Falls diese Säule wegbrechen sollte, könnte eine nationale oder europäische Grundlage gewählt werden, aus der heraus eine erweiterte Solidarität ihre Dynamik bezieht.

Personennahe Dienste

Personennahe Dienste, die für das Bildungs- und Gesundheitswesen, für die Sozial- und Pflegearbeit typisch sind, haben ein charakteristisches Profil, dessen Handlungssequenzen nur begrenzt dem Abstimmungsverfahren des Marktes überlassen werden können. Solche personennahen Dienste sind nicht speicherfähig wie Industriewaren. Diejenigen, die sie in Anspruch nehmen, und diejenigen, die sie anbieten, müssen zum gleichen Zeitpunkt kooperieren und voneinander lernen; wenn die Schülerinnen und Patienten nicht mitmachen, läuft die Anstrengung des Lehrers oder der Ärztin ins Leere. Das Ergebnis personennaher Dienste ist etwa ein aufrechter Gang, eine eigenständige Lebensführung oder eine Änderung des Lebensstils. Die Wertschöpfung personennaher Dienste ist von der Kaufkraft derer, die sie nachfragen, von einem gesellschaftlich festgestellten Bedarf und von der Kompetenz derer, die sie anbieten, abhängig. Solche Kompetenzen müssen erst noch ausgebildet werden. Während in der industriellen Konsumgesellschaft die Kompetenzen des Wiegens, Zählens, Messens gefragt waren, sind in den Einrichtungen des Gesundheits-, Bildungs- und Sozialwesens sowie der Pflege die Kompetenzen des Helfens, Heilens, Beratens und Spielens wertvoll. Personennahe Dienste sind überwiegend den »Vertrauensgütern« zuzuordnen. Zwischen denen, die sie anbieten, und denen, die sie in Anspruch nehmen, besteht ein ungleiches Verhältnis der Kompetenz. Die Nachfragenden sind darauf angewiesen, denen zu vertrauen, die diese Dienste anbieten. So gibt es bereits gute ökonomische Gründe dafür, diese Güter öffentlich bereitzustellen.

Darüber hinaus gilt der Zugang zu solchen Gütern als ein verfassungsmäßiges Grundrecht. Das medizinisch Notwendige oder eine Grundbildung, die reale Chancengleichheit verbürgt, sollen jeder Bürgerin und jedem Bürger unabhängig von ihrer Kaufkraft zugänglich sein. Daraus ergeben sich Folgen für die Finanzierung. Ein Grundbestand solcher Dienste muss öffentlich bereitgestellt werden. Folglich ist der Staat verpflichtet, sich die Finanzmittel zu beschaffen, um die Grundversorgung von Gesundheits- und Bildungsgütern zu garantieren. Die Zusatzversorgung kann privat- und marktwirtschaftlich organisiert werden. Die spezifische Qualität personennaher Dienste lässt sich weder unter Zeitdruck und Stress noch mit unterdurchschnittlicher Entlohnung herstellen, wie dies derzeit in Krankenhäusern, Schulen und in der sozialen Arbeit zu beobachten ist. Kompetentes Arbeitsvermögen wird so durch unangemessene Steuerungsverfahren entwertet. Der Qualitätsmaßstab einer Arbeit an Menschen folgt anderen Kriterien, als sie sich in der Industrie bewährt haben. Die Qualität personennaher Dienste kann weder von außen abgelesen noch intern von oben normiert werden. Sie sollte durch eine gemeinsame Verständigung gewonnen werden, an der die Arbeitsteams selbst bei der Festlegung von Qualitätskriterien aktiv beteiligt sind.

Tarifautonomie

Die erstrangige Stellgröße, um kapitalistische Machtverhältnisse mit demokratischen Gesellschafts- und Lebensregeln zu konfrontieren beziehungsweise den Primat einer demokratischen Gesellschaft gegen die Marktsteuerung und kapitalistische Machtverhältnisse zu behaupten, ist nicht ein vorsorgender Sozialstaat, sondern die Tarifautonomie als Ausdruck einer Gegenmacht, damit die Kapitaleigner das menschliche Arbeitsvermögen nicht als bloße Ware einstufen und quasi zum Nulltarif nutzen können. Der Sozialstaat des Grundgesetzes hat seine kollektivrechtliche Regelungskompetenz der Arbeitsverhältnisse weitgehend zurückgenommen und in die Hände der Tarifpartner, der Gewerkschaften und Arbeitgeber, verlagert. Damit hat er diesen Institutionen einen Teil hoheitlicher Macht anvertraut und ihnen eine außergewöhnliche Verantwortung übertragen, widerstreitende Interessen aufeinander abzustimmen und Arbeitskonflikte friedlich zu regeln.

Egalitäre Erwerbsarbeitsgesellschaft
Die Gründungserzählung der modernen Erwerbsarbeitsgesellschaft ist die Bauernbefreiung, aus der sie hervorgegangen ist. Das Oben und Unten der Feudalgesellschaft, in der die einen arbeiten und die anderen von fremder Arbeit leben, sollte ein für allemal beseitigt

werden. Die Klassifizierung der Menschen nach dem Kriterium, ob sie mit dem Kopf oder mit den Händen arbeiten, sollte ebenso wie die Herrschaft der Männer über die Frauen beendet sein. Vor allem galt es, offene und verdeckte Sklaverei, die Leibeigenschaft und die Existenzform der Tagelöhner zu beenden. An die Stelle solcher Abhängigkeiten sollten die freie Wahl des Wohnortes, der Partnerschaft und vor allem der freie Arbeitsvertrag treten. Jeder Arbeitsfähige und Arbeitswillige sollte auf dem Markt als gleichrangiger Tauschpartner selbstbewusst und selbstbestimmt seine Arbeitskraft anbieten können – unter den Bedingungen, denen er zustimmte, und für ein Einkommen als Gegenleistung, das seinen Lebensunterhalt sicherte. Nicht die Zugehörigkeit zu einer Familie, ein vererbtes Vermögen oder der Zugang zu informellen Kommunikationsnetzen sollten für den gesellschaftlichen Rang, das Einkommen oder das Bildungsniveau ausschlaggebend sein, sondern einzig das persönliche Arbeitsvermögen der Bürgerinnen und Bürger.

Der egalitären Erwerbsarbeitsgesellschaft liegt eine Art Gesellschaftsvertrag auf Gegenseitigkeit zugrunde – eine Erwartung der Gesellschaft an ihre Mitglieder und zugleich ein Versprechen, das ihnen gegeben wird. Die Erwartung der Gesellschaft an die Bürgerinnen und Bürger besteht darin, dass die Individuen zuerst durch ihre eigene Arbeitsleistung, und zwar durch die Beteiligung an der gesellschaftlich organisierten Arbeit den Lebensunterhalt verdienen, bevor sie die Hilfe der Gesellschaft in Anspruch nehmen, falls sie vom gesellschaftlichen Risiko der Arbeitslosigkeit, Altersarmut oder Pflegebedürftigkeit betroffen sind. Das Versprechen besteht darin, dass die Gesellschaft entsprechend ihren Möglichkeiten alles daransetzen wird, um jenen, die in der Lage und bereit sind, sich an der gesellschaftlich organisierten Arbeit zu beteiligen, eine sinnvolle und sichere Arbeitsgelegenheit mit einem angemessenen Einkommen zu bieten. Die aktive Beschäftigungspolitik hat also Vorrang vor einer aktivierenden oder vorsorgenden Sozialpolitik.

Die scheinbar egalitäre Arbeitsgesellschaft schleppt jedoch ein feudales Erbe mit sich im Gepäck. Die Mehrheit der Bevölkerung hatte mit der Befreiung vom Joch der Leibeigenschaft ihre gewohnte Existenzgrundlage verloren. Im Gegensatz zu ihnen war eine Minderheit der Bevölkerung, nämlich die ehemaligen Feudal-herren, nicht von ihrem Grund und Boden, vom Geld- und Sach-vermögen befreit worden. Sie hatten das Eigentum an Immobilien, Produktionsanlagen und am Kapital behalten. Die Abstimmung der Interessen der beiden gesellschaftlichen Gruppen erfolgt bis auf den heutigen Tag über den freien Arbeitsvertrag. Ein solcher Vertrag kommt zustande, wenn die Interessen der Vertragspartner an der ausgehandelten Leistung und Gegenleistung übereinstim-men. Die Eigentümer der Produktionsmittel sind daran interes-siert, über ein fremdes Arbeitsvermögen zu verfügen, mit dessen Hilfe sie das Kapital, das ihnen gehört, rentabel verwerten können. Und diejenigen, die über ein Arbeitsvermögen verfügen, sind daran interessiert, dieses Vermögen einem Arbeitgeber zu überlassen, da-mit sie mit dem Entgelt, das er ihnen zahlt, ihren Lebensunterhalt bestreiten.

Der Arbeitsvertrag, dem beide Vertragspartner frei zustimmen, kommt jedoch unter einer ungleichen Verhandlungsposition zu-stande. Diejenigen, die nichts anderes als das Arbeitsvermögen ihr Eigen nennen, können im Unterschied zu denen, die das Eigentum an den Produktionsmitteln behielten, nicht warten und sind genö-tigt, ihr Arbeitsvermögen auch zu den Bedingungen, die der Tausch-partner setzt, anzubieten, damit ihr Lebensunterhalt gesichert blieb. Sobald ein Vertrag unter extrem ungleichen Ausgangs- und Verhandlungspositionen zustande kommt, ist mit der Freiheit der Zustimmung nicht die Gerechtigkeit des Vertragsergebnisses ge-währleistet. Freie Arbeitsverträge unter ungleichen Verhandlungs-bedingungen sind in der Regel strukturell ungleiche und vermutlich auch ungerechte Verträge.

Funktion der Tarifverträge

Der Tarifvertrag ist die normative Antwort und die politische Reak-tion auf die Situation einer strukturell ungleichen Ausgangslage, die zwischen denen besteht, die sich in der Lebenslage abhängiger Arbeit befinden, und den Eigentümern der Produktionsmittel oder deren Agenten, die darüber verfügen. Erst wenn sich die abhängig Beschäftigten solidarisieren, sind sie in der Lage, dem Arbeitgeber auf gleicher Augenhöhe gegenüberzutreten. Die Tarifautonomie und der flächendeckende Tarifvertrag sind die Medien der Arbeiterbewegung, um die asymmetrischen Abstimmungsverhältnisse einer Arbeitsgesellschaft mit feudalem Erbe zu korrigieren und mit halbwegs paritätischer Verhandlungsmacht die Arbeitsbedingungen und Arbeitsentgelte zu vereinbaren. Sie sind zugleich die wirksamste Schranke gegen eine reine Vermarktung des Arbeitsvermögens, weil zum einen der persönliche und notwendige Charakter des Arbeitsvermögens respektiert und zum andern in der Regel ein Verhandlungsergebnis erzielt wird, das als gerecht gelten kann. Worüber wird in den laufenden Tarifverhandlungen zwischen Arbeitgeberverbänden und Gewerkschaften entschieden? Unmittelbar und direkt über die aktuelle Verteilung der kollektiv hergestellten Güter auf diejenigen, die bei deren Herstellung beteiligt sind. Aber einschlussweise entscheiden die Tarifpartner auch darüber, welche gesellschaftlich notwendige Arbeit der Marktsteuerung zugewiesen und welche der Privatsphäre überlassen bleibt. Sie regeln, nach welchen Kriterien einzelne Arbeitsleistungen, etwa handwerkliche oder organisatorische Arbeitsprofile, bewertet und nach welchen Kriterien sie entgolten werden sowie welche geschlechtsspezifischen Differenzierungen im arbeitsteiligen Produktionsprozess zu dulden sind.

Mittelbar erstrecken sich die Tarifverträge auf eine Reichweite, die über den Gegenstand der unmittelbaren Verhandlungen hinausgeht. Sie ist durch sechs zentrale sozioökonomische Gleichgewichte markiert. Ein *erstes* Gleichgewicht kommt durch die Verteilung der Wertschöpfung auf die monetäre und realwirtschaftliche Sphäre zustande: ob und wie die den Finanzmärkten zufließenden Kapitalströme in die Realwirtschaft zurückfließen und Investitionen anstoßen, die dem Wohl der breiten Bevölkerungsschicht, insbesondere den Armen und Benachteiligten, dienen. Ein *zweites* Gleichgewicht ist von der Verteilung der Wertschöpfung auf die öffentlichen und privaten Haushalte und deren Folgen abhängig, wer in die Schuldner- oder Gläubigerposition gedrängt wird und wie hoch der Anteil der öffentlich oder privat bereitgestellten Güter sein wird. Das *dritte* Gleichgewicht resultiert aus der Verteilung der Wertschöpfung auf die Industriearbeit und die Arbeit an den Menschen sowie die inländische Nachfrage und die Exportnachfrage. Damit hängt ein *viertes* Gleichgewicht zusammen, das Verhältnis der Arbeit von Frauen und Männern, wie deren Arbeit anerkannt, bewertet und bezahlt wird. Ein *fünftes* Gleichgewicht gilt den Ansprüchen an den Lebensstandard der gegenwärtigen Generation und den Ansprüchen derer, die sich als Anwälte der natürlichen Umwelt engagieren. Und ein *sechstes* Gleichgewicht zielt auf ein faires Verhältnis der Arbeits- und Lebenszeit. Die Flexibilisierung der individuellen Arbeitszeit sollte den privaten Haushalten Freizeit gewähren, aber ebenso Festzeit, die sie mit anderen verbringen.

Mit der Annäherung an solche sozioökonomischen Gleichgewichte verändern die Gewerkschaften als Tarifpartei die asymmetrischen Abstimmungsverhältnisse einer kapitalistischen Wirtschaft sowohl zugunsten der Klasse der abhängig Beschäftigten als auch darüber hinaus der privaten Haushalte. Sie tragen dazu bei, dass sich die Bürgerinnen und Bürger die Autonomie über ihre Lebensverhältnisse wieder aneignen. Sie bestimmen dann selbst darüber, wie sie ihre Wünsche nach einem eigenständigen Leben verwirklichen, nach gelingenden Partnerschaften auch mit Kindern, nach einem menschenfreundlichen, sozialen und umweltverträglichen Wohnumfeld, nach einer Lebensqualität, die mit kulturellen und sportlichen Aktivitäten angereichert ist und Gelegenheiten für die Kommunikation mit Freunden, für die Entspannung und das Atemholen erschließt. Sie verfügen flexibel und angstfrei darüber, welche Handlungssequenzen sie dem Betrieb zu geben bereit sind und welche der Privatsphäre gehören sollen. Vor allem entziehen sie sich jener krankhaften Fixierung auf die Erwerbsarbeit, die ein kommerzielles Regime von ihnen einfordert.

Die Solidarität der abhängig Beschäftigten, ohne die eine gleichgewichtige Verhandlungsmacht nicht erzielt werden kann, fällt nicht vom Himmel. Denn in diese Solidarität sind sehr heterogene Interessengruppen eingebunden. Dabei werden die Gruppen, die weniger stark sind, sich auf Abstimmungskonflikte mit dem Tarifpartner einzulassen, relativ begünstigt, während den Gruppen, die solche Abstimmungskonflikte leichter durchstehen können, eine größere Rücksichtnahme auf die weniger Starken und folglich höhere »Solidaritätskosten« abverlangt werden. Die Folge einer solchen Asymmetrie der Chancen und Risiken innerhalb derselben Klasse ist eine tendenziell egalisierende Verteilung der Primäreinkommen, die den Sozialstaat entlastet, der sonst verpflichtet wäre, die Schieflage der Primärverteilung durch eine öffentliche Sekundärverteilung zu korrigieren. Eine solche egalisierende Wirkung ist eher von zentralen Tarifsystemen zu erwarten, weil dort gesamtwirtschaftliche Rücksichten eine größere Rolle spielen, als wenn die Tarifverhandlungen auf einer regionalen oder auf der betrieblichen Ebene stattfinden.

Nebenarena gesetzlicher Mindestlohn

Nachdem zugleich mit der wirtschaftlichen Belebung auch die Zahl der prekären Arbeitsverhältnisse zugenommen hat und die Gewerkschaften dies nicht haben verhindern können, scheint die Forderung nach einem gesetzlichen Mindestlohn plausibel und berechtigt zu sein. Aber ist er eindeutig definiert wie beispielsweise in dem Gesetzesantrag, den das Land Rheinland-Pfalz im September 2007 in den Bundesrat eingebracht hat? Dort heißt es:»Er soll vollzeitbeschäftigten Arbeitnehmerinnen und Arbeitnehmern ein ihre Existenz sicherndes Einkommen gewährleisten und eine angemessene Teilhabe am gesellschaftlichen Leben ermöglichen.«

Wie hoch das Bruttoarbeitsentgelt sein soll, wird nur vage umschrieben. Es soll drei Komponenten berücksichtigen: das soziokulturelle Existenzminimum (für einen Einzel- oder Familienhaushalt?), die Beschäftigungswirkung und die gesamtwirtschaftlichen Auswirkungen. Mit dem Arbeitslosengeld II insgesamt würde ein Betrag von unter acht Euro, mit der Pfändungsfreigrenze einer über acht Euro, mit dem Armutslohn als der Hälfte des Durchschnittslohns ein Betrag um zehn Euro erreicht. Einzelne Gewerkschaften fordern 7,50 Euro, die Sachverständigen Peter Bofinger und Bert Rürup vertreten einen Satz von 4,50 Euro. Wolfgang Franz vom Zentrum für Europäische Wirtschaftsforschung kann sich mit einem Satz von drei Euro anfreunden. Im benachbarten Ausland werden Mindestlöhne von fünfzig bis 35 Prozent des jeweiligen Durchschnittslohns gezahlt.

In Deutschland gibt es Varianten eines branchenbezogenen Mindestlohns: Eine Allgemeinverbindlichkeitserklärung durch den Gesetzgeber kann die Geltung des Tarifvertrags einer Branche auch über die Reichweite der Tarifvertragsparteien hinaus sicherstellen. Eine Allgemeinverbindlichkeitserklärung im Rahmen des Arbeitnehmer-Entsendegesetzes liegt derzeit für eine Untergrenze von Tariflöhnen in sechs Branchen vor: von 12,50 Euro im Bauhauptgewerbe bis neun Euro für Gebäudereiniger. Diese Mindestlohnvarianten sind problematisch, weil sie an die Geltung eines bundesweiten Tarifvertrags oder eine regionale Tarifbindung, die fünfzig Prozent der Beschäftigten erfasst, und an die Zustimmung der Arbeitgeber gebunden sind und weil sie trotz Erwerbsarbeit nicht vor Armut schützen. Im Friseurhandwerk gelten untere Tariflöhne von fünf Euro (West) beziehungsweise drei Euro (Ost), in der Floristik von sechs Euro beziehungsweise vier Euro, im öffentlichen Dienst von acht Euro beziehungsweise sieben Euro.

Die Gewerkschaften sind wohl von der Diskussion über Mindestlöhne überrascht worden. Sie haben die Erosion der Normalarbeitsverhältnisse, das Wuchern eines Niedriglohnsektors und insbesondere die Lohnspreizung nach unten nicht aufhalten können. Zudem waren sie längere Zeit darüber zerstritten, wie sie auf die neue Lage reagieren sollten. Die Kollegen der IG Metall und der Industriegewerkschaft Bergbau, Chemie, Energie (IG BCE) haben nur ein müdes Lächeln übrig für die Forderung nach einem gesetzlichen Mindestlohn von 7,50 Euro. Die Gewerkschaft ver.di hat bei der letzten Tarifrunde darauf verzichtet, das Entgeltniveau der unteren Lohngruppen relativ stärker als das im Mittelfeld oder im oberen Bereich anzuheben. Die schwarz-gelbe Koalition wird keinen allgemeinen gesetzlichen Mindestlohn beschließen, dessen Höhe die widersprüchlichen Ziele miteinander vereint, dem oder der Beschäftigten ein soziokulturelles Existenzminimum und dem kleinen Handwerksbetrieb das Überleben zu sichern. Vermutlich müssen die Branchengewerkschaften selbst diese Kohlen aus dem Feuer holen.

Rückeroberung der Tarifhoheit
Die Tarifhoheit zurückzuerobern und damit die asymmetrischen Abstimmungsverhältnisse der Einkommensverteilung zu korrigie-

ren, sind Gesetzgeber und Tarifpartner verpflichtet. Der Gesetzgeber, der an die Sozialstaatsklausel der Verfassung gebunden ist, sollte die Tarifflucht der Unternehmen ebenso untersagen wie die Mitgliedschaft in einem Arbeitgeberverband ohne Tarifbindung. Die Tarifpartner sollten ihren Blick auch über die unmittelbare Reichweite der Branche hinaus für neue Beschäftigungsfelder öffnen. Ein ehrgeiziger ökologischer Umbau der Wirtschaft – insbesondere der herkömmlichen Verkehrssysteme, der Energiegewinnung und der Ernährungsweisen, der personennahen Dienste in den Bereichen der Bildung, Gesundheit, Pflege, Kommunikation und Kultur. An der Schwelle zu jener Epoche, die Daniel Cohen das »Zeitalter des Arbeitsvermögens« nennt, in dem nicht Kapital, Technik, Grund und Boden, sondern die Menschen zur kostbarsten Ressource der Wirtschaft werden, bieten diese Sektoren bisher nicht ausgeschöpfte Chancen zusätzlicher Wertschöpfung. Allerdings ist ein solcher Umbau einer industriellen Konsumgesellschaft in eine kulturelle Dienstleistungswirtschaft nicht ohne ein verstärktes Engagement des Staates zu leisten, weil diejenigen Arbeiten an den Menschen, die als Grundrechtsansprüche anerkannt sind, nicht ausschließlich dem marktwirtschaftlichen Wettbewerb und der privaten Kaufkraft überlassen bleiben können. Die ursprüngliche Erwartung, dass die Privatwirtschaft oder das öffentlich-private Zusammenspiel die Bevölkerung bürgerfreundlicher, kostengünstiger und leistungsfähiger bedienen, hat sich nur sehr begrenzt erfüllt. Die öffentliche Hand kann sich nicht von dem Mandat freikaufen, Grundgüter wie Wohnung, Wasser, Gesundheit, Bildung, Mobilität und Kommunikation allen Mitgliedern der Zivilgesellschaft unabhängig von ihrer Kaufkraft zugänglich zu machen.

Die Beteiligung an der Erwerbsarbeit ist nicht der einzige Schlüssel gesellschaftlicher Beteiligung und auch nicht die einzige beschäftigungspolitische Zielmarke. Neben der Erwerbsarbeit sind die private Beziehungsarbeit und das zivile Engagement für den gesellschaftlichen Zusammenhang gleich wichtig und gleichrangig. Folglich sollte die Gesellschaft nicht ausschließlich auf die Erwerbsarbeit fixiert sein, in die wie vorher die Männer nun auch die Frauen hineingepresst werden. Da Frauen gleichgestellte und autonome

Lebens- und Erwerbschancen für sich beanspruchen, ist es angemessen, dass Männer die überdehnte Identifizierung mit der Erwerbsarbeit relativieren, sie radikal verkürzen und den ihnen zukommenden Teil an privater Erziehungs- und Beziehungsarbeit übernehmen. Darin könnten sie einen Gewinn an Lebensqualität entdecken. Die drei gesellschaftlich gleich notwendigen und nützlichen Arbeitsformen – die Erwerbsarbeit, die private Betreuungsarbeit und das zivile Engagement – sollten fair auf die beiden Geschlechter verteilt werden. Die finanzielle Absicherung könnte zum einen durch Arbeits- und Kapitaleinkommen, zum andern durch Transfereinkommen erfolgen. Eine demokratische Aneignung des Finanzkapitalismus ist nun einmal nicht ohne einen rigorosen Abschied vom patriarchalen Kapitalismus denkbar. Sind die Gewerkschaften, die weithin von Männern dominiert sind, in der Lage und vor allem bereit, sich auf einen solchen Abschied einzulassen?

Mit dieser Frage erreicht die häufig beschworene gewerkschaftliche Solidarität als Instrument, um die kapitalistischen Abstimmungsverhältnisse umzukehren, eine neue Dimension. Der herkömmliche Grundsatz der »Einheitsgewerkschaft« umschließt zwei Dimensionen: die weltanschauliche Neutralität und die Differenzierung nach Branchen, so dass gilt: ein Betrieb, eine Gewerkschaft. Inzwischen sind die Betriebsräte nicht mehr ausnahmslos Mitglieder einer DGB-Gewerkschaft oder überhaupt einer Gewerkschaft. Zudem sind den DGB-Gewerkschaften Spartengewerkschaften als tarifpolitische Konkurrenten – vermutlich nicht ohne eigenes Verschulden der Branchengewerkschaften und des öffentlichen Arbeitgebers – entstanden. Aber das gemeinsame Engagement für die Interessen abhängig Beschäftigter in einen Stellungskrieg gegeneinander im Betriebsrat oder in Tarifverhandlungen einmünden zu lassen wäre eine denkbar ungünstige Reaktion.

Die Abgrenzung der Einzelgewerkschaften nach Branchen war für die sozialkulturelle Profilierung und eine starke Präsenz in den Betrieben sicher vorteilhaft. Durch die Fusionen zu fünf Megagewerkschaften sind einige dieser sozialkulturellen Barrieren abgeschliffen worden. Damit könnte sich eine dritte, geschlechterdemokratische Dimension der Solidarität herausbilden: Starke

Gewerkschaften wie die IG Metall oder die IG BCE solidarisieren sich über die Branchengrenzen hinweg mit streikenden Erzieherinnen oder Krankenschwestern – und zwar nicht bloß durch freundliche Erklärungen, sondern indem sie selbst aus den Betrieben hinaus auf die Straße gehen.

Solche politischen Solidaritätsstreiks deutscher Kollegen und Kolleginnen – und damit ist eine vierte Dimension gewerkschaftlicher Solidarität angesprochen – haben manche spanischen, italienischen und griechischen Arbeiter und Arbeiterinnen erwartet, die vor Jahren neben ihren deutschen Kollegen bei Daimler, bei BASF oder bei Thyssen und Krupp gearbeitet haben. Noch ist arbeitsrechtlich nicht präzise definiert, wo europäische gewerkschaftliche Solidarität anfängt und wo sie aufhört. Wenn die Gewerkschaftsmitglieder es nicht selbst in die Hand nehmen, wie sie die europaweite Dimension ihrer Solidarität aufeinander abstimmen, werden es andere tun, die an einem Europa der Finanzinvestoren, Kapitaleigner und Unternehmer bauen.

Zivile Rebellion

»Die Bundesrepublik ist ein demokratischer und sozialer Bundesstaat«, erklärt Artikel 20 des Grundgesetzes. Allerdings bezieht der Staat des Grundgesetzes seine Legitimation noch weithin aus jenen weltanschaulich gebundenen Rechts- und Sozialphilosophien, die den Staat als letztverbindlichen Hoheitsträger gegenüber gesellschaftlichen Gruppierungen und Einrichtungen gedeutet haben, weil er sein Handeln am Gemeinwohl orientiert und als dessen Hüter und Garant des allgemeinen Interesses geachtet ist. Für die staatliche Neugründung der Bundesrepublik nach der Katastrophe des Zweiten Weltkriegs war eine repräsentative Demokratie vorgesehen, die das plebiszitäre Element, das in der Weimarer Verfassung angelegt war, weitgehend ausbremste und die Positionen der Parteien und des Kanzlers festigte.

Doch die Balance zwischen staatlicher und gesellschaftlicher Macht ist nicht ein für allemal festgeschrieben. Zum einen haben die vorangegangenen Abschnitte deutlich gemacht, wie sehr die Abstimmungen der politischen Klasse im Schulterschluss mit den Wirtschafts- und Finanzeliten der Bevölkerung als alternativlos vermittelt werden – allerdings mit nachlassendem Erfolg. Zum andern ist durch die starke Rolle der Bürgerrechtsbewegungen und der »runden Tische« beim Kollaps des Staatssozialismus, in denen sich die »Subjektivität der Gesellschaft« gegen die Übergriffe der Staatsmacht und der Ökonomie erfolgreich behauptet und am Ende gar durchgesetzt hat, das gesellschaftliche Bewusstsein auch im Westen der Bundesrepublik noch stärker infiziert worden, als es sich mit dem Wunsch nach mehr direkter Demokratie in den zwei Jahrzehnten davor bereits verändert hatte. Zwar wurde die Entgrenzung politischer Macht aus der staatlichen in die nichtstaatliche, gesellschaftliche Sphäre hinein als Indiz einer »Risikogesellschaft« für bedenklich gehalten. Aber sie könnte jene Beteiligungslücke schließen, die dem Grundgesetz deshalb eingeprägt worden war, weil sich die Väter und Mütter des Grundgesetzes besorgt an die Endphase der Weimarer Republik erinnerten.

Die Sorge, dass die staatlichen Entscheidungsträger von Stimmungswellen eines aufgeheizten Volkes überrollt würden, ist angesichts des politischen Drucks, dem Politiker von Seiten privater Industrie- und Finanzkonzerne ausgesetzt sind, um kurzatmig, kurzsichtig und zügig deren partikuläre Interessen zu bedienen, eher als gering einzuschätzen. Bankenrettung, Schuldenbremsen, fortgesetzter Sozialabbau, kommunale Megaprojekte und eine Energiewende zugunsten der Energie- und Industriekonzerne und zu Lasten der Verbraucher lassen die Wirksamkeit von Kaskaden eines finanzpolitischen und sozioökonomischen Machtgefälles spüren, das die Handlungssequenzen privater Haushalte und individueller Subjekte auf monetäre Erwartungen, kommerzielle Interessen und parteipolitische Kalkulationen abstimmt. Solche asymmetrischen Abstimmungsverhältnisse wecken an unterschiedlichen Orten und aus abweichenden Anlässen Widerstand, zivilen Ungehorsam und offene Rebellion, in denen sich unter Berufung auf die Souveränität des Volkes ein allgemeines Interesse zu artikulieren sucht. Riskant und vom Scheitern bedroht sind solche Rebellionen allemal. Aber die Reihe alltäglicher Niederlagen wird hin und wieder von versteckten und auch offenen Siegen abgelöst, in denen sich die Eigenbewegungen des Körpers und des individuellen Bewusstseins, einvernehmlich abgestimmter Lebensformen, kommunaler Initiativen und ziviler Proteste gegen die Disziplinierung durch politisch und wirtschaftlich mächtige Akteure behaupten. An auffällige Brennpunkte solcher Rebellion selbstbestimmten Handelns soll beispielhaft erinnert werden.

Zeit für Kinder

Wieso stehen Kinder an erster Stelle bei einer beispielhaften Erwähnung von Rechtsansprüchen souveränen Handelns? Ihrer Rebellion kann ja nur stellvertretend eine Stimme gegeben werden. Da ihre Rechte am wenigsten geschützt sind, gebührt ihnen der erste Platz. Dieser Rang lässt sich durch den formalen Gerechtigkeitsgrundsatz als »Recht auf Rechtfertigung« begründen, dass nämlich die gesellschaftlichen Verhältnisse vor denen gerechtfertigt werden sollten, die am meisten davon betroffen beziehungsweise die am wenigsten begünstigt sind.

»Zeit für Kinder« ist der Titel einer Untersuchung, die der Ökonom und Statistiker Carsten Stahmer zusammen mit Ingo Mecke und Inge Herrchen durchgeführt hat, in der die Zeiten ermittelt werden, die für Betreuungsleistungen und die Ausbildung von Kindern und Jugendlichen in den Jahren 1990 beziehungsweise 1998 jährlich aufzuwenden waren. Die Autoren und die Autorin legen einen umfassenden Arbeitsbegriff zugrunde, der sowohl die bezahlte Erwerbsarbeitszeit umfasst, die für den privaten Konsum und für die schulische Ausbildung der Kinder aufzuwenden ist, als auch die unbezahlte Zeit im Haushalt. Diese gliedern sie dann auf in vier Komponenten der hauswirtschaftlichen und handwerklichen Tätigkeit, der sonstigen mit Kindern verbrachten Zeit sowie der Zeiten sowohl aktiver als auch gleichzeitiger Kinderbetreuung.

Die Untersuchungen zeigen unter anderem, dass der Anteil bezahlter Erwerbsarbeitszeit, die direkt oder indirekt notwendig war, um die Ausbildungsleistungen und den privaten Konsum für die Kinder bereitzustellen, relativ niedrig gewesen ist. Wesentlich größer war der Anteil der unbezahlten Zeit, die für Kinder aufgewendet wurde. Diese betrug 1998 47,5 Milliarden Stunden, das sind etwa 84 Prozent des gesamten Volumens der Erwerbsarbeitszeiten. Auf hauswirtschaftliche und handwerkliche Tätigkeiten für Kinder entfielen 25 Prozent, auf die aktive Kinderbetreuung neunzehn Prozent, auf die gleichzeitige Kinderbetreuung acht Prozent und auf die sonstige mit Kindern verbrachte Zeit 49 Prozent. Die Konzentration der Untersuchung auf die zurechenbare Zeit für Kinder – das waren 1998 25,7 Milliarden Stunden – ergibt für die hauswirtschaftlichen und handwerklichen Tätigkeiten 45 Prozent, für die aktive Kinderbetreuung 35 Prozent, für die schulische Ausbildung 7,5 Prozent und für den privaten Konsum zwölf Prozent. In solchen Durchschnittswerten wird nicht erkennbar, dass die Betreuung von Kindern unter drei Jahren zehnmal so viel Zeit beansprucht wie die der Fünfzehn- bis Achtzehnjährigen oder dass die Kinderbetreuung von Paarhaushalten mit zwei oder einer erwerbstätigen Person ein anderes Zeitprofil der Kinderbetreuung aufweist als jenes alleinerziehender Frauen.

»Kinder haben Rechte«, diese Übersetzung der UN-Konvention fällt erwachsenen Menschen frühmorgens an regnerischen Herbsttagen ein, wenn sie Jugendliche in Bussen und Bahnen auf der Fahrt zur Schule dahindämmern sehen, oder wenn sie daran denken, elfjährigen Kindern den halbzentnerschweren Rucksack über den Fußgängerüberweg schleppen zu helfen. Welcher Pädagoge mag jene Folter der Disziplinierung erfunden haben, welche die Lernprozesse von Kindern und Jugendlichen in das Korsett einer Dreiviertelstunde einsperrt? Der ehemalige Leiter der Bodenseeschule in Friedrichshafen, Alfred Hinz, erwähnt gern, dass die Reform der Schule mit dem Tempotaschentuch beginnt, das die Schulklingel zum Schweigen bringt. So werde auch in der Schule ein »rhythmisches Aufbauen« der Kinder und Jugendlichen zugelassen. In Schweden gibt es Schulen, die Kernzeiten sowie flexible Anfangs- und Endzeiten gestatten. In ihnen könnten Teenager mit einem entwicklungsbedingten Tag-Nacht-Rhythmus, der dem von Eulen nahekommt, für die der Unterrichtsbeginn um acht Uhr ihrer subjektiven Mitternacht entspricht, vermutlich bessere Lernerfolge haben. Wenn schon die jährlich zweimalige Zeitumstellung aus fadenscheinigen Gründen hingenommen wird, warum nicht ein späterer Schulbeginn zum Wohl von Kindern und Jugendlichen? In Deutschland dagegen werden mit wenigen Ausnahmen Grundschulen, weiterführende Schulen und Hochschulen unter zunehmendem Kommerzialisierungsdruck fabrikmäßig organisiert. Sie sind immer weniger ein »Haus des Lebens«, in dem sich die inneren Rhythmen der Lehrenden und Lernenden aufeinander abstimmen können. Stundenpläne, Wochenpläne, Lehrpläne und Prüfungspläne sowie die Zäsuren von Einschulung, Selektion und Abitur lassen vergessen, dass Lernen nicht linear verläuft. Die Reformhektik der Bildungspolitiker und das Regime der Schulverwaltung durchkreuzen den Lebensatem individueller Subjekte. Sie zerhacken tastendes Leben und vergleichen, was nicht vergleichbar ist. Der Kultusjargon imitiert den Managerjargon der Industriekonzerne. Dabei hat die Philosophin Simone Weil an das erinnert, was Lernen sein sollte: aufmerksam werden, bei der Sache bleiben, die Gegenwart verkosten. Nicht weitere Schulreformen, sondern eine zivile Rebellion ist fällig, damit Kinder und Jugendliche atmen können.

Zeit für Frauen und Männer

Die von den privaten Haushalten unbezahlt erbrachte Eigenarbeit, zumal die vorwiegend den Frauen zugewiesene Kinderbetreuung gehört zu den Vorleistungen, die für die hohe Produktivität der Wirtschaft und den gesellschaftlichen Zusammenhalt äußerst wertvoll sind. In der Agrargesellschaft arbeiteten Frauen und Männer arbeitsteilig in einem Wirtschaftsbetrieb. Die Kinderbetreuung erfolgte mehr oder wenig gemeinsam, aber unter einem Dach. In der Industriegesellschaft waren Produktionsstätte und Wohnort räumlich und funktional getrennt. Die Männer ernährten die Familie, die Frauen blieben als Hausfrau zu Hause und betreuten die Kinder. In der nachindustriellen Gesellschaft scheinen sich drei Lebensentwürfe von Paarhaushalten herauszuschälen. Etwa bei fünfzehn Prozent von ihnen sind Männer und Frauen beide gleich gut qualifiziert; sie gehen beide einer Erwerbstätigkeit nach, die ihnen einen komfortablen Lebensstandard sichert. Dieser Option ordnen sie alles andere, auch Kinderwünsche unter. Eine zweite Gruppe, etwa siebzig Prozent, strebt eine Balance zwischen Erwerbsarbeit, Partnerbeziehung und Kinderbetreuung an. Die Unternehmen sind an der Erwerbstätigkeit der gut ausgebildeten und qualifiziert arbeitenden Frauen interessiert. Sie drängen den Staat, dass er den Frauen die sogenannte Doppelbelastung nimmt und mit relativ hohem Sach- und Personalaufwand Betreuungsmöglichkeiten für Kleinst-, Klein- und Schulkinder bereitstellt. Es bleibt noch eine dritte Gruppe von Paaren, bei denen Frauen sich unabhängig von der Qualifikation ausschließlich für die unbezahlte Hausarbeit und die Betreuung mehrerer Kinder entscheiden.

Das Interesse des Staates und der Wirtschaft gilt der mittleren Gruppe, während die Haushalte mit mehreren Kindern in Deutschland – anders als in Frankreich – einem Armutsrisiko ausgesetzt sind. Der Soziologe Hans Bertram etikettiert diese weiterhin sexistische Aufteilung der Erwerbsarbeit und Beziehungsarbeit auf Männer und Frauen als ein »Bündnis des Staates mit den Müttern zur Entlastung der Väter«. Der Staat entlastet die Frauen von ihrer Doppelbelastung, während sie weiterhin das Gewicht der unbezahlten Hausarbeit, der Kinderbetreuung und der Pflegedienste zu schleppen haben.

Was die politischen Entscheidungsträger den Frauen zumuten, führt in eine Sackgasse. Während einer Veranstaltung des Equal Pay Day hat dies eine Pflegedienstleiterin beschrieben, die ihre berufliche Karriere unterbrochen und drei Kinder über zwei Jahrzehnte betreut hatte. Sie habe sich dazu entschieden, weil sie es »nicht übers Herz gebracht hatte«, morgens um sechs Uhr ihre Kinder aus dem Schlaf zu reißen, sie den Tag über in andere Hände zu geben, ohne zu wissen, wie sie sich fühlten, ob sie quicklebendig oder krank sind, und sich erst am Abend wiederzusehen, wenn alle müde seien. Man mag eine solche Äußerung dem dritten Typ der vorher klassifizierten Frauen zuordnen. Aber die Frauen, die von den politisch Verantwortlichen umworben werden, können nicht gleichzeitig Kinder einfühlsam betreuen, die Schulen vor der Überflutung mit lernschwachen und verhaltensgestörten Kindern bewahren und außerdem das schulische Versagen der Kinder durch häusliche Nachhilfe kompensieren. Sie können nicht gleichzeitig ein angeblich demographisches Desaster abwenden, ausreichend Erwerbspersonen bereitstellen, damit die solidarischen Sicherungssysteme finanzierbar bleiben, zwei Eltern und zwei Schwiegereltern pflegen, die Räume in Kindergärten und Schulen bemalen, in der Schulcafeteria Brötchen belegen und sich in zivilgesellschaftlichen Initiativen engagieren. Gibt es etwa noch eine Aufgabe, die den Frauen zusätzlich aufgehalst werden könnte?

Zu einer solchen Nonsenspolitik gibt es eine Alternative: »Geschlechterdemokratie« ist ein gesellschaftliches Leitbild, in dem sich die Präferenzen komplementär zu denen der Frauen verändern. Sie begreift Männlichkeit wie Weiblichkeit vorrangig als gesellschaftliche Konstrukte, die sich historisch variabel und kulturell differenziert darstellen. Bezogen auf Männer war das leitende Profil eine »hegemoniale Männlichkeit«, die durch die Merkmale des Erzeugers, Ernährers und Beschützers gekennzeichnet ist. Wird jedoch die Innenseite einer solchen hegemonialen Männlichkeit betrachtet, erweist sie sich als »fragil«, weil alles, was kooperativ, gewaltlos und einfühlsam ist, aus ihr entfernt wurde. Um diese hegemoniale, fragile Männlichkeit weichzuspülen, sollten die Männer die Vater-Kind-Rolle in der Erziehung erlernen, mehr Familienarbeit übernehmen, sensibel für den Naturerhalt werden und Gewaltpotentiale abbauen. »Männer im Aufbruch« sind eine hoffnungsvolle zivile Initiative, indem sie sich mehr dem Leben jenseits der Erwerbsarbeit in der Rolle von Teilzeitarbeitern, Vätern und Erziehern widmen.

Vollzeiterwerbstätige Männer verfügen über die bestimmende Macht, eine kollektive und geschlechterdemokratische Verkürzung der Arbeitszeit mit gestaffeltem Lohnausgleich durchzusetzen. Die Dreißigstundenwoche für Männer und Frauen könnte die gesellschaftlich notwendige Arbeit – nämlich Erwerbarbeit, die private Beziehungsarbeit und das zivilgesellschaftliche Engagement – geschlechtsneutral und fair verteilen. Der Mutterschaftsurlaub könnte in einen Elternurlaub umgewandelt werden. Eltern von Kleinkindern würde Teilzeitarbeit mit vollem Lohnausgleich garantiert; die normale Berufsbiographie würde für alle Väter und Mütter durch eine Familienphase unterbrochen, der Anspruch auf einen vergleichbaren Arbeitsplatz bliebe erhalten. So würde nicht allein selbstbestimmten Frauen, sondern ebenso selbstbestimmten Männern zugemutet, die konkurrierenden Erwartungen einer beruflichen Karriere und der Bindung an die Partnerin und die Kinder zu bewältigen. Eine positive Persönlichkeit von Heranwachsenden wird am ehesten durch den Aufbau einer Kind-Vater-Beziehung gewährleistet. Dazu ist das unmittelbare Erleben des Mannes als Erzieher unverzichtbar.

Moderne Zeiten

Carsten Stahmer hat in dem Konzept einer solidarischen »Halbtagsgesellschaft« den Abstand vom ausschließlich ökonomischen Denken und die Gleichwertigkeit der Zeitdimension überzeugend ausbuchstabiert. Er entwirft eine zeitliche Balance zwischen bezahlter und unbezahlter Arbeit, die auch den Männern den ihnen zustehenden Anteil an der Betreuungsarbeit gewährleisten würde, die sie Kindern, älteren Menschen und dem sozialen Engagement widmen. Männer und Frauen könnten etwa im dreijährigen Rollentausch zwischen Erwerbsarbeit und Betreuungsarbeit wechseln. Durch eine drastische Verkürzung und Umverteilung der Erwerbsarbeitszeit würde ein erheblicher Spielraum für die nicht-ökonomische Sphäre geschaffen, und zwar mit einer Zeitwährung, die zur vorrangigen Steuerungsform des sozialen Lebens wird und den Aufbau räumlich engmaschiger sozialer Netzwerke und regionalisierter Güterströme begünstigt. Stahmers beeindruckende Perspektive besteht darin, dass die Sichtweise des auf die Erwerbsarbeit fixierten Blicks verlassen und das in Stunden gemessene gesamte gesellschaftlich nützliche Arbeitsvolumen den beiden Geschlechtern fair zugeordnet wird. Er hat vier Tätigkeitsfelder als gleichwertig zusammengestellt:

1. die erwerbsbezogenen Tätigkeiten (Erwerbsarbeit und Fahrten zum Arbeitsplatz)
2. die nicht bezahlte Tätigkeit, nämlich die hauswirtschaftlichen und handwerklichen Tätigkeiten, die Kinderbetreuung sowie die Altenpflege und das zivile Engagement
3. die persönlichen Aktivitäten (Schlafen, Essen, Sport, freie Zeit)
4. die Aus- und Weiterbildungsaktivitäten

Der gegenwärtig beobachteten Zeit, welche die Bürgerinnen und Bürger auf diese Tätigkeiten jeweils verwenden, hat er jene Zeitverwendung gegenübergestellt, die in der Halbtagsgesellschaft gelten würde. Welches Bild ergibt sich gegenwärtig im Hinblick auf die Anteile der Frauen und Männer an den verschiedenen Arbeitsformen? Und welche Veränderungen würden sich ergeben, wenn das Konzept der Halbtagsgesellschaft verwirklicht wird? Im Jahr 2010 betrug das Zeitbudget bei einer Bevölkerung von 81,7 Millionen Personen 716,1 Milliarden Stunden. Davon entfielen auf die Erwerbsarbeit und die Fahrten zum Arbeitsplatz 64,8 Milliarden Stunden, auf die nicht bezahlten Tätigkeiten 95,2 Milliarden Stunden. Darin sind die hauswirtschaftlichen und handwerklichen Arbeiten mit 82,2 Milliarden Stunden, die Kinderbetreuung mit 8,7 Milliarden Stunden sowie die Altenpflege und das zivile Engagement mit 4,3 Milliarden Stunden eingeschlossen. Die persönlichen Aktivitäten beanspruchten 535,3 Milliarden Stunden, die Ausbildungs- und Weiterbildungsaktivitäten 20,8 Milliarden Stunden.

Wie waren diese Aktivitäten auf Frauen und Männer verteilt? Die erwerbsbezogene Zeit lag für die Männer bei 38,7 Milliarden Stunden, für die Frauen lediglich bei 26,2 Milliarden Stunden. Nicht bezahlte Arbeit dagegen leisteten die Frauen mit 58,1 Milliarden Stunden wesentlich mehr als die Männer (37,1 Milliarden Stunden). Und für die Kinderbetreuung verwendeten die Frauen doppelt so viel, für die hauswirtschaftlichen und handwerklichen Tätigkeiten fast zwei Drittel mehr Stunden als die Männer.

Dem Ist-Zustand von 2010 stellt Stahmer die Zeitverhältnisse gegenüber, die für eine »Halbtagsgesellschaft« gelten würden, in der die Erwerbsarbeit zwischen Männern und Frauen fair geteilt, die bezahlte und unbezahlte Arbeit gleichrangig gewichtet und die Geschlechter gleich an beiden Arbeitsformen beteiligt sind. Das Erwerbsarbeitsvolumen wäre insgesamt um dreizehn Prozent verkürzt, die Fahrten zum Arbeitsplatz gingen um 25 Prozent zurück. Für die Kinderbetreuung würde um 45 Prozent, für die Altenpflege und das zivile Engagement um sechzig Prozent mehr Zeit aufgewendet. Die Männer würden sich um mehr als doppelt so viele

Stunden, die Frauen um ein gutes Zehntel mehr als derzeit an der Kinderbetreuung beteiligen. In der Altenpflege und im zivilen Engagement würden die Männer um 38 Prozent mehr, die Frauen um neunzig Prozent mehr Zeit einbringen. Und bei den hauswirtschaftlichen und handwerklichen Tätigkeiten würden die Frauen um siebzehn Prozent entlastet, während sich die Männer um 27 Prozent mehr daran beteiligten.

Arbeitszeitverkürzung

Zu Recht schlägt die ver.di-Jugend einen schrillen Ton an: »Arbeitszeitverkürzung jetzt!« Sie mischt damit alle Gewerkschaften auf, die es nicht fertigbringen oder sich nicht trauen, weder die schleichende Verlängerung der Arbeitszeit im öffentlichen Dienst und in der Privatwirtschaft noch die Rente mit 67 zu stoppen. Doch auf dem dritten Bundeskongress hat die Gewerkschaft ver.di beschlossen: »Die Verkürzung der Arbeitszeit und die humane Gestaltung sind zentrale tarif- und gesellschaftspolitische Handlungsfelder der ver.di.« Die mit großer Mehrheit angenommene Entschließung fordert eine Verkürzung der Arbeitszeit mit vollem Lohn- und Personalausgleich. Auf eine feste Stundenzahl wollten die Delegierten sich nicht festlegen.

Die von der Gewerkschaft und ihr nahestehenden Initiativen vorgebrachten Argumente erinnern nur noch teilweise an die Auseinandersetzungen der 1980er Jahre. Zwar ist anzunehmen, dass ein Teil der Arbeitszeitverkürzung durch die Produktivitätsentwicklung finanziert wird. Folglich wird ein voller Personalausgleich, aber ein gestaffelter Lohnausgleich gefordert. Dass Arbeitsplätze nicht gefährdet werden, sondern gesichert bleiben, habe die vereinbarte Kurzarbeit belegt. Wenn solche Regelungen auf andere Wirtschaftszweige übertragen werden, könnten vielleicht eine Million zusätzlicher Arbeitsplätze entstehen. Eine Arbeitszeitverkürzung werde gerade auf Grund der verfestigten hohen Arbeitslosigkeit sinnvoll. Denn diese kostet jährlich 83 Milliarden Euro und ist weit höher als die Zahl der registrierten Arbeitslosen, wenn die Ein-Euro-Jobs, Jugendliche in den Warteschleifen, ältere Arbeitnehmer und die stille Reserve berücksichtigt werden.

Durch eine Verkürzung der durchschnittlichen Arbeitszeit auf dreißig Stunden könnten die Minijobs und Teilzeitarbeiten der Frauen existenzsichernd aufgestockt und die Vollzeitarbeiten der Männer abgesenkt werden. Damit wäre die Arbeitszeitverkürzung ein Weg zu mehr Geschlechtergerechtigkeit. Erwerbsarbeit und Beziehungszeiten im Wechsel könnten zwischen Männern und Frauen vereinbart werden. Arbeitszeitverkürzung lässt sich auch flexibel und variabel den Wünschen der Arbeitnehmer gemäß gestalten – als Zeit zur Weiterbildung, als befristete Teilzeit, Erziehungszeit oder als Sabbatjahr. Und die gesundheitlichen Belastungen infolge der gegenwärtigen Mehrarbeit ließen sich vermeiden.

Sonntagszeit

Seit etwa zwei Jahren haben sich kirchliche Sozialverbände, Frauenverbände, der Deutsche Caritasverband, die Gewerkschaft ver.di, die Gewerkschaft der Polizei, Terres des hommes und der Deutsche Frauenrat zu einer zivilen Initiative»SonntagsAllianz« zusammengeschlossen. Sie setzt sich dafür ein, dass die Verfassungsgarantie der Sonntagsruhe und das grundsätzliche Verbot einer Sonntagsarbeit, die nicht im öffentlichen Interesse liegt, strikt eingehalten werden. Seit nämlich der Bund die Regelungskompetenz an die Länder abgegeben hat, herrscht ein unübersehbares Chaos. Länder und Kommunen konkurrieren um zusätzliche verkaufsoffene Sonntage. Arbeitgeber setzen ihre Mitarbeiter und vor allem Mitarbeiterinnen unter Druck. Deshalb sollte die Regelungskompetenz über den Sonntag an den Bund zurückgehen.

Inzwischen haben sich die Initiativen vernetzt. Es gibt eine SonntagsAllianz in Bayern, Rheinland-Pfalz, Hessen und im Saarland, eine in der Schweiz und in Österreich. Im Juni 2011 haben 65 kirchliche, gewerkschaftliche und andere zivile Organisationen in Brüssel eine Europäische SonntagsAllianz gegründet, die ein europäisches Volksbegehren plant, um den Sonntagsschutz in der neuen Arbeitszeitrichtlinie der EU zu verankern. In Sachsen wurden durch das Oberverwaltungsgericht verkaufsoffene Sonntage im Advent für verfassungswidrig erklärt. Die Oppositionsparteien im Landtag und ver.di hatten ein Normenkontrollverfahren beim sächsischen

Verfassungsgerichtshof eingereicht. Vier verkaufsoffene Sonntage während der Adventszeit, die in Berlin angekündigt waren, wurden durch das Bundesverfassungsgericht untersagt. In Frankfurt ist ein verkaufsoffener Sonntag nach einem Vergleich zwischen der Stadtverwaltung und der SonntagsAllianz abgesagt worden.

Das Bild vom »atmenden Unternehmen« wurde ausgebrütet, damit ein Autokonzern die Mitarbeiter einsetzen und freisetzen kann, je nachdem, wie die Nachfrage schwankt. Seit der Staat dem Druck der Konzerne und Arbeitgeber nachgegeben hat, durch mehr Sonntagsarbeit die Wettbewerbsfähigkeit der deutschen Wirtschaft zu steigern, sollen sich die Handlungssequenzen der Gesellschaft dem Maschinentakt und den Interessen der Wirtschaft anpassen.

Mit der Ausweitung der Sonntagsarbeit wird den abhängig Beschäftigten vermittelt, dass sie sich als Bürger und Bürgerinnen durch Erwerbsarbeit definieren. Das Sabbatgebot dagegen hat dem Volk Israel eine Freiheitsoption eröffnet: Du musst nicht alle Tage im Schweiß deines Angesichts arbeiten, du darfst dich – anders als in der Sklaverei – freimachen von der Last der alltäglichen Arbeit. So lassen sich weder die Sabbatruhe noch die sonntägliche Arbeitsruhe eindimensional gegen wirtschaftliche Vorteile aufrechnen. Der Sonntag ist ein Symbol, nicht fremdbestimmt zu sein, sondern frei für das Spiel und die Phantasie, für all das, was nicht berechenbar ist und keinen Preis hat. Der römische Philosoph Seneca hat sich seinerzeit über den Lebensstil der Juden gewundert, dass sie mit ihrer strengen Sabbatruhe auf ein Siebtel des möglichen Profits verzichteten; dieser Tag sei ökonomisch nicht effizient. Als vor hundert Jahren die Arbeitsruhe am Sonntag gesetzlich verankert wurde, waren die Deutschen nicht reicher als heute. Trotzdem wurde auf ein Siebtel des Einkommens zugunsten einer höheren Lebensqualität verzichtet. Diese Priorität wird zunehmend von den Füßen auf den Kopf gestellt.

Hohe Flexibilität und Mobilität sind derzeit die Voraussetzungen dafür, einen komfortablen und sicheren Arbeitsplatz zu finden. Die flexible Gestaltung der Arbeitszeit ist indessen nicht nur für den Betrieb, sondern auch für die einzelnen Beschäftigten vorteilhaft. Sie können ein höheres Einkommen beziehen und verfügen außerdem über mehr arbeitsfreie Zeit. Doch dem individuellen Nutzen entspricht nicht ein gleich hoher gesellschaftlicher Gewinn. Denn die kollektive Zeitordnung lässt sich nicht in gleicher Weise flexibilisieren und verflüssigen. Jede Gesellschaft entscheidet kollektiv darüber, wie die Handlungssequenzen aufeinander abgestimmt werden. Damit schafft sie nicht nur einen Raum für die individuelle Freizeit. Freizeit nämlich, die der einzelne für sich allein hat, ist noch keine Festzeit. Selbst wenn sich durch mehr Sonntagsarbeit die Menge der privaten Freizeit vermehren ließe, wird keinem Individuum automatisch mehr Festzeit geschenkt. Festzeit hat niemand für sich allein, sondern nur zusammen mit anderen. Festzeit ist feste Zeit, kollektiv festgesetzte Zeit einer Unterbrechung des Alltags. Die Zeitordnung der Gesellschaft ist ein verbindliches Datum für die Zeitpläne einzelner Personen, Gruppen und Organisationen. Sie schützt die einzelnen gegen zeitliche Außenansprüche. Vor allem aber schafft sie einen berechenbaren Rahmen für gesellschaftliche Kontakte ohne großen Aufwand und koordiniert abweichende Handlungsmuster. Sie regt Treffen, soziale Kontakte und gesellschaftliche Veranstaltungen an.

Viele abhängig Beschäftigte werden zur Sonntagsarbeit gezwungen. Sie können sich diesem Druck nicht entziehen, weil sie keine Alternativen haben. Sie müssen ihre Zeitautonomie aufgeben und dem Arbeitgeber zur Verfügung stehen, weil Höherverdienende, die souverän über ihre Zeit verfügen können, bestimmte Dienstleistungen erwarten. Damit diese, die eigenständig über ihre Zeit verfügen, jederzeit ihre Kaufwünsche befriedigen können, müssen Verkäuferinnen ihre Zeitautonomie aufgeben und für die Sonntagsarbeit bereitstehen. Geringe Einkommen und geringe Zeitautonomie entsprechen einander. Materielle Not und Zeitnot sind Geschwister für alleinerziehende Mütter, geschiedene Frauen, Ausländer, Geringqualifizierte und geringfügig Beschäftigte. Der Verlust der sonntäglichen Arbeitsruhe bedeutet mehr Zeitgewinn für die, die bereits über hinreichend Zeit und Geld verfügen, und weniger Freiheit vom Arbeitszwang für diejenigen, die wenig Geld und Zeit haben, ohne sich dagegen wehren zu können.

In einer kommunikativen Lebenswelt stimmen sich Bewegungen einzelner Personen aufeinander ab und überformen sich zu einer einzigen gesellschaftlichen Bewegung. Jede Gesellschaft schafft sich ihren eigenen Bewegungsrhythmus. Wenn Kinder miteinander spielen, wenn ihre Bewegungen wechselseitig aneinander orientiert sind, dann gibt es keinen Zeitdruck. Wenn verliebte Menschen die Gleichförmigkeit ihrer Empfindungen, das Einverständnis ihrer Ansichten, die Harmonie ihrer Körper spüren, dann scheint das Zeitgefühl zu schwinden; die Zeitnot ist vergessen. Zweifellos tragen egalitäre Beziehungen und demokratische Verhältnisse, wenn die Bewegungsabläufe gleichrangig aufeinander abgestimmt sind, dazu bei, Zeitdruck und Zeitnot zu verringern. Vor mehr als zehn Jahren, während des Arbeitskampfs um die schrittweise Einführung der 35-Stunden-Woche, lächelte eine charmante junge Frau auf einem Plakat der Unternehmer der Metall- und Elektroindustrie. Ihrem freundlichen Gesicht las man die Präferenz ab, die der gewerkschaftlichen Forderung widersprach, nämlich:»Lieber mehr Lohn«. Nach ein paar Tagen hatte ein Passant zur Sprühdose gegriffen und dem Text hinzugefügt:»Mehr Zeit zum Lieben«. Unter anderem dafür streitet die»SonntagsAllianz«.

Lange Schatten der Zukunft

Das»Wachstumsbeschleunigungsgesetz« vom Dezember 2009 war die offensive Reaktion der schwarz-gelben Koalition auf die Finanzkrise. Zuvor, Anfang 2009, wurde im Konjunkturpaket II eine Abwrackprämie jedem zugesagt, der sein Auto verschrotten ließ, das bestimmte Bedingungen erfüllte. Die Kanzlerin verteidigte das Wachstum, ohne das es keine Investitionen, keine Arbeitsplätze und keine Bildungschancen für alle gebe. Inzwischen gibt es in Baden-Württemberg einen Ministerpräsidenten von der Partei Bündnis 90/Die Grünen, in Nordrhein-Westfalen und Bremen eine rot-grüne Koalition und in Stuttgart den ersten grünen Oberbürgermeister in einer Landeshauptstadt. Ist die ökologische Frage als»die soziale Frage des 21. Jahrhunderts« bei der politischen Klasse angekommen? Allerdings nicht in der Zuspitzung, wie Tim Jackson, der Umweltberater der britischen Regierung, sie formuliert: Für ihn ist nicht ein Wachsen der globalen Wirtschaft mit erhöhter Energieeffizienz angesagt, sondern ein Schrumpfen.

Deckt angesichts einer solchen Perspektive die Energiewende, welche die deutsche Regierung eingeleitet hat, bereits hinreichend den angezeigten ehrgeizigen ökologischen Umbau der Energienutzung, der Verkehrssysteme und der Ernährungsweisen ab? Welches Gewicht wird beispielsweise einer dezentral kombinierten Kraft-Wärme-Nutzung oder dem Energiesparen zugemessen? Oder sind es wieder die Energiekonzerne, die den Staat erpressen können? Und wie wird mit den Widersprüchen umgegangen, dass beispielsweise Autos mit steigenden PS-Zahlen gebaut werden, von denen achtzig Prozent ihre Betriebszeit im Stadtverkehr verbringen? Oder dass die deutschen Autofahrer und Autofahrerinnen jährlich mehr als sechzig Stunden und die in Österreich 121 Stunden im Stau verbringen? Soll die strukturelle Gewalt gegen die natürliche Umwelt, gegen die eigenen Lebensgrundlagen weiter wüten, weil die Denkmuster der politischen und wirtschaftlichen Eliten weiterhin auf die Produktion, die Verteilung und den Konsum von Gütern abgestimmt bleiben?

Eine Gesellschaft, die den langen Schatten der Zukunft im Blick hat, schützt sich gegen Kurzatmigkeit und Kurzsichtigkeit, indem sie sich den ökologischen Imperativ – das »Prinzip Verantwortung« – von Hans Jonas aneignet, dass nämlich die Folgen ihres Handelns das echte Überleben der Menschheit gewährleisten sollen. Der Wirtschaftswissenschaftler Hans Nutzinger hat diesen Zukunftsschatten in fünf Grundsätze einer »Nachhaltigkeit« übersetzt, die ökologisch zureichend, ökonomisch umsetzbar und gesellschaftlich annehmbar ist:

- Die Abbaurate der erneuerbaren Ressourcen darf die natürliche oder menschlich beeinflusste Regenerationsrate nicht übersteigen.
- Die Abgabe von Schadstoffen muss unter der Assimilationsfähigkeit des Ökosystems bleiben.
- Die Verringerung des Bestands erschöpfbarer Ressourcen infolge des laufenden Verbrauchs muss ausgeglichen werden durch eine entsprechende Zunahme erneuerbarer Ressourcen, durch eine entsprechende Effizienzsteigerung bei der Nutzung erschöpfbarer Ressourcen und durch den Ersatz sehr knapper begrenzter Ressourcen durch solche, die weniger knapp sind.

- Die Renten aus dem Einsatz erschöpfbarer Ressourcen müssen verwendet werden, um alternative Techniken aufzubauen, die auf erneuerbare Ressourcen zurückgreifen.
- Schließlich muss das Zeitmaß anthropogener Eingriffe in die Umwelt im ausgewogenen Verhältnis zum Zeitmaß stehen, das alle relevanten natürlichen Prozesse für das Reaktionsvermögen der Umwelt benötigen.

Der lange Schatten der Zukunft verlangt wohl noch ganz andere Umbauten vertrauter Produktions- und Nutzungsweisen. Innerhalb eines geschlossenen Material- und Verantwortungskreislaufs, wie er von dem Schweizer Industrieanalytiker Walter R. Stahel skizziert wird, verändert und verlängert sich die Lebensdauer der Produkte. Sie werden beispielsweise im Baukastensystem gestaltet und durch den Austausch von Komponenten technisch aufgerüstet. Der ursprüngliche Hersteller gibt eine Garantieerklärung für das Produkt ab, das vom Kunden genutzt wird, bleibt jedoch für die technische Wartung zuständig und nimmt das Produkt wieder zurück. Anstatt billige Rohstoffe jeweils neu aus fernen Ländern herbeizuschaffen, wird das Material wiederverwendet. Und anstatt teure Produkte jeweils neu zu kaufen, werden sie zerlegt, demontiert und teils wiederverwendet. Ein solcher Kreislauf setzt sich zusammen aus den Stationen der Wiederverwendung, der Reparatur und Instandhaltung, der Aufbereitung und technischen Aufrüstung sowie der Entwicklung wartungsfreier, fehlertoleranter Komponenten, die sich selbst reparieren, und dezentraler Werkstätten, die intensiv von Facharbeitern betreut werden. Der Vorteil eines solchen Kreislaufs liegt darin, dass das Produkt länger im Markt bleibt, dass die Stoffströme mit geringerer Geschwindigkeit fließen, das Abfallvolumen geringer ist und die Nachfrage nach Rohstoffen sinkt.

Indikatoren

Wer gegen Verantwortungsdefizite des Wirtschaftens rebelliert, fragt gleichzeitig nach authentischen Indikatoren einer Wirtschaft, die leistungsfähig ist, sozial gerecht und ökologisch nachhaltig. Das Bruttoinlandsprodukt indessen ist ein denkbar unangemessener Indikator der wirtschaftlichen Leistungsfähigkeit eines Landes. Es wird definiert als die Summe aller markt- und geldwirtschaftlich bereitgestellten Güter abzüglich der markt- und geldwirtschaftlich beanspruchten Vorleistungen. Es kann in aktuellen Marktpreisen oder inflationsbereinigt (real) präsentiert werden. Es kann in absoluten Zahlen oder relativ, nämlich in Bezug auf die Zahl der in dem jeweiligen Land lebenden Personen, dargestellt werden.

Die Untauglichkeit des BIP als Indikator ist zum einen darin begründet, dass folgende Komponenten in ihm nicht enthalten sind: alle nicht markt- und geldwirtschaftlich bereitgestellten Vorleistungen, die aus der erwerbswirtschaftlichen Sphäre ausgelagert und den Verbrauchern aufgehalst worden sind, etwa das Lösen von Fahrkarten, die Beschaffung von Bargeld am Automaten beziehungsweise die Selbstbedienung im Supermarkt und an der Tankstelle. Auch die private Haus-, Erziehungs-, Beziehungs- und Pflegearbeit, das zivilgesellschaftliche Engagement – alles, was keinen Preis hat – werden ebenso wenig berücksichtigt wie qualitative Veränderungen der Güter und die Gewichtung der Bedürfnisse. Die Art der Verteilung, ob sie extrem ungleich oder relativ ausgewogen ist, spiegelt sich nicht im BIP.

Zum andern werden wirtschaftliche oder gesellschaftliche Schäden aus dem Indikator nicht herausgerechnet, etwa die tatsächliche Wertminderung der natürlichen Umwelt oder die arbeitsbedingten Gesundheitsschäden. Auch die gesamtwirtschaftlichen Kosten der Arbeitslosigkeit oder der Zeitverlust beziehungsweise die nervliche Belastung, die durch Verkehrsstaus verursacht werden. Wollte man darüber hinaus die gesellschaftlichen Schäden berücksichtigen, die sich in ungesundem Stress, auffälliger Reizbarkeit, in Partnerschaftskonflikten, verwahrlosten Kindern und gewalttätigen Jugendlichen verkörpern, würden sich die Wachstumsraten gemäß der Einschätzung Meinhard Miegels um fünf Prozent bis zwanzig Prozent verringern. Korrekt gemessen wären die Wachstumsraten bereits negativ, die Wirtschaft würde jetzt schon schrumpfen.

Die Suche nach Indikatoren, die geeigneter sind, eine leistungsfähige, sozial gerechte und nachhaltige Wirtschaft zu kennzeichnen, hat längst begonnen. Am bekanntesten ist der von den Vereinten Nationen propagierte »Human Development Index«, der neben dem

Pro-Kopf-Einkommen als Gradmesser für Wohlstand und menschliche Entwicklung vorgeschlagen wird. Er enthält die Lebenserwartung bei der Geburt, die sich in gesunder Ernährung, im Zugang zu Gesundheitsgütern und in der Hygiene manifestiert, sowie den Bildungsgrad, der an den Schuljahren und der gesamten Ausbildung abgelesen wird, insofern diese die Beteiligung am öffentlichen Leben ermöglichen. Er ist im Lauf der Zeit um den Zugang zu Trinkwasser, die Gleichstellung der Frauen, die Erwerbstätigkeit und die Interessenvertretung in der Arbeitswelt erweitert worden.

Vom Institut der Evangelischen Studiengemeinschaft in Heidelberg ist ein Neuer Wohlstandsindikator (NWI) formuliert worden, der als Basisgröße den privaten Verbrauch wählt, weil mit ihm ein positiver Nutzen verbunden wird. Der Indikator wird mit der Einkommensverteilung gewichtet. Die Wertschöpfung, die durch Hausarbeit und ehrenamtliche Tätigkeit zustande kommt, wird berücksichtigt. Als zusätzliche soziale Indikatoren werden die wohlfahrtstiftende Aktivität des Staates im Gesundheits- und Bildungssektor registriert, abzüglich jener Ausgaben, die entstehen, um die Folgen der Kriminalität und der Verkehrsunfälle zu beseitigen. Als zusätzliche ökologische Indikatoren werden die Kompensation von Umweltschäden und solchen Schäden genannt, die auf Grund unterschiedlicher Umweltbelastungen entstehen, sowie die Ersatzkosten für den Verbrauch nicht erneuerbarer Energien. Zusätzliche ökonomische Indikatoren beziehen sich darauf, wie sich die Salden zum einen der Wertsteigerung und der Wertminderung des Anlagevermögens und zum anderen der Forderungen und Verbindlichkeiten gegenüber dem Ausland verändern, zudem auf die Neuverschuldung öffentlicher Haushalte sowie die öffentlichen Ausgaben, die den ökologischen Umbau finanzieren.

Dass die vom Deutschen Bundestag einberufene Enquetekommission »Wachstum, Wohlstand, Lebensqualität« der Zeitdimension relativ wenig Aufmerksamkeit widmet, ist unverständlich, zumal Carsten Stahmer seit Jahrzehnten in akribisch ausgearbeiteten Input-Output-Tabellen den Tunnelblick der Volkswirtschaftlichen Gesamtrechnung, deren Schlüsselgröße die unmittelbar oder mittelbar in Geldeinheiten ausgedrückte Menge der Güter ist, die durch die Erwerbstätigen hergestellt und durch die Konsumenten angeeignet wird, dreifach durchbrochen hat:

- Er hat den Kreis der erfassten Personen über die Erwerbstätigen und Konsumenten hinaus auf alle Bürgerinnen und Bürger ausgedehnt.

- Er hat die Fixierung der öffentlichen Diskussion auf die Erwerbsarbeitszeit gesprengt, indem neben der Erwerbsarbeit die persönlichen Aktivitäten (Schlaf, Muße, Sport und Freizeit) und die nicht bezahlte Hausarbeit, und zwar differenziert nach Kindern und Jugendlichen sowie Erwachsenen und Senioren, registriert werden. Zur Erwerbsarbeitszeit addiert er die Zeit, die für Fahrten zum Arbeitsplatz aufzubringen sind. Zudem werden die Ausbildungs- und Weiterbildungszeiten errechnet. Und die unbezahlte Arbeit wird in die Zeiten untergliedert, die für hauswirtschaftliche und handwerkliche Tätigkeiten, für die Kinderbetreuung, für die Pflegearbeit und das zivile Engagement verwendet werden.

- Neben der gängigen monetären Erfassung von Wertzuwachs und Wertverzehr in der Produktions- und Marktsphäre werden die Materialströme in physischen Einheiten ermittelt, wie sie von den genannten Personengruppen in den verschiedenen Tätigkeitsfeldern in Anspruch genommen werden.

Besonders beeindruckend ist, dass die filigran erstellten Input-Output-Tabellen sowohl den Saldo der von den einzelnen Personengruppen in verschiedenen Tätigkeitsfeldern verausgabten und in Anspruch genommenen Stunden erfassen als auch den Saldo der von den jeweiligen Personengruppen in den jeweiligen Tätigkeitsfeldern verbrauchten Ressourcen und der von ihnen verursachten Ablagerungen in der natürlichen Umwelt darstellen. Es bleibt zu hoffen, dass solche vielleicht magisch anmutenden Input-Output-Tabellen einer Volkswirtschaftlichen Gesamtrechnung die politische und administrative Klasse für authentische Indikatoren eines Wohlstands sensibilisieren, der mehr Lebensqualität verspricht.

Die volkswirtschaftliche Zeitrechnung öffnet dem Volk zum einen die Augen dafür, auf welch fahrlässige Täuschung es hereinfällt, wenn es sich von der Volkswirtschaftlichen Gesamtrechnung beeindrucken lässt, da diese bloß die kommerziellen Handlungssequenzen der Gesellschaft auflistet. Zum andern ist in dem letzten Kapitel deutlich geworden, dass Zeitfragen Streitfragen sind, dass Zeitdruck aus Abstimmungskonflikten entsteht und dadurch verschärft wird, dass fremde Mächte über die eigenen Handlungssequenzen bestimmen. Schließlich ist auch deutlich geworden, dass die alten Streithähne, die gegen kapitalistische Abstimmungsverhältnisse eigene Zeit erkämpft haben, inzwischen flügellahm geworden sind – die Megagewerkschaften und ihre politischen Arme in den Parteien, die sozialpolitischen Netzwerke unter den Abgeordneten im Bundestag sowie die neuen sozialen Bewegungen, die in die Jahre gekommen und zu etablierten Parteien mutiert sind.

Besteht eine berechtigte Aussicht, dass in den Sozialwissenschaften und in den Medien Frauen und Männer aufwachen, um den politisch Verantwortlichen in den alten, neuen und neuesten Parteien, in Gewerkschaften, Unternehmen, sozialen Bewegungen und zivilen Initiativen beizustehen und gemeinsam mit ihnen sich aus selbstverschuldeter Unmündigkeit zu befreien, den aufrechten Gang zurückzugewinnen und sich eigene Zeiten wieder anzueignen?

Nachwort

Die Zeit gehört uns! Das Leiden an der Beschleunigung zeigt sich an zwei Symptomen. Zum einen gelingt es mir nicht, die eigenen Handlungssequenzen und die jener Menschen, die ich liebe, gern habe, als Freunde und Freundinnen schätze, aufeinander abzustimmen. Davon können alleinerziehende Frauen Lieder mit unzähligen Strophen singen ebenso wie Paarhaushalte mit Kindern oder Vollzeiterwerbstätige, die von ihren Entwicklungsprojekten fasziniert sind und sich mehr Zeit für die Kinder und die Familie wünschen.

Viel größere Schmerzen verspüre ich, wenn die eigenen Handlungssequenzen beständig von Mächten bestimmt werden, auf deren Entscheidungen ich keinen Einfluss habe, die dazu noch die inneren Rhythmen meines Körpers und meiner Seele unterdrücken, und wenn überhaupt keine Chance besteht, solche Abstimmungskonflikte im beiderseitigen Interesse und in persönlichem Einvernehmen zu regeln. Ein Übermaß an fremdbestimmter Zeit schmerzt.

Hat sich die Asymmetrie gesellschaftlicher Abstimmungsverhältnisse vergrößert? Die Stimmungslage, die derzeit öffentlich erzeugt wird, lautet: »Deutschland geht es gut.« Sie belegt jedoch eher die Unfähigkeit der Regierenden zu lernen. Aber auch die alten und neuen sozialen Bewegungen einschließlich der Großkirchen suchen den Schulterschluss mit den Mächtigen und wirtschaftlich Starken, um sich wechselseitig zu bestätigen.

Trotzdem registriere ich Lernbewegungen etwa bei der Kanzlerin, die inzwischen mit kompetenten und robusten Regierungschefs der Europäischen Union konfrontiert wird, bei einzelnen Fachministern und -ministerinnen im Bund und in den Ländern, bei kommunalen Verwaltungen sowie bei jenen Gewerkschaften, deren

Mitglieder unter dem Regime wachsenden privaten Reichtums und öffentlicher Verarmung besonders leiden. Wissenschaftliche Einrichtungen, die nicht von Industriekonzernen und Handelsketten oder deren Stiftungen, das heißt aus vorenthaltenen Löhnen und nicht gezahlten Steuern, refinanziert werden, beteiligen sich an der Suche nach dezentralen Formen der Mobilität, Energieversorgung und Ernährungsweisen. Und selbst unter Unternehmern und Unternehmen gibt es welche, die jene Blasinstrumente einmotten, mit denen sie ihre gesellschaftliche Verantwortung in die Welt hinausposaunt haben; stattdessen zahlen sie bereitwillig Steuern, arbeiten konstruktiv mit dem Betriebsrat zusammen, weichen nicht auf Rechtsformen aus, mit denen sie die Mitbestimmung der Arbeitnehmer umgehen, lassen weder Leiharbeitsverhältnisse noch Niedriglöhne zu und lösen Bankverbindungen auf, die sie indirekt in Rüstungsgeschäfte verwickeln könnten.

Große Erwartungen hege ich gegenüber selbstorganisierten Basisgruppen, die sich weigern, das übermächtige, mit öffentlichen Mitteln subventionierte Produktions- und Konsumregime zu beflügeln. Da rebellieren Männer und Frauen, versteckt oder offen, gegen gewalttätige Regime. Sie zeigen ihre Wunden, spielen nicht mehr mit, steigen aus dem Teufelskreis materiellen Wachstums und Ressourcenverbrauchs aus oder werben systemimmanent für einen sozial- und umweltverträglichen Lebensstil. Als »fragile« Väter und gleichgestellt autonome Mütter wehren sie sich gegen das heuchlerische »Bündnis des Staates mit den Müttern zur Entlastung der Väter«, entdecken einen Gewinn an Zeit, den sie ihren Kindern widmen und einander schenken, indem sie sich wechselseitig anrühren lassen. Sie karikieren die in der Volkswirtschaftlichen Gesamtrechnung »verordneten« Lebensentwürfe, die als Appell zur Produktions- und Konsumsteigerung gedeutet werden. Sie entdecken als gewerkschaftliche Basis eine Orientierungsmarke, die seit mehr als hundert Jahren zum Zentrum der Arbeiterbewegung gehört – die kollektive Verkürzung der Arbeitszeit. Sie kämpfen dagegen, dass die Produktions- und Konsumzeit auf das letzte kollektive Reservat gemeinsamen Erlebens, den Sonntag, ausgedehnt und dem Wettbewerbsdruck geopfert wird, den Geschäftsleute, Länder und Kommunen ausüben. Sie lassen weder sogenannte ökonomische Sachzwänge noch alternativlose politische Entscheidungen gelten, wenn gesellschaftliche Abstimmungsverhältnisse dem langen Schatten der Zukunft angenähert und zugunsten einer Weltgesellschaft umgestellt werden, die ihr planetarisches Überleben sichert.

Wer die Augen öffnet und aufmerksam hinschaut, entdeckt die wachsende Zahl der Zeitrebellen, die dem Regime der Beschleunigung widerstehen. Ihnen gehört die Zeit.

Literatur

1 Atemlos beschleunigt

Ehrenberg, Alain (1999): *Das erschöpfte Selbst*, Frankfurt am Main
Freudenberger, Herbert J., Geraldine Richelson (1981): *Ausgebrannt – Die Krise der Erfolgreichen*, München
Kraft, Ulrich (2005): Ausgebrannt, in: *Gehirn & Geist* 11, 12–19
Levine, Robert (2011): *Eine Landkarte der Zeit. Wie Kulturen mit der Zeit umgehen*, München/Zürich
Müller, Eckhard H. (1994): *Ausgebrannt. Wege aus der Burnout-Krise*, Freiburg
Rosa, Hartmut (2005): *Beschleunigung. Die Veränderung der Zeitstruktur in der Moderne*, Frankfurt am Main
Statistisches Bundesamt (2003): *Wo bleibt die Zeit? Die Zeitverwendung der Bevölkerung in Deutschland 2001/2002*, Wiesbaden
Weick, Stefan (2004): Lebensbedingungen, Lebensqualität und Zeitverwendung, in: Statistisches Bundesamt, *Forum der Bundesstatistik*, Band 43, 412–430

2 Deutungen und Gründe

Albert, Michel (1992): *Kapitalismus contra Kapitalismus*, Frankfurt am Main-New York
Albert, Michel (2001): Kapitalismus contra Kapitalismus – zehn Jahre danach, in: *Blätter für deutsche und internationale Politik*, Heft 12, 1451–1462
Bessler, Wolfgang (2006): Elektronischer Handel versus Parketthandel. Der Wechsel in der Marktführung im Bund-Future-Handel von der LIFFE zur DTB/Eurex, in: Wolfgang Bessler (Hg.): *Börsen, Banken und Kapitalmärkte, Festschrift für Hartmut Schmidt zum 65. Geburtstag*, Berlin, 157–186
Binswanger, Hans Christoph (2009): *Die Wachstumsspirale*, Marburg
Boltanski, Luc, Eve Chiapello (2006): *Der neue Geist des Kapitalismus*, Konstanz

Breuer, Rolf-E. (2000): Die fünfte Gewalt, in: *Die Zeit,* 24. 04. 2000, 21 f.

Butterwegge, Christoph, Michael Klundt, Matthias Belke-Zeng (2008): *Kinderarmut in Ost- und Westdeutschland,* Wiesbaden

DGB-Index Gute Arbeit GmbH (Hg.) (2012): *Arbeitshetze – Arbeitsintensivierung – Entgrenzung. So beurteilen die Beschäftigten die Lage,* Berlin

DGB-Index Gute Arbeit GmbH (Hg.) (2012): *Stressfaktor Wochenend-Arbeit. So beurteilen die Beschäftigten die Lage,* Berlin

Emunds, Bernhard (2000): *Finanzsystem und Konjunktur. Ein postkeynesianischer Ansatz,* Marburg

Emunds, Bernhard (2003): Markt- vs. bankendominiertes Finanzsystem – ein Vergleich, in: Eckhard Hein, Arne Heise, Achim Truger (Hg.): *Neukeynesianismus. Der neue wirtschaftspolitische Mainstream?,* Marburg, 177–225

Emunds, Bernhard (2010):Renditedruck der Finanzmärkte – schwere Zeiten für die Unternehmensethik, in: *Zeitschrift für Wirtschafts- und Unternehmensethik* 1,1, 97–121

Faust, Michael, Reinhard Bahnmüller, Christiane Gisecker (2010): *Das kapitalmarktorientierte Unternehmen. Externe Erwartungen, Unternehmenspolitik, Personalwesen und Mitbestimmung,* Düsseldorf

Faust, Michael, Reinhard Bahnmüller (2007): Die Zeit der Aktienanalysten, in: Andreas Langenohl, Kerstin Schmidt-Beck (Hg.): *Die Markt-Zeit der Finanzwirtschaft. Soziale, kulturelle und ökonomische Dimensionen,* Marburg, 37–74

Felsenheimer, Jochen, Wolfgang Klopfer, Jochen Mirth, Ulrich von Altenstadt (Hg.) (2011): *Kreditmärkte im Wandel. Märkte, Modellierung und regulatorisches Umfeld in der Post-Lehman-Ära,* Weinheim

Gomber, Peter (2000): *Elektronische Handelssysteme. Innovative Konzepte und Technologien im Wertpapierhandel,* Heidelberg

Gomolka, Johannes (2011): *Analyse von computergesteuerten Prozessen im Wertpapierhandel unter Verwendung der Multifaktorenregression,* Potsdam

Hengsbach, Friedhelm (2011): *Ein anderer Kapitalismus ist möglich. Wie nach der Krise ein Leben gelingt,* Bad Homburg

Hengsbach, Friedhelm (2009): Finanzinvestoren in Deutschland – nützlich oder schädlich für wen?, in: Stiftung Gesellschaft für Rechtspolitik/Institut für Rechtspolitik an der Universität Trier (Hg.): *Bitburger Gespräche,* Jahrbuch 2008/I, München, 61–83

Hengsbach, Friedhelm, Werner Sombart (2008): *Das Proletariat. Die Gesellschaft. Neue Folge Bd.1,* Marburg

Herak, Marco (2012): Politik mit Marktbeteiligung. Der Markt hat immer recht, in: *Frankfurter Allgemeine Zeitung,* 9. 08. 2012

Jarass, Lorenz, Gustav M. Obermair (2007): *Steuerliche Aspekte von Private*

Equity und Hedge Fonds unter Berücksichtigung der Unternehmensteuerreform 2008, Düsseldorf, 24–26

Käthler, Jürgen (2005): Finanzmärkte – zur Soziologie einer organisierten Öffentlichkeit, in: *SOFI-Mitteilungen* 33, 31–37

Kessler, Oliver (2007): Unsicherheit, Ungewissheit und Risiko. Temporalität und die Rationalität der Finanzmärkte, in: Andreas Langenohl, Kerstin Schmidt-Beck (Hg.): *Die Markt-Zeit der Finanzwirtschaft. Soziale, kulturelle und ökonomische Dimensionen*, Marburg, 293–321

Klemann, Frank, Ingo Matuschek, G. Günter Voß (2002): Subjektivierung von Arbeit. Ein Überblick zum Stand der Diskussion, in: Manfred Moldaschl, G. Günter Voß (Hg.): *Subjektivierung von Arbeit*, München, 53–100

Knecht, Nicolas (2011): *Algorithmic Trading – Fluch oder Segen?*, Norderstedt

Körner, Thomas, Katharina Puch, Christian Wingerter (2012): *Qualität der Arbeit – Geld verdienen und was sonst noch zählt*, Wiesbaden

Kratzer, Nick (2003): *Arbeitskraft in Entgrenzung. Grenzenlose Anforderungen, erweiterte Spielräume, begrenzte Ressourcen*, Berlin

Kuhn, Thomas, Andrea Maurer (1995): Ökonomische Theorie der Zeitallokation – Gary Beckers Weiterentwicklung der Konsum- und Haushaltstheorie, in: Bernd Biervert, Martin Held (Hg.): *Zeit in der Ökonomik. Perspektiven für eine Theoriebildung*, Frankfurt am Main, 132–145

Langenohl, Andreas (2007): *Finanzmarkt und Temporalität. Imaginäre Zeit und die kulturelle Repräsentation der Gesellschaft*, Stuttgart

Langenohl, Andreas, Kerstin Schmidt-Beck (Hg) (2007): *Die Markt-Zeit der Finanzwirtschaft. Soziale, kulturelle und ökonomische Dimensionen*, Marburg

Mieg, Harald A. (2007): Zeit, Attribution und Koordination an Finanzmärkten, in: Andreas Langenohl, Kerstin Schmidt-Beck (Hg.): *Die Markt-Zeit der Finanzwirtschaft. Soziale, kulturelle und ökonomische Dimensionen,* Marburg, 219– 238

Nell-Breuning, Oswald von (1985): *Arbeitet der Mensch zuviel?,* Freiburg

Pongratz, Hans J., Günter G. Voß (2003): *Arbeitskraftunternehmer. Erwerbsorientierungen in entgrenzten Arbeitsformen*, Berlin

Rügemer, Werner (2008): *Privatisierung in Deutschland*, 4. erweiterte und aktualisierte Auflage, Münster

Schmidt, Susanne (2012): *Das Gesetz der Krise. Wie Banken die Politik regieren*, München

Schmidt-Beck, Kerstin (2007): Die Börsenkrise als Deutungskrise. Der Imperativ der Vorausschau am Beispiel fundamentalanalytischer Wissenskultur, in: Andreas Langenohl, Kerstin Schmidt-Beck (Hg.): *Die Markt-Zeit der Finanzwirtschaft. Soziale, kulturelle und ökonomische Dimensionen*, Marburg, 148–185

Schröder, Gerhard (2000): Die zivile Bürgergesellschaft. Anregungen zu einer Neubestimmung der Aufgaben von Staat und Gesellschaft, in: *Die Neue Gesellschaft/Frankfurter Hefte* 47, 200–207

Schulze, Gerhard (2005): *Die Erlebnisgesellschaft*, 2. Auflage, Frankfurt am Main

Simmel, Georg (2009): *Philosophie des Geldes*, Nachdruck der Ausgabe von 1967, Leipzig

Sinn, Hans-Werner (2008): *Kasino-Kapitalismus. Wie es zur Finanzkrise kam und was jetzt zu tun ist*, Berlin

Sommerwerck, Marion (Red.) (2008): *Profitables Unternehmenswachstum. Innovation und Technologie als Werttreiber*, Wiesbaden

Steilmann, Klaus (1998): Beschleunigung – eine Modeerscheinung?, in: Klaus Backhaus, Holger Bonus (Hg.): *Die Beschleunigungsfalle oder der Triumph der Schildkröte*, Stuttgart

Wagenknecht, Sarah (2008): *Wahnsinn mit Methode. Finanzcrash und Weltwirtschaft*, Berlin

Walker, Eva-Maria (2007): Managementautonomie unter dem Druck von (nachhaltigen) Kapitalanlegern? Die Prinzipal-Agent-Debatte revisited, in: Andreas Langenohl, Kerstin Schmidt-Beck (Hg.): *Die Markt-Zeit der Finanzwirtschaft. Soziale, kulturelle und ökonomische Dimensionen*, Marburg, 95–119

Windolf, Paul (Hg.) (2005): Finanzmarkt-Kapitalismus. Analysen zum Wandel von Produktionsregimen, *Kölner Zeitschrift für Soziologie und Sozialpsychologie*, Sonderheft 45, Wiesbaden

Windolf, Paul: (2012): *Institutionelle Eigentümer im Finanzmarkt-Kapitalismus*, Frankfurt am Main, (im Erscheinen)

Wingen, Sascha (Hg.) (2004): Fachtagung Vertrauensarbeitszeit. Neue Entwicklung gesellschaftlicher Arbeitszeitstrukturen, *Schriftenreihe der Bundesanstalt für Arbeitsschutz und Arbeitsmedizin*, Bremerhaven

3 »Rätsel« der Zeit

Adam, Barbara (2005): *Das Diktat der Uhr*, Frankfurt am Main

Altner, Günter (1986) (Hg.): *Die Welt als offenes System. Eine Kontroverse um das Werk von Ilya Prigogine,* Frankfurt am Main

Augustinus Aurelius (2012): *Confessiones/Bekenntnisse*, Lateinisch/Deutsch, herausgegeben und kommentiert von Kurt Flasch und Burkhard Mojsisch, Stuttgart

Baier, Lothar (2000): *Keine Zeit*, München

Baumgartner, Hans Michael (Hg.) (1996): *Das Rätsel der Zeit. Philosophische Analysen*, Freiburg-München

Bienecker, Adelheid (1995): Vom (Eigen-)Wert der Zeit: Normative Grund-fragen der Zeitökonomik bezüglich einer Neubewertung der Zeit, in: Bernd Biervert, Martin Held (Hg.): *Zeit in der Ökonomik. Perspektiven für eine Theoriebildung*, Frankfurt am Main, 190–206

Bieri, Peter (1986): Zeiterfahrung und Persönlichkeit, in: Heinz Burger (Hg.): *Zeit, Natur und Mensch*, Berlin, 261–281

Biervert, Bernd, Martin Held (Hg.) (1995): *Zeit in der Ökonomik. Perspektiven für eine Theoriebildung*, Frankfurt am Main

Borscheid, Paul (2004): *Das Tempo-Virus. Eine Kulturgeschichte der Beschleunigung*, Frankfurt am Main

Burckhardt, Daniel (2000): Der Briefwechsel Leibniz-Clarke, Hauptseminar Wissenschaft und Religion im WS 1999/2000 mit Prof. Dr. Eberhard Knobloch, (Ms.) TU Berlin.

Burger, Heinz (Hg.) (1986): *Zeit, Natur und Mensch*, Berlin

Deppert, Wolfgang (1996): Die allgemeine Herrschaft der physikalischen Zeit ist abzuschaffen, um Freiraum für neue naturwissenschaftliche Forschungen zu gewinnen, in: Hans Michael Baumgartner (Hg.): *Das Rätsel der Zeit. Philosophische Analysen*, Freiburg-München, 11–148

Deppert, Wolfgang (1989): *Zeit. Die Begründung des Zeitbegriffs, seine notwendige Aufspaltung und der ganzheitliche Charakter seiner Teile*, Stuttgart

Dürr, Hans-Peter (1986): Über die Notwendigkeit, in offenen Systemen zu denken. Der Teil und das Ganze, in: Günter Altner (Hg.): *Die Welt als offenes System. Eine Kontroverse um das Werk von Ilya Prigogine*, Frankfurt am Main, 9–31

Elias, Norbert (1994): *Über die Zeit. Arbeiten zur Wissenssoziologie II*, herausgegeben von Michael Schröter, Frankfurt am Main

Garhammer, Manfred (1999): *Wie Europäer ihre Zeit nutzen. Zeitkulturen und Zeitstrukturen im Zeichen der Globalisierung*, Berlin

Gebeshuber, Ille C. (2007): Der Zeitbegriff in der Physik, in: *AUF – Eine Frauenzeitschrift* 138, 27–30

Grüsser Otto-Joachim (1986): Zeit und Gehirn, in: Heinz Burger (Hg.): *Zeit, Natur und Mensch*, Berlin, 198–260

Grüsser, Otto-Joachim (1998): Zeit und Gehirn. Zeitliche Aspekte der Signalverarbeitung in den Sinnesorganen und im Zentralnervensystem, in: Heinz Gumin, Heinrich Meier (Hg.): *Die Zeit. Dauer und Augenblick*, München, 79–132

Helmstädter, Ernst (1995): Zeit in der Ökonomie und wie geht die Ökonomik damit um?, in: Bernd Biervert, Martin Held (Hg.): *Zeit in der Ökonomik. Perspektiven für eine Theoriebildung*, Frankfurt am Main, 33–47

Herrmann, Annett (2009): *Geordnete Zeiten? Grundlagen einer integrativen Zeittheorie*, Münster

Hüpen, Rolf (1995): Über die Bedeutung der Modellierung von Zeit für die Wirtschaftstheorie, in: Bernd Biervert, Martin Held (Hg.): *Zeit in der Ökonomik. Perspektiven für eine Theoriebildung*, Frankfurt am Main, 48–68

Kant, Immanuel (2011): *Kritik der reinen Vernunft*, Berlin

Kant, Immanuel (1977/1770): De mundi sensibilis atque intelligibilis forma et principiis, in: *Schriften zur Metaphysik und Logik 1*, Werkausgabe Band 5, herausgegeben von Wilhelm Weischedel, Frankfurt am Main

Kaspar, Rudolf E., Alfred Schmidt (1992): Wittgenstein über Zeit, in: *Zeitschrift für philosophische Forschung*, Band 46/4, 569–583

Mach, Ernst (2006/1933): *Die Mechanik in ihrer Entwicklung*, Leipzig-Saarbrücken

Marquard, Bodo (1996): Zeit und Endlichkeit, in: Hans Michael Baumgartner (Hg.): *Das Rätsel der Zeit. Philosophische Analysen*, Freiburg-München, 363–377

Menzel, Randolf (1986): Zeitstrukturen des Lebendigen, in: Heinz Burger (Hg.): *Zeit, Natur und Mensch*, Berlin, 148–176

Muschik, Wolfgang (1986): Wandel des physikalischen Zeitbegriffs. Kausalität, Determinismus, Irreversibilität, in: Heinz Burger (Hg.): *Zeit, Natur und Mensch*, Berlin, 47–89

Nadolny, Sten (2010): *Die Entdeckung der Langsamkeit*, München

Newton, Isaac (1992/1872): *Mathematische Principien der Naturlehre*, herausgegeben von Jakob Philipp Wolfers, Frankfurt am Main

Pöppel, Ernst (2000): *Grenzen des Bewusstseins*, Frankfurt am Main

Prigogine, Ilya, Isabelle Stengers (1993): *Dialog mit der Natur. Neue Wege naturwissenschaftlichen Denkens*, München

Prigogine, Ilya, Isabelle Stengers (1993): *Das Paradox der Zeit*, München

Riese, Hajo (1995): Geld – Zeit – Wert. Grundfragen einer Ökonomik der Zeit, in: Bernd Biervert, Martin Held (Hg.): *Zeit in der Ökonomik. Perspektiven für eine Theoriebildung*, Frankfurt am Main, 69–91

Scherhorn, Gerhard (1995): Güterwohlstand versus Zeitwohlstand: über die Unvereinbarkeit des materiellen und des immateriellen Produktivitätsbegriffs, in: Bernd Biervert, Martin Held (Hg.): *Zeit in der Ökonomik. Perspektiven für eine Theoriebildung*, Frankfurt am Main, 147–168

Schupp, Wolfgang (2009): Die Zeit – vertraut und fremd, Seminar in der VHS Freiburg, 28. 11. 2009

Stöckler, Manfred (1993): Ereignistransformationen. Relativierungen des Zeitbegriffs in der Physik des 20. Jahrhunderts, in: Hans Michael Baumgartner (Hg.): *Das Rätsel der Zeit*, Freiburg-München, 149–177

Streeck, Wolfgang, Martin Höpner (Hg.) (2003): *Alle Macht dem Markt?*, Frankfurt am Main

Weizsäcker, Carl Christian von (1995): Zeitpräferenz und Delegation, in: Bernd Biervert, Martin Held (Hg.): *Zeit in der Ökonomik. Perspektiven für eine Theoriebildung*, Frankfurt am Main, 92–109

Wittgenstein, Ludwig (2011): *Philosophische Untersuchungen*, herausgegeben von Eike von Savigny, Berlin

4 Gleiche Gerechtigkeit und Solidarität

Anderson, Elizabeth (2000): Warum eigentlich Gleichheit?, in: Angelika Krebs (Hg.): *Gleichheit oder Gerechtigkeit*, Frankfurt am Main, 117–171

Bayertz, Kurt (1998): Begriff und Problem der Solidarität, in: Kurt Bayertz (Hg.): *Solidarität. Begriff und Problem*, Frankfurt am Main, 11–53

Brieskorn, Norbert (1997): *Menschenrechte. Eine historisch-philosophische Grundlegung*, Stuttgart

Forst, Rainer (2007): *Das Recht auf Rechtfertigung: Elemente einer konstruktivistischen Theorie der Gerechtigkeit*, Frankfurt am Main

Forst, Rainer (2005): Die erste Frage der Gerechtigkeit, in: *Aus Politik und Zeitgeschichte 37*, 24–31

Gosepath, Stephan (2002): *Gleiche Gerechtigkeit*, Frankfurt am Main

Hayek, Friedrich A. von (1977): *Drei Vorlesungen über Demokratie, Gerechtigkeit und Sozialismus*, Tübingen

Hayek, Friedrich A. von (1996): *Die verhängnisvolle Anmaßung. Die Irrtümer des Sozialismus*, Tübingen

Höffe, Otfried (2002): Soziale Gerechtigkeit als Tausch, in: Christoph Horn, Nico Scarano (Hg.): *Philosophie der Gerechtigkeit. Texte von der Antike bis zur Gegenwart*, Frankfurt am Main, 456–465

Höffe, Otfried (2005): Soziale Gerechtigkeit: ein Zauberwort, in: *Aus Politik und Zeitgeschichte 37*, 3–6

Huber, Wolfgang (2006): *Gerechtigkeit und Recht*, Darmstadt

Jonas, Hans (1979): *Das Prinzip Verantwortung. Versuch einer Ethik für die technische Zivilisation*, Frankfurt am Main

Kaufmann, Franz-Xaver (1984): Solidarität als Steuerungsform – Erklärungsansätze bei Adam Smith, in: Franz-Xaver Kaufmann, Hans-Günter Krüsselberg (Hg.): *Markt, Staat und Solidarität bei Adam Smith*, Frankfurt am Main, 158–184

Kersting, Wolfgang (2005): *Kritik der Gleichheit*, Weilerswist

Krebs, Angelika (Hg.) (2000): *Gleichheit oder Gerechtigkeit. Texte der neuen Egalitarismuskritik*, Frankfurt am Main

Lohmann, Ulrich (1974): Zur rechtlichen Vereinbarkeit und wirtschaftlichen Realisierbarkeit eines Rechts auf Arbeit in der BRD, in: Ulrich Lohmann, Michael Rath (Hg.): *Die Garantie des Rechts auf Arbeit. Schriften der Kommission für wirtschaftlichen und sozialen Wandel*, Band 25, Göttingen, 167–214

Metz, Karl H. (1998): Solidarität und Geschichte. Institutionen und sozialer Begriff der Solidarität in Westeuropa im 19. Jahrhundert, in: Kurt Bayertz (Hg.): *Solidarität. Begriff und Problem*, Frankfurt am Main, 172–194

Nolte, Paul (2005): Gerechtigkeit in neuen Spannungslinien, in: *Aus Politik und Zeitgeschichte* 37, 16–23

Nußbaum, Martha C. (1999): *Gerechtigkeit oder Das gute Leben*, Frankfurt am Main

5 Eigene Zeiten

Backhaus, Klaus, Holger Bonus (Hg.) (1998): *Die Beschleunigungsfalle oder der Triumph der Schildkröte*, Stuttgart

Bank für Internationalen Zahlungsausgleich (2011): 80. Jahresbericht, Genf

Bertram, Hans (2007): Keine Zeit für Liebe, keine Zeit für Kinder? in: Liz Mohn, Ursula von der Leyen (Hg.): *Familie gewinnt. Die Allianz und ihre Wirkungen für Unternehmen und Gesellschaft*, Gütersloh, 32–47

Emunds, Bernhard (2007): Arbeitsmarkt und Mindestsicherung. Sozialethische Anmerkungen zu einem Politikfeld im Umbruch, in: Martin Dabrowski, Judith Wolf (Hg.): *Aufgaben und Grenzen des Sozialstaats*, Paderborn, 151–180

Hartard, Susanne, Carsten Stahmer (Hg.) (2001): *Magische Dreiecke. Berichte für eine nachhaltige Gesellschaft*. Band 2: *Bewertung von Nachhaltigkeitsstrategien*, Marburg

Hartard, Susanne, Carsten Stahmer, Friedrich Hinterberger (Hg.) (2000): *Magische Dreiecke. Berichte für eine nachhaltige Gesellschaft*. Band 1: *Stoffflussanalysen und Nachhaltigkeitsindikatoren*, Marburg

Hauser, Richard (2006): Alternativen einer Grundsicherung – soziale und ökonomische Aspekte, in: *Gesellschaft Wirtschaft Politik*, 55. Jahrgang, 331–348

Höhn, Hans-Joachim (2010): *Zeit und Sinn. Religionsphilosophie postsäkular*, Paderborn

Höhn, Hans-Joachim (2006): *Zeit-Diagnose. Theologische Orientierung im Zeitalter der Beschleunigung*, Darmstadt

Lehndorf, Steffen (1998): Arbeitszeitverkürzung in der Krise, in: Gerhard Bosch (Hg.): *Zukunft der Arbeit*, Frankfurt am Main, 246–270

Lessenich, Stephan (2009): *Das Grundeinkommen in der gesellschaftspoliti-
schen Debatte*, Bonn

Martens, Rudolf (2004): Expertise »Die ab Januar 2005 gültige Regelsatzver-
ordnung (RSV) und der Vorschlag des Paritätischen Wohlfahrtsverbandes
für einen sozialgerechten Pflegesatz als sozialpolitische Grundgröße«, in:
Der Paritätische Wohlfahrtsverband (Hg.): »*Zum Leben zu wenig*«. *Für
eine offene Diskussion über das Existenzminimum beim Arbeitslosengeld II
und in der Sozialhilfe*, Berlin, 9–50

Massow, Martin (1998): *Gute Arbeit braucht ihre Zeit*, München

Miegel, Meinhard (2010): *Exit-Wohlstand ohne Wachstum*, Berlin

Moraal, Dick, Gudrun Schönfeld (2012): Berufliche Aus- und Weiterbildung
in Unternehmen, in: *WSI-Mitteilungen* 5/2012, 329–337

Müller-Jentsch, Walther (2008): Rückkehr der Berufsgewerkschaften?, in:
WSI-Mitteilungen, 2/2008, 62

Müller-Kohlenberg, Hildegard, Klaus Münstermann (Hg.) (2000): Qualität
von humanen Dienstleistungen. Evaluation und Qualitätsmanagement,
in: *Soziale Arbeit und Gesundheitswesen*, Opladen

Nutzinger, Hans: (1995) Von der Durchflusswirtschaft zur Nachhaltigkeit.
Zur Nutzung endlicher Ressourcen in der Zeit, in: Bernd Biervert, Martin
Held (Hg.): *Zeit in der Ökonomik. Perspektiven für eine Theoriebildung*,
Frankfurt am Main, 207–235

Ökumenisch-Sozialethischer Arbeitskreis (2012): *Memorandum: Höchste Zeit
für mehr Rechte aus Arbeit*, Frankfurt am Main.

Ostner, Ilona (1995): Wandel der Familienformen und soziale Sicherung der
Frau oder: von der Status- zur Passagensicherung, in: Diether Döring, Richard Hauser (Hg.): *Soziale Sicherheit in Gefahr*, Frankfurt am Main, 80–117

Reheis, Fritz (2003): *Entschleunigung. Abschied vom Turbokapitalismus*, München

Reheis, Fritz (1998): *Die Kreativität der Langsamkeit. Neuer Wohlstand durch
Entschleunigung*, Darmstadt

Reich, Utz-Peter, Carsten Stahmer, Klaus Voy (Hg.) (2001): *Kategorien der
Volkswirtschaftlichen Gesamtrechnungen*. Band 3: *Geld und Physis*, Marburg

Rinderspacher, Jürgen P. (2012): Zeitwohlstand – Kriterien für einen anderen
Maßstab von Lebensqualität, in : *WISO* 35/1, 12–26

Rinderspacher, Jürgen P. (Hg.) (2002): *Zeitwohlstand. Ein Konzept für einen
anderen Wohlstand der Nation*, Bochum

Schnabel, Ulrich (2010): *Muße. Vom Glück des Nichtstuns*, München

Schroeder, Wolfgang (2012): *Vorsorge und Inklusion. Wie finden Sozialpolitik
und Gesellschaft zusammen?*, Berlin

Schroeder, Wolfgang, Viktoria Kalass, Samuel Greef (2011): *Berufsgewerkschaften in der Offensive. Vom Wandel des deutschen Gewerkschaftsmodells*, Wiesbaden

Sinn, Hans-Werner (2010): *Kasino-Kapitalismus. Wie es zur Finanzkrise kam und was jetzt zu tun ist*, Berlin

Sinn, Hans-Werner (2012): *Die Target-Falle. Gefahren für unser Geld und unsere Kinder*, München

Stahel, Walter R. (1995): Innovation braucht Nachhaltigkeit, in: Klaus Backhaus, Holger Bonus (Hg.): *Die Beschleunigungsfalle oder der Triumph der Schildkröte*, Stuttgart, 69–92

Stahmer, Carsten (2007): Die Halbtagsgesellschaft – Vision eines sozial nachhaltigen Deutschlands, in: *ernährung im focus* 7/12, 367–371

Stahmer, Carsten (2000): Das magische Dreieck der Input-Output-Rechnung, in: Susanne Hartard, Carsten Stahmer, Friedrich Hinterberger (Hg.): *Magische Dreiecke. Berichte für eine nachhaltige Gesellschaft. Band 1: Stoffflussanalysen und Nachhaltigkeitsindikatoren*, Marburg, 43–91

Stahmer, Carsten (2012): Modell einer Halbtagsgesellschaft mit Arbeitswerten und Ökosteuern, in: Internationale Forschungsgemeinschaft für Politische Ökonomie (Hg.): *EU am Ende? Unsere Zukunft jenseits von Kapitalismus und Kommandowirtschaft*, Berlin, 92–125

Stahmer, Carsten (2002): Sozio-ökonomische Input-Output-Rechnung, in: Institut für Wirtschaftsforschung Halle (Hg.): *Neue Anwendungsfelder der Input-Output-Analyse in Deutschland. Beiträge zum Hallischen Input-Output-Workshop 2002*, 4/2003 Sonderheft, 11–36

Stahmer, Carsten (2001): Verwehte Engel. Bausteine für ein nachhaltiges Berichtssystem, in: Susanne Hartard, Carsten Stahmer (Hg.): *Magische Dreiecke. Berichte für eine nachhaltige Gesellschaft. Band 2: Bewertung von Nachhaltigkeitsstrategien*, Marburg, 57–90

Stahmer, Carsten, Georg Ewerhart (2001): Ökonomie in Zeit aufgelöst, in: Utz-Peter Reich, Carsten Stahmer, Klaus Voy (Hg.) (2001): *Kategorien der Volkswirtschaftlichen Gesamtrechnungen. Band 3: Geld und Physis*, Marburg, 287–309

Stahmer, Carsten, Ingo Mecke, Inge Herrchen (2003): *Zeit für Kinder. Endbericht des vom Deutschen Arbeitskreis für Familienhilfe (Kirchzarten) geförderten Pilotprojekts. Band 3 der Schriftenreihe: Sozio-ökonomisches Berichtsystem für eine nachhaltige Gesellschaft*, Wiesbaden

Vorstand ver.di, Bereich Berufsbildungspolitik / Vorstand IG Metall, Ressort Bildungs- und Qualifizierungspolitik (Hg.) (2006): *Bildung ist keine Ware. Wie wir morgen arbeiten, leben und lernen wollen*, Berlin / Frankfurt am Main

Wanger, Susanne (2011): *Viele Frauen würden gerne länger arbeiten*, Institut für Arbeitsmarkt- und Berufsforschung, IAB-Kurzbericht 9

Weichert, Nils (2011): *Zeitpolitik. Legitimation und Reichweite eines neuen Politikfeldes*, Baden-Baden

288 Seiten
ISBN 978-3-86489-023-9
€ 19.99

0,1 % – Das Imperium der Milliardäre

Hans-Jürgen Krysmanski gewährt in seinem Buch Einblicke in
die Welt der Superreichen und zeigt, wie ultimative Geldmacht
ganz normale Ansichten, Lebensentwürfe und Verhaltensweisen
zutiefst verändert. Was bedeutet die Konzentration ultimativer
Geldmacht? Wer sind diese Superreichen? Wie leben sie?
Krysmanski geht diesen und der alles entscheidenden Frage nach:
Was macht unbegrenzter Reichtum aus den Superreichen, aus
uns und unserem demokratischen Gemeinwesen?